교육을
잡는자가
대권을
잡는다

교육을 잡는 자가 대권을 잡는다

ⓒ 이기정, 2011

초판 1쇄 2011년 5월 9일 펴냄
초판 3쇄 2012년 12월 20일 펴냄

지은이 | 이기정
펴낸이 | 강준우
기획 · 편집 | 김진원, 문형숙, 심장원, 이동국
디자인 | 이은혜, 최진영
마케팅 | 박상철, 이태준
인쇄 · 제본 | 대정인쇄공사

펴낸곳 | 인물과사상사
출판등록 | 제17-204호 1998년 3월 11일

주소 | (121-839) 서울시 마포구 서교동 392-4 삼양E&R빌딩 2층
전화 | 02-325-6364
팩스 | 02-474-1413
www.inmul.co.kr | insa@inmul.co.kr

ISBN 978-89-5906-180-8 03340
값 13,000원

교육을 잡는 자가 대권을 잡는다

이기정 지음

인물과
사상사

복지보다 중요한 것은 '교육'이다

1. 원고를 출판사에 넘긴 지 두 달이 지났다. 책이 나올 때가 되어 머리말을 써야 하는데 책을 쓴 후 내 감정은 내내 침울했다. 그런데 집필 당시에 머리말을 염두에 두고 써 놓았던 글을 보니 책을 쓰는 동안 나의 마음은 고조될 대로 고조된 격정의 상태였나 보다.

"나는 이 책의 교육 정책을 실현하고자 하는 강렬한 욕망을 가지고 있다. 본격적으로 책을 쓰던 두 달, 나는 무섭게 몰입했다. 그 완전한 몰입의 과정에서 나는 정책 실현에 대한 강렬한 욕망을 키워왔다. 책을 쓰는 동안 나의 욕망은 눈덩이처럼 불어나 감당할 수 없을 만큼 커져버렸다. 그리고 나의 욕망은 이 책의 정책을 반드시 실현하고야 말겠다는 강렬한 의지로 진화했다."

지금 보니 상당히 민망한 말까지 있다.

"나는 (나에겐 나의 욕망을 실현할 아무런 힘이 없다는 생각에) 울었다. 굵은 눈물 몇 방울 뚝뚝 떨어뜨린 게 아니라 흑흑흑 흐느끼며 울었다.

(내가 책을 썼던 도봉도서관 앞의) 솔밭공원 옆을 지나 북한산 기슭으로 접어들며 울었다."

지금 생각하니 나는 책을 쓰는 내내 파우스트를 생각했던 것 같다. 이 책의 정책을 실행할 수 있다면 나도 파우스트처럼 악마에게 영혼을 팔 수 있을 것 같았다.

책에 담긴 열정이 그 책에 가치를 부여하는 것은 아니다. 열정 없이 쓴 책이 어디 있으랴. 하지만 집필 당시에 썼던 글을 다시 보니 이 책, 세상에 당당히 내놓아도 될 것 같은 생각이 든다.

2. 어찌하다 보니 교육 개혁에 관한 책을 4권이나 쓰게 되었다. 장한 일인가? 물론 장한 일이다. 하지만 이쯤에서 의식적인 반성과 성찰이 필요하다. 어찌됐건 지금까지 나는 일종의 외도를 해왔던 것이다. 국어 공부에 대한 방법론을 제시한 《국어 공부 패러다임을 바꿔라》야 국어 선생인 나의 본분과 직결되는 책이라 해도 《학교개조론》, 《내신을 바꿔야 학교가 산다》 그리고 지금의 이 책은 아무튼 학생을 가르치는 일에서 상당 부분 비껴나 있는 것이다.

물론 나는 교육을 잘하고 싶어 학교 개혁을 주장하는 책을 썼다. 교사들이 교육을 더 잘할 수 있는 학교를 만들기 위해 책을 쓴 것이다. 하지만 책을 쓰고 책의 내용을 실천하려 하면 할수록 내 영혼의 관심과 에너지는 가르치는 일이 아닌 다른 일에 더 많이 집중되곤 한다. 모순이자 딜레마다. 아마 여기서 벗어날 길은 없을 것이다. 성찰하고 고민하는 수밖엔.

3. 이 책에 담긴 교육 정책은 나 혼자서 생각한 것이 아니다. 이 책의

모든 정책은 교육을 고민하는 여러 사람의 조언을 통해 완성된 것이다. 어쩌면 이 책은 나 개인의 저서가 아니다. 여러 사람의 공동 저서다.

11개의 정책을 엄선하는 데는 동료 교사들의 많은 조언이 필요했다. 특히 강신만의 도움은 매우 컸다. 좋은 교사이자 뛰어난 교육운동가인 강신만은 이 책의 정책에 대해 조언하는 것으로 그치지 않고 정책을 실현하기 위해서 발 벗고 나서고 있다.

2010년 12월 7일 이화여대 국제교육관의 연구실에서 노무현 정부의 청와대 홍보수석이었던 조기숙 교수는 나에게 이렇게 말했다. "2012년 대선에선 교육이 제일 중요하다. 복지보다 교육이다." 당시엔 무심코 지나쳤던 말이 시간이 지나면서 내 마음속에 폭풍을 일으켰다. 이 책의 서론은 조기숙 교수가 내게 해준 말의 주석에 불과하다.

자신의 사상을 형성하는 데 큰 영향을 준 사람에게 인정받는 것은 기쁜 일이다. 나의 책《학교개조론》과《내신을 바꿔야 학교가 산다》가 언급된 강준만 교수의 글을 신문에서 읽었을 때 나는 얼마나 감격했던가. 강준만 교수는 이 책의 원고를 읽고 격려의 말을 이메일을 통해 해주었다. 내가 이 책을 '인물과사상사'에서 출판하고 싶어 한 것은 내가 강준만 교수의 저서《인물과 사상》을 통해 많은 것을 배웠기 때문일 것이다.

모두에게 머리 숙여 감사드린다. 이 책을 흔쾌히 받아준 인물과사상사의 강준우 사장님에게도 감사를 드린다. 끝으로 이 책의 가장 냉혹한 비판자 역할을 해준 아내에게도 고맙다는 말을 전하고 싶다.

2011년 5월 이기정

제2부 교육 논쟁의 지평을 넓히기 위한 고찰

시대는 교육대통령의 출현을
요구하고 있다

제1절 이제 우리 시대의 최고 화두는 교육이어야 한다

"교육이 대한민국의 미래를 가로막고 있다."

딱 이 한 문장이면 충분하다. 대한민국의 교육을 말하는 데 이것 말고 어떤 말이 더 필요할까? 이제 우리 시대의 최고 화두는 교육이어야 한다.

제2절 정부의 국정목표와 국정과제에 교육에 대한 비전을 담아라

정부의 국정목표에는 교육 개혁에 대한 분명한 의지가 담겨 있어야 한다. 국정목표에는 이런 내용이 반드시 들어가야 한다.

"대한민국의 미래 개척에 힘이 되는 교육."

그리고 핵심 국정과제에는 다음과 같은 내용이 있어야 한다.

"세계 수준의 능력 있는 학교 실현."

대통령과 정부는 이러한 목표와 과제를 실현하기 위해 총력을 기울여야 한다. 그래서 대한민국의 다음 대통령은 '교육대통령' 이어야 한다.

제3절 2012년 대통령 선거는 학교 개혁을 위한 절호의 기회다

대한민국 교육이 바뀌려면 학교가 변해야 한다. 사람들이 깜짝 놀랄 정도의 혁명적인 변화가 일어나야 한다. 그러나 현실은 만만치 않다. 혁명적인 변화는커녕 작은 변화 하나조차도 쉽지 않다. 교육감의 권력으로도 어렵고, 교육부장관의 권력으로도 어렵다. 이젠 대통령이 직접 나서야 한다. 아니, 대통령으로도 부족하다. 국민이 나서야 한다. 대통령의 의지와 국민의 요구가 합쳐져야 한다. 그래야 학교를 바꿀 수 있다.

대한민국 학교는 중환자실에서 죽음을 기다리는 환자와 같은 존재다. 한두 가지의 처방만으로는 살릴 수 없는, 수십 가지의 종합적 처방이 성공해야 치유가 가능한 중증 환자와 같은 존재다. 그런데 우리의 현실은 수십 가지의 처방은커녕 단 한 개의 처방조차 제대로 실행하지 못하는 형편이다. 단 한 개의 처방도 제대로 실행하지 못하는데 어떻게 수십 개의 처방을 제대로 실행할 수 있을까?

이렇게 말하니 우리 교육의 미래가 너무 절망적인 것 같다. 아무런 희망도 없는 것 같다. 하지만 2012년 대통령 선거는 절호의 기회가 될 수 있다. 대통령 선거판에서 교육을 최고 화두로 만든다면 우리의 교육에도 희망이 생길 수 있다. 한 개의 처방조차 실행하기 어려웠던 상황을 수십 개의 처방을 실행할 수 있는 상황으로 단숨에 바꿀 수 있다.

사실 어찌 보면 한두 개의 처방을 따로따로 실행하는 것은 어렵지만 수십 개의 처방을 한꺼번에 실행하는 것은 오히려 쉬울 수 있다. 한두 개의 처방만을 제시하면 국민의 관심을 제대로 받지 못할 수 있지만 수십 개의 처방을 일시에 제시하면 국민의 관심을 크게 모을 수 있다. 한두 개의 처방만으로는 선거의 쟁점으로 부각될 수 없지만, 모든 처방을 한꺼번에 제시하면 대통령 선거의 중요한 쟁점으로 부각될 수 있다. 한두 개의 처방만 제시될 때는 기득권 세력의 강한 반대에 쉽게 부딪히지만 수십 개의 처방이 동시에 제시되어 온 국민의 주목을 받으면 기득권 세력이 함부로 나서지 못할 수 있다.

2012년의 대선을 이용해 학교를 살릴 수 있는 모든 처방을 국민들에게 통째로 제시해보자. 그리고 교육을 최우선 가치로 여기는 정치세력을 만들어보자. 교육을 최고 화두로 삼은 정치세력에게 표를 주겠다는 국민을 만들어보자. 교육에 대한 비전을 가지고 표를 호소하는 정치세력과 그런 정치세력에게 표를 주는 국민, 이 두 존재가 서로 상승작용을 일으키게 해보자. 획기적인 교육 개혁 정책을 공약으로 제시한 정치세력이 국민들의 지지를 받아 권력을 잡으면 어떻게 될까? 국민들은 눈을 부릅뜨고 그들이 내걸었던 공약들이 실행되는지 감시할 것이다. 그 정치세력은 권력의 유지를 위해서라도 공약의 실행을 강하게 추진할 수밖에 없을 것이다.

이런 과정을 거치면 수십 개의 처방이 한꺼번에 실행될 수 있지 않을까? 수십 개의 처방이 단번에 실행되면 죽음 직전의 학교교육도 살아나지 않을까? 교육 문제의 해결을 자신의 운명적 과업으로 받아들인 대통령이 등장한다면 우리의 교육에도 희망이 생기지 않을까?

제4절 대한민국 교육의 핵심 문제는 무엇인가?

교육의 핵심 문제는 학교의 무능이다

우리 교육의 핵심 문제는 무엇인가? 교육의 여러 문제 중 가장 중요한, 그것을 해결해야 다른 문제도 해결할 수 있는 문제 중의 문제는 어떤 것인가? 바로 무능이다. 학교의 무능이다.

입시가 아니라 무능이 핵심 문제다

흔히들 입시 위주의 교육이 가장 큰 문제라고 한다. 하지만 이는 교육의 핵심 문제가 아니다. 입시 위주의 교육은 당연히 바람직하지 않다. 입시교육은 분명 악惡이다. 그러나 입시교육이 악이라고 해서 절대악絶對惡인 것은 아니다. 입시가 학생들에게 단편적 암기 지식만을 요구하는 것도 아니고, 창의적이고 논리적인 사고를 완전히 배제하는 것도 아니다. 오직 주입식 교육만이 최선인 것도 아니다. 입시도 폭넓은 교양과 창의적 · 논리적 사고를 적잖이 요구한다. 만약 학교가 유능했다면 입시가 존재하는 상황에서도 이러한 것들을 지금보다 훨씬 잘 교육할 수 있었을 것이다. 학교가 그런 교육을 잘하지 못한 것은 한편으론 학교의 무능 때문이었다.

물론 학교의 무능은 입시에서 가장 잘 드러난다. 하지만 학교는 입시교육에서만 무능한 게 아니라 입시가 아닌 다른 분야의 교육에서도 철저히 무능하다. 결국 학교는 입시로 인해 무능해진 것이 아니라 무능했기 때문에 입시에서도 무능한 것이다. 입시교육에서 무능한 학교가 입시교육 외의 교육에서 유능할 수 있다고 생각하는 것은 착각이다. 흔히들 입시교육이 학생들의 창의성을 해친다고 말하지만 학생들의 창의력을 기르는 교육은 입시교육보다 훨씬 더 어렵다. 학교가 입시교육을 제대로 못하고 있다면 입시교육을 넘어서는 수준의 교육은 더더욱 못할 수밖에 없다. 따라서 입시 때문에 학교가 바람직한 교육을 하지 못한다는 말은 진실의 일부만을 담고 있을 뿐이다. 또 다른 진실은 학교는 무능하기 때문에 바람직한 교육을 제대로 하지 못한다는 것이다.

입시 경쟁이 사라져야 학교가 좋은 교육을 할 수 있다는 생각은 지나치게 단순한 생각이다. 입시가 사라져도 지금의 학교는 질 좋은 교육을 절대로 하지 못한다. 학교가 입시교육에서 보인 철저한 무능은 학교가 입시교육을 소홀히 했기 때문에 생긴 것이 아니다. 학교가 입시를 넘어선 좋은 교육을 하느라 입시에 무능했다면 그것은 바람직한 일이다. 그렇다면 우리나라의 학교교육에는 아무런 문제가 없는 것이다. 오히려 학교를 향해 박수라도 쳐야 할 일이다. 학교가 교육다운 교육을 추구하느라 입시에 무능한 모습을 보였다면 학교에 대한 국민들의 불만은 지금에 비해 현저히 적었을 것이다. 학교가 교육다운 교육을 하느라고 입시교육에 소홀했다면 사람들은 불만을 가지면서도 다른 한편으로 학교를 옹호했을 것이다. 이것은 언뜻 모순되는 이야기일 수도 있다. 하지만 사람들은 이런 모순적인 생각을 가지고 있다. 입시가 사람들의 가장 큰 관심사인 것은 분명하지만 사람들은 한편으로 학교는 단순히 입시교육만을 하는 곳이 아니라는 생각을 가지고 있다. 그러므로 학교가 입시교육을 넘어선 바람직한 교육을 추구하느라 입시에 무능했다면 국민들은 한편으로는 학교를 지지했을 것이다. 그러나 입시에서 드러난 학교의 무능은 학교가 나름대로 입시교육에 전념하고 있는 상황에서 발생했다. 유독 입시에서의 무능이 문제된 것은 국민들이 주로 입시에만 주목했기 때문이다. 국민들이 입시를 넘어선 차원 높은 교육에 주목한다면 이제 학교의 또 다른 무능을 보게 될 것이다.

우리 교육이 입시교육을 넘어서기 위해 노력해야 하는 것은 옳다. 사실 입시교육은 협소하고 편협하다. 그래서 입시 위주의 교육은 교육적으로 가치 있는 많은 것을 잃게 만든다. 미래의 학교교육은 그동안 입시교육이 상실했던 이 소중한 것들을 다시 담아내야 한다. 하지만 학교가 지금처럼 계속 무능하다면 학교는 여전히 그것들을 제대로 담아낼 수 없다. 입시 경쟁이 아무리 완화되어도 학교는 우리 사회가 요구하는 바람직한 교육을 제대로 할 수 없다.

학교의 심각한 무능에도 불구하고 학생들이 학교생활을 즐겁게 한다면 이 모든 무능은 용서될 수 있다. 그런데 학교는 학생들이 학교에서 즐겁게 생활할 수 있도록 하는 데에도 무능하다. 어쩌면 학교는 이 부분에서 가장 무능할지 모른다. 학생들에게 물어보라. 대부분의 학생들은 학교생활을 싫어한다. 어쩌면 이러한 학교의 무능이야말로 우리가 가장 염려해야 할 부분인지도 모른다. 학교의 무능은 입시교육의 영역에서만 일어나는 일이 아니다. 교육의 전반에 걸쳐 일어나고 있다.

학교의 무능과 교사의 무능은 다른 차원의 일이다

우리가 우선적으로 주목해야 할 것은 학교의 무능이지 교사의 무능이 아니다. 학교의 무능은 교사 개개인의 무능에서 직접적으로 비롯된 것이 아니다. 학교의 무능이란 문제는 교사의 무능이란 문제와는 다른 차원에서 생각해야 할 것이다.

나는 지금 우리나라의 교사가 유능하다고 말하려는 것이 아니다. 교사에게는 아무런 잘못과 책임이 없다고 말하려는 것도 아니다. 대다수 학생들이 교사의 수업보다 학원 강사의 수업을 더 높이 평가하고 있는 상황에서 학교의 무능이 교사의 무능과 아무런 관련이 없다고 말하는 것은 대단한 억지다. 하지만 한 명 한 명의 교사가 유능해도 학교는 얼마든지 무능할 수 있다. 교사 개개인이 지금보다 더 유능해진다고 해서 학교가 그만큼 더 유능해지지는 않는다. 그리고 우리나라 학교의 무능함은 교사 개개인의 노력만으로는 해결할 수 없는 치명적 수준의 것이다. 백날 교사들만 가지고 들볶아보라. 학교는 조금도 나아지지 않는다.

포위섬멸전의 교본이 된 로마시대의 유명한 전투 하나를 살펴보자. '칸나에 전투'다. 칸나에 전투는 기원전 216년에 이탈리아의 칸나에 평원에서 로마군과 카르타고군이 벌인 전투다. 이 전투에서 한니발이 지휘하는 카르타고군은 완벽한 포위 작전으로 로마군을 전멸시켰다. 당시 칸나에 전투에 참가한 로마군은 8만 7,000명, 카르타고군은 이보다 훨씬 적은 5만 명이었다. 그러나 칸나에 전투에서 로마군은 7만 명이 넘게 사망했고 1만 명이 포로가 되었다. 반면 사망한 카르타고 군사는 그 10분의 1에도 못 미쳤다. 누가 보아도 카르타고군의 완벽한 승리였다.

칸나에 전투의 이러한 결과는 어디서 비롯되었을까? 로마 병사의 전투 능력을 압도하는 카르타고 군사 개개인의 뛰어난 전투 능력에서 비롯된 것일까? 만약 로마 군사와 카르타고 군사가 1 대 1 전투를 벌였다면 어떻게 되었을까? 그래도 로마군 7만 명이 사망할 때 카르타고군은 로마군의 10분의 1 정도만 사망했을까? 아니다. 그런 방식으로 싸웠다면 사망자 수는 거의 비슷했을 것이다. 아마도 로마 군사 한 명 한 명과 카르타고 군사 한 명 한 명의 전투 능력은 비슷했을 것이다. 카르타고 군사의 전투력이 더 뛰어났다 하더라도 큰 차이는 아니었을 것이다. 그렇다면 칸나에 전투에서 보인 로마군의 무능은 로마군 개개인의 전투 능력과는 별 연관성이 없다고 볼 수 있다.

당시 칸나에 전투에서 사망한 로마군의 상당수는 압사를 당했다. 카르타고 군에게 포위된 로마군의 중심에 있는 군인들은 가운데를 향해 밀려드는 동료 군인들 때문에 옴짝달싹 못하고 압사되었다. 이 상황에서 우리가 로마군 한 명 한 명에게 카메라를 들이댄다고 해보자. 그러면 형편없이 한심한 로마 군사가 보일 수 있다. 칼 한 번 휘둘러보지 못하고 동료들 사이에 끼어 죽어가는 로마 군사 한 명 한 명은 얼마나 바보 같은가? 하지만 진실을 제대로 보려면 카메라의 시야를 넓게 해야 한다. 그래야 군사 하나하나가 처한 어쩔 수 없는 상황을 볼 수 있다. 아무리 전투력이 뛰어난 군사라도 바보같이 죽어갈 수밖에 없는 한심한 상황을 볼 수 있다.

대한민국 학교의 무능함도 마찬가지이다. 학교가 지닌 무능의 대부분은 교사 개개인의 무능에서 비롯된 게 아니다. 물론 카메라를 가까이 들이대면 학교의 무능이 곧 교사 개개인의 무능인 것처럼 보일 수 있다. 교사가 학원 강사처럼 수업을 잘하면 학교의 문제는 저절로 해결되는 듯 보일 수 있다. 하지만 넓게 보면 상황이 달라진다. 지금의 학교에서 교사들은 그럴 수밖에 없는 것이다. 카르타고 군사에게 포위된 로마 군사처럼 도저히 어쩔 도리가 없는 것이다.

교사들이 처한 상황을 바꾸지 않으면 문제는 해결되지 않는다. 교사들을 아무리 닦달해봐야 소용없다. 교사들이 놓여 있는 환경을 바꿔야 학교가 유능해질 수 있다. 교사들 한 명 한 명이 더 능력 있는 교사로 거듭나야 함은 분명하지만 교사의 무능에 대한 질타는 학교 개혁, 그다음에 해야 한다.

제5절 평화와 복지보다 교육이 먼저다

앞에서 나는 교육이 우리 시대의 최고 화두가 되어야 한다고 말했다. 그러나 2012년의 대통령 선거에서 교육이 최고 화두가 될 것이라 생각하는 사람은 드물다. 대부분 평화와 복지가 최고의 화두가 되리라 생각하는 듯하다. 그런데 남북 간의 평화를 이루고 복지를 늘리는 일은 어렵지 않다. 교육 개혁이 더 어렵다. 남북 간 평화 증진은 김대중 정부 때 그 기본 방향이 정해져 노무현 정부 때까지 착실히 성과가 축적되고 있던 것이다. 이명박 정부가 그 방향을 반대로 틀어 역주행을 하는 바람에 상황이 악화되었을 뿐이다. 평화는 다시 김대중·노무현 정부 때의 노선으로 돌아가기만 해도 상당한 성과를 낼 수 있다. 평화만큼은 아니지만 복지도 어느 정도 그렇다. 복지는 그래도 김대중·노무현 정부의 정책과 문제의식을 발전시키면 어느 정도 점수를 따는 것이 어렵지 않다.

그러나 교육은 다르다. 김대중·노무현 정부로부터도 배울 것이 전혀 없다. 김대중·노무현 시대의 학교로 돌아간다고 해도 여전히 학교는 무능하다. 김대중·노무현 정부의 햇볕 정책은 미래에도 훌륭한 정책일 수 있지만 학교 정책은 미래의 훌륭한 정책일 수 없다. 2012년 대선의 최대 화두가 교육이어야 하는 이유도 바로 이 때문이다. 대한민국의 교육 문제는 교육과학기술부 혼자만의 힘으로는 해결할 수 없다. 이제는 대통령이 나서야 한다. 시대는 교육 문제의 해결을 자신의 운명적 과업으로 삼은 대통령의 등장을 요구하고 있다.

제1부

교육 정책
BIG 6

우리는 학교 개혁에 필요한 모든 처방을 한꺼번에 대선판에 올려놓아야 한다.
교육을 대선의 가장 중요한 의제로 부각시켜야 한다. 차기 정부로 하여금
교육을 자신들의 운명적 과업으로 받아들이게 해야 한다. 국민의 강력한 요구와
정권의 필요성이 서로 상승작용을 일으키게 만들어야 한다.
이제 우리는 어떤 처방들을 내놓아야 하는가?
아주 작은 처방까지 고려한다면 학교를 살릴 수 있는 처방은 수십 개,
아니 어쩌면 수백 개가 될 수도 있다. 가급적 필요한 모든 것을 국민들에게
제시할 수 있어야 한다. 그 모두를 대선판에 한꺼번에 올릴 수 있어야 한다.
하지만 국민들에게 그 많은 것을 일일이 설명하는 것은
실효성이 떨어질 수 있다. 너무 많은 것을 세세히 이야기하면
오히려 국민들의 집중도가 떨어질 수 있다.
현실적으로 우리는 개혁의 효과가 가장 큰 몇 개에 집중할 수밖에 없다.
우리는 몇 개의 대표 주자를 선정해야 한다.
나는 우선 6개의 핵심 처방을 국민들에게 제시했으면 한다.
이른바 BIG 6이다.

● 중 · 고등학교의 무학년학점제 – 수준별 맞춤형 수업
● 학급당 학생 수 20명 이하로의 감축
● 교육과 사무행정의 분리 – 교육 중심의 학교제도
● 교장자격증제 폐지 – 교장공모제를 통한 교장 선출
● 특목고 · 자사고 폐지와 고교평준화 확대
● 교과서 자유발행제도 및 교과서 자유선택제도

제1장

중·고등학교의 무학년학점제

− 수준별 맞춤형 수업

1. 개요

중·고등학교의 교육과정을 무학년학점제로 운영하는 것이다. 따라서 능력과 수준에 상관없이 1학년은 1학년끼리, 2학년은 2학년끼리 수업을 받는 지금의 고정된 학년제도는 폐지된다. 학생들은 학년을 떠나 자신의 수준에 맞는 수업을 선택하기 때문에 입학 1년차 학생들이 입학 2년차 또는 3년차 학생들과 얼마든지 함께 수업을 받을 수 있다.

학생들은 학교가 정한 최소 강좌(학점)를 이수하면 졸업할 수 있다. 또 일정 정도의 필수과목을 이수하면 나머지는 자유롭게 자신의 취향에 맞는 수업을 선택할 수 있다. 졸업에 필요한 최소 이수 학점만을 획득할 것인지 그 이상의 학점을 획득할 것인지도 스스로 정한다. 그리고 자신의 학업 능력과 학습 속도에 따라 졸업 기간을 조절한다. 학습 속도가 빠른 학생은 입학한 지 2년 만에 졸업할 수 있지만 학습 속도가 느린 학생은 4년 만에 졸업할 수도 있다. 이로써 우리나라의 중·고등학교 학생들도 자신의 능력과 수준에 맞는 수업을 받게 된다. 실질적인 의미의 '수준별 맞춤형 수업'을 하게 되는 것이다.

물론 초등학교에서도 학생들의 다양한 수준을 고려한 맞춤형 수업이 이루어져야 한다. 다만 초등학교의 경우는 수준별 맞춤형 수업이 지금과 같은 학급 형태 안에서 이루어지는 것이 바람직하다. 초등학교는 무학년학점제를 도입하지 않아도 학급의 학생 수를 20명 이하로 줄이면 수준별 맞춤형 수업이 충분히 가능하다.

용어 사용에 따른 혼란을 피하기 위해 수준별 수업에 대한 정의를 명확히 해보자. 사실 지금도 중·고등학교에서는 일부 과목에서 '수준별 수업'이란 이름으로 수업을 진행한다. 그러나 현재 시행되는 수준별 수업은 엄밀히 말하면 수준별 수업이 아니다. 그것은 과목별 우열반 수업이라고 부르는 것이 더 타당하다. 지금의 수준별 수업은 성적에 따라 학생들을 나누어 놓기만 했을 뿐, 교재와 시험이 모두 동일하다. 학생들의 수준에 맞추어 수업을 달리하고, 교재를 달리하고, 시험을 달리하는 것이 아니라 단순히 성적이 높은 학생과 낮은 학생으로 나누어 놓았을 뿐이다.

진정한 수준별 맞춤형 수업이라면 학생들의 수준에 따라 수업, 교재, 시험 등을 모두 달리해야 한다. 나아가서는 수업의 양조차 달라야 한다. 예컨대 수학을 잘하는 학생이 졸업 때까지 20학점을 이수할 때 수학을 못하고 싫어하는 학생은 10학점만 이수할 수 있어야 한다. 이 관점에서 용어를 정리하면 다음과 같다.

우열반	전체 과목 또는 주요 과목 성적에 따라 반을 완전히 나눔	수업 내용, 교재, 시험 모두가 동일함	과거에 존재했으나 지금은 금지된 수업
과목별 우열반	과목별 성적에 따라 이동하며 듣는 수업	수업 내용, 교재, 시험 모두가 동일함	우리나라 학교에서 부분적으로 진행되고 있는 수준별 수업
수준별 맞춤형 수업	학생이 자신의 수준에 맞는 것을 선택하는 수업	수업 내용, 교재, 시험 모두가 학생의 수준에 따라 달라질 수 있음	우리가 지향해야 할 수업

2. 학생의 수준과 능력을 고려하는 친절한 수업

이미 선진국에서는 학생의 학습 능력과 학습 속도를 고려한 수준별 수업이 학교 수업의 기본 형태이다. 수준별 수업은 한 교실에서 이루어질 수도 있고 각기 다른 교실에서 이루어질 수도 있다. 핀란드의 초등학교에서는 수준별 수업이 한 교실에서 이루어진다. 공부를 잘하는 학생과 못하는 학생이 한 교실에서 함께 공부하지만 학생들의 학습 수준을 고려하는 수업이 진행되는 것이다. 물론 이는 학급당 학생 수가 적기 때문에 가능한 일이다. 학급당 학생 수가 많으면 한 교실 안에서 이루어지는 맞춤형 수준별 수업은 불가능하다.

핀란드의 고등학교 경우는 수준별 수업이 각기 다른 교실에서 진행된다. 수업이 학년제가 아닌 학점제(단위제)로 이루어진다. 학년 자체가 존재하지 않으므로 학생들은 자신의 능력을 고려하여 자신이 선택한 교과의 학점(단위)을 취득한다. 예를 들어 수학의 경우 최저 6단위, 최고 11단위를 취득하도록 되어 있는데 수학에 자신이 없는 사람은 상대적으로 내용이 쉬운 6단위만 들어도 된다. 학생들이 자신의 능력 수준에 맞는 수업을 받을 수 있도록 제도적으로 보장하고 있는 것이다.[1] 게다가 학년이 존재하지 않으니 졸업도 학습 속도가 빠른 학생은 2년 만에, 더딘 학생은 4년 만에도 할 수 있다. 학생의 능력에 따른 수준별 수업은 기본이고, 학생들이 자신의 능력을 고려하여 졸업 시기까지 자유로이 선택할 수 있게 한 것이다.

미국 학교의 경우도 수업의 기본 형태는 수준별 수업이다. 호주에서도 수준별 수업은 기본적으로 시행되고 있다. 다음은 호주에서 중학교를 다니다가 한국에 돌아온 학생의 경험담이다.

"제가 다녔던 호주의 학교에서는 수학 같은 경우 3개 반으로 나누어서 수업했어요. 잘하는 반, 중간 반, 못하는 반. 3개 반으로 나누기 전 첫 번째 시험에서는 다 똑같은 시험문제를 풀었고 실력에 따라 반을 나누고 나서는 다 다른 시험을 봤어요. 난이도도 다르고 문제도 달라요. 못하는 반에 있던 아이도 다음에 시험을 잘 보면 간단한 개인시험을 본 뒤 윗반으로 올려줘요."[2]

우리나라는 전국의 모든 학생이 수학을 높은 단계까지 공부한다. 일류 대학에 진학하고자 하는 학생도, 2년제 대학에 진학하고자 하는 학생도, 대학 진학을 포기한 학생도 모두 동일한 단계까지 공부해야 한다. 인문계열이냐 자연계열이냐에 따라 차이가 있을 뿐이다. 수학을 잘하건 못하건, 좋아하건 싫어하건 상관없이 모든 학생이 다 똑같은 단계까지 공부해야 한다. 하지만 인문계 고등학교 학생의 절반은 수학 실력이 거의 까막눈 수준이다. 이 학생들도 똑같이 어려운 수업

---

1) 후쿠다 세이지, 나성은·공영태 옮김, 《핀란드 교육의 성공》(북스힐, 2008), 95쪽.
2) 이기정, 《내신을 바꿔야 학교가 산다》(미래인, 2008), 29쪽.

을 받고 어려운 시험을 치러야 한다. 단 한마디의 설명도 이해할 수 없음에도 불구하고 수업을 받아야 하고, 단 한 개의 문제도 풀 수 없음에도 불구하고 시험을 보아야 한다. 많은 학생에게 수학 시간은 낭비이다. 아니, 단순한 시간만의 낭비라면 그래도 괜찮다. 그들에게 수학 시간은 수학의 지혜를 배우는 시간이 아니라 무관심을 배우고 무력감을 키우는 시간이다. 호기심과 활력과 의지로 가득 차 있어야 할 젊은 학생들의 마음에 무관심과 무력감을 심어주는 시간이다.

그러나 무학년학점제를 통한 수준별 맞춤형 수업이 도입되면 달라진다. 수학에 소질이 있는 학생들은 고등학교 기간 동안 이를테면 20학점을 획득한다. 그 학생들은 아주 높은 단계의 수학까지도 공부한다. 일류 대학에 진학하고자 하는 학생은 높은 단계의 수학까지 공부하기 위해 많은 학점을 획득할 것이다. 다른 학생들은 고등학교 기간 동안 10학점만을 획득해도 된다. 사실 모든 대학이 높은 수준의 수학 실력을 요구하는 것도 아니고 수학 실력이 훌륭해야 인생을 잘 살아갈 수 있는 것도 아니지 않는가?

우리나라의 학교 수업은 '프로크루스테스의 침대'와 같다. 무슨 말인가? 고대 아테네의 악당 프로크루스테스는 밤길을 지나는 나그네를 집에 초대하여 잠자리를 제공했는데 그 잠자리라는 것이 딱딱하기 이를 데 없고 차갑기가 얼음 같은, 쇠로 만든 침대였다. 나그네를 강제로 침대에 묶은 그는 나그네의 몸길이가 침대보다 짧으면 몸길이를 늘여서 죽였고 몸길이가 침대보다 길어 침대 밖으로 나오면 그 나온 부분을 잘라 죽였다. 침대와 몸길이가 똑같은 사람은 목숨을 건질 수 있었지만 그런 경우는 아주 드물었다. 지금 대한민국의 학교가 학생들에게 하는 일은 프로크루스테스가 나그네에게 저지른 일과 정확히 일치한다. 대한민국 학교가 학생들에게 제공하는 침대는, 즉 수업은 사실상 단 한 종류이다. 학교가 제공하는 수준의 수업에 맞지 않는 학생들은 그냥 고통을 감내해야 한다. 수업이 너무 시시하게 느껴질 정도로 공부를 잘하는 학생도, 수업이 너무 어렵게 느껴지고 공부를 못하는 학생도 모두 고통을 당해야 한다.

학교는 학생들이 수업 시간에 어떠한 고통을 당해도 학생들의 능력에 따른 다양한 침대를 제공하지 않는다. 키가 크면 키를 줄일 것을 요구하고 키가 작으면 키를 늘릴 것을 요구할 뿐이다. 학생들이 가진 능력을 오직 주어진 수업에 맞추도록 강요할 뿐이다. 대한민국 학교 수업은 프로크루스테스의 '침대'인 것이고 대한민국 학교는 학생들의 다양한 수준과 취향을 무시하고 오직 단 하나의 수업만을 제공하는 '프로크루스테스'인 것이다. 다음은 수학을 담당하는 내 옆자리 선생님과 한 학생이 나누었던 대화이다.

교사 : 왜 수업 시간에 선생님 설명을 듣지 않고 자꾸 딴짓을 하지?

학생 : (교사는 거듭해서 학생에게 수업 시간에 공부하지 않고 떠드는 이유를 묻지만 학생은 고개를 숙인 채 계속 침묵한다.)

학생 : (풀이 죽은 목소리로) 전혀 못 알아듣겠어요.

교사 : (당혹스러워하며) 조금도 몰라?

학생 : 예, 모르겠어요.

교사 : 전혀 모르겠니?

학생 : 예, 하나도 모르겠어요.

이 학생에게 필요한 것은 고등학교 단계의 수학 수업이 아니라 중학교 단계의 수학 수업이다. 그러나 우리나라 고등학교에서 학생들에게 중학교 단계의 수업을 제공하는 것은 불가능하다.

나에게 이런 경험도 있다. 학교 시험 기간 중 어느 날 수학 시험 감독을 맡게 되었다. 그런데 그날따라 많은 아이들이 시험 시작한 지 얼마 지나지 않았는데도 엎드려 잠을 자는 게 아닌가. 10분이 갓 지났을 때 나는 자는 아이들의 숫자를 세어 보았다. 32명 중 8명이 엎드려 있었다. 25%의 아이들이 시험지를 받자마자 이름 쓰고 정답을 아무렇게나 찍은 뒤 엎드려 잠을 청하는 것이다. 이 아이들은 최근 두 달 동안 배운 범위에서 출제된 문제를 단 한 개도 풀지 못했다. 아니, 단순히 못 푼 게 아니라 한 개의 문제라도 풀어보려는 노력조차 하지 않은 채 시험을 포기했다.

이 아이들은 수업 시간에 어떻게 행동하고 있을까? 한 시간 동안 조용히 교사의 설명을 들을까? 아니, 조금도 이해하지 못하는 수업 내용을 한 시간 내내 듣는 것이 가능하기나 할까? 결국 참지 못하고 떠들거나 장난을 치지 않을까? 이 아이들이 떠들고 장난칠 때 교사는 수업에 집중할 수 있을까? 이 아이들에게 수업은 아무런 의미도 없는 지겨운 행위일 뿐이다. 이 아이들이 수업에서 어떤 의미를 얻게 하려면 그 아이들의 취향과 수준을 고려한 수업을 해야 한다. 아이들이 알아들을 수 없는 수업을 일방적으로 강요하는 것은 아이들을 고문하는 것이나 다름없다. 나아가 아이들로 하여금 수업의 방해꾼이 될 수밖에 없도록 강요하는 것이다.[3] 우리는 지금과 같은 상황의 교실에서는 제대로 된 수업이 불가능하다는 점을 솔직히 인정해야 한다. 지금의 교실에서는

---

3) 이기정, 《내신을 바꿔야 학교가 산다》(미래인, 2008), 21~24쪽.

아무리 능력이 뛰어난 교사라도 좋은 수업을 할 수 없다. 학원의 스타 강사가 와서 수업을 해도 마찬가지다.

　이런 상황에서 무조건 평준화를 주장하는 것은 명분이 약하다. 하지만 무학년학점제를 통해 수준별 맞춤형 수업을 시행한다면 평준화를 공격하는 주장들은 명분을 잃게 된다. 무학년학점제는 평준화를 지키는 날카로운 무기가 될 수 있는 것이다. 그런데 이러한 수준별 맞춤형 수업을 위해선 새로운 학교시험제도(내신제도)의 도입이 불가피하다. 학생의 수준에 맞춘 수준별 수업이 시행되면 당연히 시험도 그에 맞게 실시되어야 한다. 수업에 따라, 교사에 따라 시험이 달라지는 것이다. 이런 시험에서는 같은 100점이라도 다 같은 100점이 아니고, 같은 A학점이라도 다 같은 A학점이 아니게 된다. 이렇게 되면 학교 시험 성적을 곧바로 입시에 사용할 수 없다. 결국 무학년학점제에는 현 내신제도의 폐지로 나아갈 수 있는 위험이 존재하는 것이다.

　물론 이것은 입학사정관제의 도입으로 어느 정도 대처할 수 있다. 사실 지금의 입시제도에서는 입학사정관제가 존재할 이유가 별로 없다. 각 학교에서는 내신제도로 학생 전체를 일렬로 줄 세우기 했고, 정부는 수능시험을 통해 전국의 학생을 일렬로 줄 세우기 했다. 이 상황에서 입학사정관들이 할 일이 무엇이란 말인가? 이미 시험 성적으로 모든 학생이 줄 세우기 되어 있는 상황에서 입학사정관들이 하는 일이 성적을 가지고 학생을 선발하는 것이라면 그것은 이미 진정한 의미의 입학사정관제가 아니다. 그들은 학생의 성적을 계산하기만 하면 되기 때문이다. 내신을 몇 퍼센트 반영하고 수능시험을 몇 퍼센트 반영할 것인가 등 몇 가지만 미리 결정하면 나머지는 컴퓨터가 알아서 다 계산해 준다. 이때 필요한 것은 컴퓨터 전산 요원이지 입학사정관이 아니다.

그렇다고 성적을 무시하고 학생을 선발하면 그때는 부정부패를 의심하게 된다. 학교와 국가가 학생을 시험 성적에 따라 명확하게 한 줄 세우기 해놨는데 그 성적에 따라 학생이 선발되지 않았다면 그 이유는 무엇이겠는가? 결국 부정과 부패 아니겠는가? 국민들은 의심하지 않을 수 없을 것이다. 부정부패가 아니라면 성적보다 더 중요한 것이 있다는 말인데 그게 무엇이건 그것은 결국 부자들에게 더 유리한 것일 수밖에 없다. 지필 시험 위주의 입시가 문제라고 하지만 사실 시험 성적 위주의 입시만큼 가난한 사람에게 유리한 것은 없다. 시험 성적을 무시하면 입학사정관제는 부자들만을 위한 잔치로 전락할 가능성이 크다.

그러나 수준별 맞춤형 수업에 따른 새로운 시험제도(내신제도)를 도입하면 이야기가 달라진다. 대학은 학생들의 내신성적을 일률적으로 컴퓨터에 입력하여 줄 세우기 할 수 없다. 같은 100점이라도 다 같은 100점이 아니고, A학점이라도 다 같은 A학점이 아니기 때문이다. 어떤 수준의 수업이냐, 어떤 교사의 수업이냐에 따라 같은 점수라도 그 의미와 가치가 각각 다르다. 이제 입학사정관들은 학생의 점수를 해석해야 한다. 그 학생의 내신성적이 갖는 의미를 해석해야 한다. 이를 위해 입학사정관들은 각 학교의 수업 수준과 수업 체계를 알기 위해 노력해야 한다.

지금의 내신제도는 학교 성적이 입시에 곧바로 사용될 수 있도록 학생 전체를 동일한 시험을 통해 한 줄로 세우는 제도이다. 그 대가로 우리나라 학교는 교육을 희생했다. 학교는 수업의 다양성을 희생했고, 교사들은 수업의 독창성을 버렸다. 수업은 획일화되었고 개성을 상실했다. 고차원적 수업은 존재하지 않고 저차원적 수업만 가득하게 되었다. 이제 우리는 내신제도를 희생해서라도 학교교육을 살려야 한다.

내신제도가 죽어야 학교가 살 수 있다면 우리는 내신제도를 죽여야 한다. 내신제도가 어떻게 변해야 하는지를 정리해보자.

현 내신제도 골격 유지	학급 학년 체제 유지	진정한 수준별 수업 불가능	낮은 차원의 수업 패러다임에서 벗어나기 어려움 현재의 수업 패러다임 안에서의 효율성 제고만 가능	지금의 학교 시험 성적을 그대로 입시에 반영할 수 있음
↓				
새로운 내신제도 도입	학급 학년 체제 폐지 무학년 학점제	진정한 의미의 수준별 수업	새로운 수업 패러다임 추구	학교 시험 성적을 입시에 반영하려면 재해석을 해야 함

3. 무학년학점제에서 사교육은 증가할까, 감소할까?

사교육의 증감 여부와 관계없이 무학년학점제는 시행되어야 한다. 중요한 점은 학교가 유능해지는 것이다. 사교육은 종속변수여야 한다. 하지만 우리의 정책이 사교육에 어떤 영향을 미치는지 고려하는 것은 중요하다. 사교육을 크게 증가시키는 정책은 국민의 비판을 받아 시행이 어렵기 때문이다. 무학년학점제는 한편으로는 사교육을 감소시키고 다른 한편으로는 사교육을 증가시킬 것이다. 교사들 중에서도 어떤 사람은 사교육이 없어질 것이라고 말하고 또 어떤 사람은 오히려 사교육이 증가할 것이라고 말한다.

수준별 맞춤형 수업을 하면 학교가 유능해지기 때문에 사교육이 줄어들 수 있다. 사교육의 번성이 학교의 무능 때문만은 아니지만 학교의 무능이 중요한 원인임은 분명한 사실이다. 따라서 수준별 맞춤형 수업으로 학교가 유능해지면 사교육 수요는 크게 줄어들 것이다. 특히 학교 시험을 대비하는 학원 수업은 획기적으로 줄어든다. 수업과 시험이 교사마다 달라지면 학원은 이에 대응하기 어려워지므로 학생들이 학원 수업을 통해 얻을 수 있는 이익이 크게 감소하기 때문이다.

다른 한편으로 학생들은 더 높은 단계의 수업을 빨리 받기 위해 사교육에 의존할 수 있다. 또 졸업을 앞당기기 위해 사교육에 의존할 수도 있다. 그런데 이때 학생들이 의존하는 사교육은 학원이 아니라 개인과외일 가능성이 크다. 무학년학점제가 시행되면 수업과 시험이 아주 다양해지는데 이에 대비하려면 학원보다 개인과외가 훨씬 더 유리하다. 그동안 학원은 학교에 비해 학생들의 수준을 많이 고려한 수업을 해왔다. 학교가 워낙 획일적인 수업을 하기 때문에 학원은 학생들의 학습 수준을 조금만 고려해도 학생들에게 제법 큰 만족을 줄 수 있었다. 하지만 학교가 무학년학점제를 통해 수준별 수업을 하게 되면 적어도 이 측면에서는 학원의 장점이 효과를 잃게 된다. 학원이 이 측면에서 꾸준히 비교 우위를 누리려면 지금보다 훨씬 더 세밀한 수준별 수업을 해야 하는데 이는 감당하기 어려운 일이다. 그렇기 때문에 학생들의 수준과 능력을 아주 세밀하게 고려해줄 수 있는 개인과외가 유리하게 된다. 결국 학원 사교육은 줄고 개인과외 사교육은 증가할 것이다.

이처럼 무학년학점제로 인해 사교육은 한편으론 줄고 한편으론 늘어날 것이다. 그렇지만 나는 사교육의 감소 요인이 증가 요인보다 더 크기 때문에 무학년학점제가 시행되면 사교육은 지금보다 크게 줄어들리라 확신한다.

제2장

학급당 학생 수 20명 이하로의 감축

1. 원론적 제안

말 그대로 교실의 학생 수를 20명 이하로 감축하는 것이다. 여기서 분명히 할 것이 있다. 말 그대로 '20명 이하'로의 감축이다. 어정쩡한 중간 단계를 조금도 거치지 않는 전격적인 20명 이하로의 감축이다. 우선은 30명 이하로 하고 몇 년이 지나서 25명 이하로 하고, 그리고 다시 몇 년 후에나 20명 이하로 하는 그런 감축이 아니다. 이런 식의 점진적 방법은 실패하게 되어 있다. 성공할 수 있는 것은 전격적으로 시행하는 감축뿐이다. 교실의 학생 수를 감축하는 데 있어 과도기를 생각하는 순간 학생 수의 감축은 어려워진다. 무슨 뜬금없는 소리냐고 의아해할 수 있겠지만, 학생 수 25명으로의 감축은 어렵지만 20명 이하로의 감축은 오히려 쉽다.

그리고 학급 학생 수의 감축은 짧은 기간 안에 이루어져야 한다. 학교를 기준으로 보았을 때는 1년 만에 전격적으로 시행해야 한다. 우리

도를 수업 시간의 긴축으로 감당한다. 20% 정도는 교사의 수업 시수 증가로 감당한다. 30%는 신규 교사 채용으로 감당한다. 신규 교사 충원 비용은 약 4조 원으로 예상할 수 있다. 4조 원의 교육예산이 증가함으로써 대한민국의 교육 인프라는 세계 최고 수준으로 도약하게 된다. 그래도 아직 우리나라는 선진국에 비해 많은 것이 부족하다. 체육관, 음악실, 식당 등 모든 부분에서 선진국에 미치지 못한다. 그러나 교육의 질을 규정하는 핵심적인 것은 학급의 학생 수를 20명 이하로 하는 것이다.

체육관 시설이 잘 갖춰져 있으면 좋지만 체육관 시설 부족하면 운동장에서 좀 고생하면 된다. 식당 시설 뛰어나면 좋지만 좀 허름한 시설에서 밥을 먹어도 건강에는 지장이 없다. 중요한 것은 음식 그 자체지 밥 먹는 시설이 아니니 말이다. 교실을 반으로 쪼개면 좀 좁은 느낌이 들 수 있다. 하지만 이는 20명 이하의 학생을 대상으로 한 수업을 통해 얻을 수 있는 이익에 비하면 작은 문제일 뿐이다. 지금의 교실에서 20명이 수업하는 것과 그 절반 크기의 교실에서 20명이 수업하는 것, 이 둘의 수업 효과는 거의 비슷하다. 반면 한 교실에서 40명이 수업하는 것과 20명이 수업하는 것은 효과 면에서 크게 차이가 난다. 시설이 넓고 좋은 견 바람직하다. 하지만 그것은 학급의 학생 수를 20명으로 하는 것에 비하면 별로 중요하지 않다. 학급의 학생 수가 많으면 질 높은 교육은 어렵다. 학생들이 주체적으로 참여하는 수업, 학생들의 창의력을 기르는 수업은 더더욱 어렵다.

4조 원의 예산을 투입해서 학교교육이 획기적으로 달라진다면 우리나라의 경제 규모로 볼 때 그 정도는 투자해볼 만하다. 게다가 10만 개의 고급 일자리가 창출된다. 청년 실업 문제 해결에 아주 크게 공헌할 수 있다. 10만 개의 일자리 창출과 학교교육의 획기적인 변화를 생각한다면 4조 원은 오히려 싼 편인 것이다.

앞에서 나는 학급당 학생 수를 20명으로 감축하는 것이 25명으로 감축하는 것보다 쉽다는 이야기도 했다. 언뜻 생각하면 말이 안 되는 소리인 것 같지만 사실이다. 왜 그런가? 한 학급의 학생 수를 25명으로 한다고 하자. 이런 방침을 세운 학교에는 교실이 지금보다 평균적으로 30~40% 더 필요하다. 어떻게 공급할 것인가?

이 경우도 교실 하나를 둘로 나누어서 25명 학급으로 만드는 방법을 생각해볼 수 있다. 하지만 지금의 절반만 한 교실은 25명이 생활하기에 너무 비좁다. 교실의 가운데에 선을 그어 놓고 책상을 배치해보면 알겠지만 25개의 책상을 배치하려면 계산이 잘 안 선다. 2개의 교실을 셋으로 나누자는 의견도 있을 수 있다. 그러나 이렇게 하려면 교실의 모든 벽을 허무는 큰 공사를 해야 한다. 학교는 온통 공사판이다. 비용도 엄청나겠지만 무엇보다 몇 달 정도 휴교를 하지 않고선 완성이 어려운 공사다. 교실 수를 대대적으로 늘리는 방안도 생각해볼 수 있다. 이 경우 두 가지 방법이 있는데 하나는 운동장에 신축 건물을 짓는 것이고 다른 하나는 현존 건물의 층수를 높이는 것이다. 둘 모두 현명한 방안이 못 된다. 비용도 비용이지만 역시 학교가 1년 내내 공사판일 수밖에 없다. 특히 학교 운동장이 사라지는 것은 바람직하지 않다. 학교의 운동장은 소중하다. 운동장은 가급적 그대로 유지하여 학생뿐만 아니라 해당 지역의 주민들도 이용할 수 있도록 해야 한다.

이런 부작용을 감수할 바엔 차라리 생각을 획기적으로 바꿔 한 학급당 학생 수를 20명 이하로 감축하는 것이 바람직하다. 여러 중간 단계를 거치지 말고 단번에 선진국 수준으로 도약해보는 것이다. 하는 김에 단번에 선진국의 수준을 넘어서는 배포 큰 행동을 해보는 것이다. 그래서 질 높은 학교교육에 목마른 국민들의 갈증을 단번에 해결해버리는 것이다.

교실 하나를 반으로 쪼개 둘로 만드는 것은 아주 쉽다. 다행히 교실 문은 앞문과 뒷문 모두 2개이다. 그러니 교실 가운데에 칸막이를 설치하고 약간의 보강 공사만 하면 간단히 둘로 나누어진다. 여름방학이나 겨울방학을 이용해 충분히 완성할 수 있다. 이 교실은 20명의 학생들이 생활하기에 크게 비좁지 않다. 지금 중·고등학교에서도 한 교실에서 40명 정도가 생활을 하는 경우가 적지 않다. 현재 크기의 교실에서 20명이 수업하는 것은 우리나라 상황에선 아직 사치다. 일부 학교의 교실은 유난히 좀 작아서 교실을 둘로 쪼개면 20명이 생활하기에 답답할 수도 있다. 이때는 발상을 더 획기적으로 하면 된다. 학급당 학생 수를 15~18명으로 줄이는 것이다. 이런 학교는 한 학급당 학생 수가 20명 정도인 선진국 학교의 수준을 아예 넘어설 수 있다.

이처럼 통 크게 생각하고 학교를 선진국 수준으로 변화시켜야 한다. 교실의 학생 수만은 일순간에 선진국 수준으로 올라서야 한다. 왜 우리는 선진국처럼 하면 안 되는가? 우리나라는 아직 선진국이 아니어서 곤란하다는 나약한 사고로는 절대 학교를 살릴 수 없다. 사교육이라는 강적과도 경쟁해야 하는 대한민국의 학교는 선진국의 학교 수준을 넘어서야 한다.

3. 출산율 저하 현상을 고려한 수정안

위의 정책은 출산율 저하로 인해 점차 줄어드는 학생 수를 고려하지 않은 것이다. 현재도 초등학교는 중·고등학교에 비해서 학급당 학생 수가 적은 편이다. 따라서 초등학교는 긴 세월이 흐르지 않아도 인구 감소 현상을 이용해 자연스럽게 학생 수를 상당히 감축할 수 있다. 그리고 무학년학점제를 시행하지 않는 초등학교의 경우 학생들이 이동하지 않고 하루 종일 한 교실에서만 생활하기 때문에 학급의 학생 수를 20명으로 줄여도 지금 넓이의 교실이 여전히 필요한 측면도 있다. 그러므로 초등학교는 시간적 여유를 가지고 인구 감소 현상을 이용해 학급당 학생 수를 감축하는 방법도 생각해볼 수 있다.

중·고등학교는 상황이 많이 다르다. 출산율 저하 현상을 통해 한 교실의 학생 수를 20명으로 만들려면 너무 오랜 시간이 걸린다. 그리고 무학년학점제를 도입하려면 어차피 지금보다 훨씬 더 많은 교실이 필요하다. 무학년학점제는 필연적으로 교과교실제를 필요로 한다. 교과교실제의 가장 바람직한 형태는 1명의 교사가 1개의 교실을 배타적으로 사용하는 것이다. 1개의 교실을 여러 명이 사용하는 것은 예외적인 형태로만 존재해야 한다. 결국 온전한 의미의 교과교실제를 실행하려면 교실 하나를 2개로 만들어 교실 수를 대폭 늘리는 방법밖에 없다. 이렇게 보면 중·고등학교는 교실 하나를 둘로 나누는 방식을 통해 빠른 시일 안에 학급당 학생 수를 20명으로 줄이는 것이 타당하다.

제**3**장

교육과
사무행정의 분리

– 교육 중심의 학교제도

1. 개요

우리나라 학교 운영의 중심은 교육이 아니다. 수업도 아니고 인성 지도도 아니다. 국민들이 학교 운영에서 가장 중요한 부분이라고 생각하는 일이 학교의 중심이 아닌 것이다. 학교의 중심은 흔히들 잡무라고 부르는 교육 외적인 업무이다(나는 그 교육 외적인 업무를 '사무행정 업무'라고 부른다). 우리나라 학교의 기본제도는 철저히 사무행정업무를 중심으로 짜여 있다. 그래서 모든 교사가 사무행정업무를 위해 구성된 부서에 배치되어 있다. 대한민국의 모든 교사가 아침에 출근했다가 퇴근하는 곳이 이 사무행정부서이다. 이는 교사들의 학교생활이 사무행정업무를 중심으로 이루어진다는 점을 말해준다.

학교의 제도만을 본다면 학교는 교육을 잘하기 위해 존재하는 조직이 아니다. 사무행정업무를 잘하기 위해 만들어진 조직이다. 흔히들 잡무가 많아서 교사들이 수업을 소홀히 한다는 말을 한다. 많은 사람이 잡무의 많고 적음에 대해서 관심을 기울인다는 증거다. 그런데 사람들은 그보다 더 중요한 학교의 기본시스템에는 관심을 갖지 않고 있다. 학교의 기본제도가 잡무, 즉 사무행정업무를 중심으로 만들어졌다는 사실 말이다. 학교의 기본시스템이 잡무를 중심으로 만들어졌다는 것은 단순히 교사의 잡무가 많다는 사실보다 더 문제가 심각한 것이다. 지금의 학교제도에서는 설사 교사의 잡무가 획기적으로 줄어든다 해도 학교교육이 제대로 이루어지기 어렵다. 학교의 시스템 자체가 잡무 중심이기 때문이다.

교사가 잡무에서 벗어나 오직 교육에만 전념하는 것은 중요하다. 하지만 더 중요한 것은 학교의 조직을 교육에 최적화된 조직으로 재구성하는 것이다. 그러기 위해선 교육과 사무행정업무를 분리해야 한다. 사무행정업무는 사무행정업무직원들이 전담하게 해야 한다. 기존의 사무행정부서는 폐지하고 교사들은 교육을 중심으로 한 새로운 조직에서 생활해야 한다.

2. 학교 개혁과 일자리 4만 개 창출을 위한 제안서(일명 '빅딜 제안')

이 문제는 교사들의 성과급으로 학교사무행정업무직원 4~5만 명을 채용해 해결하는 것이 최선이라 생각한다. 나는 이 방법으로 사무행정 위주의 학교를 개혁하자고 하나의 제안서를 내놓은 적이 있다. 언론을 통해 일반 국민에게 널리 알려지진 않았지만 그래도 제법 의미 있는 반향을 일으키고 있는 제안이다. 교원단체 중에서는 '좋은교사운동'이 받아들였고 김부겸 국회의원도 긍정적으로 받아들여 법제화를 꾀하고 있다. 또 정치연구소인 '사회디자인연구소'가 이 제안을 널리 펼치기 위해 노력하고 있다.

이 제안은 사무행정 위주의 학교제도를 개혁하는 가장 최선의 정책일 수 있다. 나아가 이 제안은 그 밖의 여러 교육정책을 입안하는 데에도 많은 시사점을 줄 수 있다. 그래서 제안서를 여기에 싣는다.

학교 개혁과 일자리 4만 개 창출을 위한
제안서(일명 '빅딜 제안')

① 핵심 요지

① 내용

'4만 명의 학교사무행정업무직원 신규채용'과 '교원 성과급'의 빅딜.

· 학교의 사무행정업무(잡무)를 담당하는 인원 4만 명을 신규채용한다.

· 교원 성과급은 폐지한다. 1조 원이 넘는(2008년 예산 1조 800억 원, 추후 증가 예상) 교원 성과급을 4만 개의 일자리 창출을 위한 비용으로 사용한다.

② 효과

사회적 효과

· 4만 개의 안정적인 일자리를 창출할 수 있다.

'일자리 나누어 갖기 운동'의 모범을 창출할 수 있다.

교육적 효과

· 교사들이 사무행정업무에서 벗어나 오로지 교육활동에 전념할 수 있

다. 이로 인해 학교교육이 획기적으로 좋아질 수 있다.

· 학교의 기본제도를 교육활동 중심으로 혁신할 수 있다. 현재 학교의 기본 운영제도는 사무행정업무를 중심으로 하고 있다. 교사들이 교육활동에만 전념할 수 있다면 교육활동을 중심으로 한 새로운 학교 운영제도를 만들 수 있을 것이다. 역시 이로 인해 학교교육은 획기적으로 좋아질 수 있다.

· 성과급을 둘러싸고 일어나는 교사 간의 소모적 갈등을 없앨 수 있다. 성과급제도가 가져온 것은 교육을 더 잘하기 위한 교사들 사이의 경쟁이 아니다. 단순히 성과급의 기준을 자신들에게 유리하게 만들기 위해 벌이는 불필요한 소모전이다. 물론 성과급제도를 도입한 정책 입안자의 발상은 성과급을 통해 교사들 간에 의미 있는 경쟁을 불러일으키겠다는 데서 비롯되었을 것이다. 국민들도 학생교육을 잘하는 교사에게 더 많은 돈을 주어야 한다는 생각에서 성과급제도를 찬성했을 것이다. 하지만 성과급제도는 학생교육에 아무런 도움이 되지 않는 일로 교사들을 서로 싸우게 만들었을 뿐이다. 차라리 없애는 것이 교육에 더 바람직하다.

③ 비용

이 모든 것을 위한 정부 부담, 또는 사회적 부담은 제로이다.

② 근거 또는 상세 설명

① 학교교육의 병목 구간

병목 현상이라는 게 있다. 도로의 폭이 병목처럼 갑자기 좁아져서 유달리 심하게 교통 정체가 일어나는 현상을 가리키는 말이다. 교통의 흐름을 빠르게 하려면 무엇보다 먼저 병목 현상이 일어나는 구간을 손봐야 한다. 이 병목 구간을 그대로 둔 채 다른 곳의 도로 폭을 넓혀봐야 교통의 흐름은 개선되지 않는다. 자원만 낭비될 뿐이다.

그동안 학교 개혁을 위해 수많은 정책이 제시, 시행되었다. 그러나 실질적 효과를 낸 정책은 없었다. 그 어떤 정책이 시행되든 학교는 여전히 그 모습 그대로 변하지 않고 있다. 마치 꽉 막힌 도로에 차들이 서 있는 것처럼 말이다. 학교에는 이러한 도로의 병목 구간과 비슷한 것이 있다. 이것은 제아무리 좋은 정책이라도 그 효과를 감소시켜버리고 무력화시켜버린다. 또한 좋은 정책들이 아주 약간의 성과를 내게 하는 데에도 엄청난 재원과 에너지를 투입하게 만들어 정책의 지속과 확산을 저해한다. 학교의 병목 구간 중 가장 중요한 하나는 '학교의 운영제도' 이다(또 다른 중요한 병목 구간은 학교의 내신제도이다. 학교교육에 끼치는 내신제도의 악영향은 아무리 강조해도 지나치지 않지만 내신제도 문제는 다른 기회를 통해 이야기할 수밖에 없다). 지금의 학교 운영제도는 교육을 잘하기 위해 만든 제도가 아니다. 사무행정업무(잡무)를 잘하기 위해 만든 제도이다. 학교의 제도는 학생교육이 아닌 사무행정업무에 최적화되어 있는 것이다.

개구리의 뇌는 움직이는 물체를 파악하는 데에 최적화되어 있다고 한다. 그래서 개구리에게 있어 날아다니는 곤충의 움직임을 파악하는 일은 식은 죽 먹기이다. 개구리의 두뇌회로가 그 일을 잘하게끔 구성되어 있기 때문이다. 그 대신 움직이는 곤충을 잡아먹기에 최적화된 개구리의 두뇌는 정지된 물체를 보지 못하는 대가를 지불해야만 한다. 만약 어떤 곤충이 개구리를 만났을 때 도망가지 않고 가만히 정지 상태로 있으면 그 곤충은 개구리에게 잡아먹히지 않을 수 있는 것이다. 마찬가지의 원리로 학교의 운영제도는 사무행정업무를 처리하는 데 최적화되어 있는 대신 학생을 교육하는 일에서는 완전히 무능한 모습을 보일 수밖에 없다.

결국 대한민국 학교의 문제는 상당 부분 사람의 문제가 아닌 제도의 문제이다. 이 제도를 바꾸지 않으면 정부가 추진하는 모든 개혁 드라이브가 여기에 걸려 정체될 수밖에 없다. 그 정체를 뚫으려면 사무행정업무에 최적화된 제도를 학생교육에 최적화된 제도로 바꿔야 한다.

② 진보 교육감의 현실 인식

서울의 곽노현 교육감은 이러한 문제의식을 가지고 있었다고 생각된다. 교육감의 취임사를 보면 이 부분에 대한 문제의식을 엿볼 수 있다.

"선생님들도 교단에 처음 설 때처럼 아이들을 향한 첫사랑의 불길을 다시 지피고 사명과 열정을 살려내야 합니다."

이 취임사의 원래 내용은 이것보다 더 분명했다. 취임식날 기자들에게 배포된 공약이행보고서에 실린 취임사 내용은 이렇다.

"교사들은 공문서와 잡무에 시달려 아이들에 대한 첫사랑의 감정을 잃어버렸습니다. 아이들과 눈을 맞출 시간도, 꿈꿀 여유도 잃어버린 지 오래입니다. 교사는 오직 지시에 따라서만 행동하는 서류 처리를 하는 사람이 아닙니다. 교사는 마음과 생각을 아이들과 나누며 실천을 통해 발전하는 살아 있는 벗이자 스승입니다. 교사는 교육의 주인입니다. 저는 원래 주인인 교사의 자리를 찾아드리고 싶습니다. 그래서 교사들의 첫사랑의 불길이 다시 일어나고 꿈꾸기가 다시 시작되는 것을 보고 싶습니다. 스스로 하고 싶은 것을 마음껏 꿈꾸시고 그것을 기획하십시오. 제대로 지원하겠습니다."

교육감이 한 앞의 말을 좀 더 간결하고 명확하게 표현하면 이 정도가 될 것이다.

"교사들은 흔히 잡무라고 부르는 사무행정업무에 더 많은 정성을 바치느라 학생들에 대한 애정과 교육을 향한 열정을 잃어버렸습니다."

그런데 교육감의 공약이행보고서를 보면 정책의 차원에서는 이러한 문제의식이 잘 살아 있지 않다. 잡무 경감 정도로 문제의식이 현저히 약화되어 있다. 하지만 잡무의 경감보다 중요한 것은 잡무 위주의 학교제도를 개혁하는 것이다. 교사들이 사무행정부서에 편재되어 생활하는 지금의 학교제도를 바꾸지 않고서는, 단순히 잡무의 양만을 줄여서는 문제가 조금도 해결되지 않는다. 학교의 운영제도가 여전히 교육이 아니라 사무행정업무를 기본으로 하고 있다면 설사 교사의 잡무를 절반으로 줄인다 해도 학교교육은 거의 나아지지 않는다. 잡무가 절반으로 줄어도 교사들은 여전히 사무행정업무부서로 출근하여 생활할 것이고, 학교는 여전히 교육이 아닌 사무행정업무를 중심으로 돌아갈 것이기 때문이다.

③ 학교교육의 병목 구간, 어떻게 뚫을 것인가?

교육과 사무행정업무를 분리해야 한다. 교사들은 교육에만 전념하고 사무행정업무는 업무전담직원들이 하게 하는 것이다. 이는 단순히 교사들의 업무를 경감하는 차원에 머무르는 것이 아니다. 학교의 구조와 제도를 바꾸는 일이다. 사무행정 중심의 학교제도를 교육활동 중심의 제도로 바꾸는 일이다. 사무행정 중심으로 형성된 교사문화를 교육 중심의 문화로 바꾸는 일이다. 단순히 교사의 잡무, 즉 사무행정업무를 일부 경감하는 것은 별 의미가 없다. 중요한 것은 학교의 제도와 문화와 운영을 철저히 학생교육 중심으로 바꾸는 일이다. 이를 정책제안서의 형식으로 만들어보자.

교육과 사무행정(잡무)의 분리를 통한
교육 중심의 학교제도 만들기

1. 현황 및 문제점

· 학교의 체제가 사무행정업무 위주로 되어 있다. 학교 체제가 학생교육이 아닌 사무행정업무에 최적화되어 있다.

· 교사들이 사무행정업무 단위로 배치되어 교사들의 삶과 문화가 사무행정업무를 토대로 형성되고 있다.

· 교사들의 열정과 창의력이 사무행정업무에 지나치게 많이 투여되고 있다.

· 사무행정업무가 교육을 도와주는 것이 아니라 교육을 지배하고 있다.

· 교사들은 교육이 아닌 사무행정업무에 열정을 바쳐야 승진할 수 있다.

· 교장과 장학사는 대부분 교육이 아닌 사무행정업무에 정성을 바친 사람들이라 사무행정업무를 중심으로 사고하고 행동한다.

* 용어정리: 시교육청은 순수행정업무 이외의 잡무를 '교무' 라 지칭하고 있다. 여기서는 교사의 교육외적인 업무를 통칭하여 '사무행정업무' 라고 지칭했다. 때로는 관습에 따라 '잡무' 라는 말도 사용한다.

2. 정책과제

· 교육과 사무행정업무를 분리한다.

· 교육활동지원실(가칭)을 만들어 교사들이 담당하던 사무행정업무를 전담하게 한다.

· 교사들은 수업, 학생인성지도 등 실제 교육활동에만 전념한다.

· 사무행정업무 위주의 부서 체제를 학생교육 위주의 체제(교과와 학년 중심 체제)로 전환한다.

3. 성과지표

· 교육활동지원실에서 사무행정업무를 전담하는 정도.
· 사무행정부서가 해체되고 교과와 학년부가 학교 운영의 중심으로 자리 잡은 정도.
· 교사들이 오로지 교육에만 매진할 수 있는 정도.

4. 예산계획

· 사무행정업무를 전담하는 교육활동지원실을 구성하고 학교 규모에 따라 3~5명의 신규 인원을 배치한다.
· 학교에 1~2명씩 존재하는 교감을 교육활동지원실에 배치하면 학교당 4~7명의 업무전담 인원 확보가 가능하다. 지금의 학교에서 교감은 사실상 불필요한 직책이다. 결재 단계를 복잡하게 할 뿐이다. 교장이 얼마든지 교감의 일을 다 할 수 있으며, 또 그렇게 해야 한다. 따라서 지금의 교감 직책은 폐지하거나 교감을 사무행정업무를 실질적으로 수행하는 인력으로 활용해야 한다. 이 경우 교육활동지원실의 책임자를 교감으로 하면 될 것이다.
· 학교당 3~5명의 교육활동지원실 인원 확보 방안 및 필요 예산
· 인원 확보 방안
  ㉠ 기존인원 활용: 학교의 교감(학교의 교감 수는 1~2명임)
  ㉡ 신규인원 고용: 학교당 3~5명
· 필요 예산: 1조 수천억(학교 수×학교당 신규인원 3~5명×연봉)

· 예산 조달 방안: 교원 성과급을 재원으로 활용

5. 추진 일정

혁신학교 등에서 시작해 전체 학교로 확산시켜나감.

6. 부서 체제 전환 예시(C고등학교의 경우)

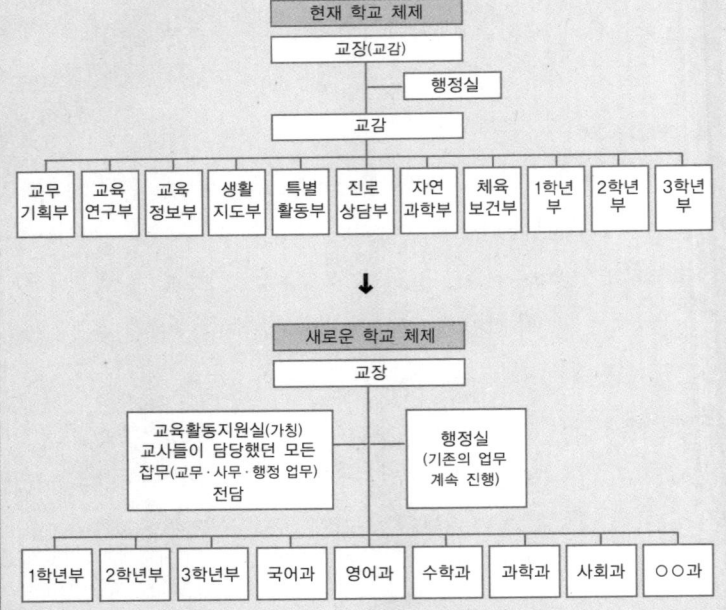

· 기존 1·2·3학년부의 업무는 주로 사무행정업무이다. 다른 부서와 달리 교육활동도 하지만 사무행정업무도 많다. 새로운 1·2·3학년부는 기존의 사무행정업무를 교육활동지원실로 이전하고 학교교육을 위한 활동에만 매진한다.

- 특별활동부, 생활지도부, 진로상담부 등은 사무행정업무 외에 약간의 교육활동을 했다. 그러나 새로운 학교제도에서는 그 약간의 교육활동을 학년부에 넘겨주고 폐지되어야 할 것이다.
- 학생상담과 학생규율지도에 관한 교육활동을 학년부에 배치할지 별도의 부서를 구성하여 배치할지는 여건에 맞게 하면 될 것이다(선진국의 경우 상담전문교사와 규율전문교사가 존재하기도 한다).
- 위에 예로 든 부서 체계는 학교마다 다를 수 있다. 실제로 고등학교는 대개 학년부가 있으나 중학교는 없는 경우가 많다.
- 초등학교는 그 특성상 교과가 아닌 학년부의 위상이 가장 중요할 것이다.
- 적어도 고등학교는 장기적으로 무학년학점제로 가야 한다. 그때 학년부는 폐지될 수 있다.

③ 성과급 폐지를 통해 재원 조달이 가능하다

성과급제도를 통해 국민들은 교사들 간의 의미 있는 경쟁을 기대했을 것이다. 그러나 성과급으로 인해 학교에서 벌어지고 있는 것은 교사들 간의 잘 가르치기 위한 경쟁이 아니다. 실제로 학교에서 일어났던 일은 학생교육에는 아무런 도움도 되지 않는 교사들 간의 싸움질이다. 성과급의 기준을 자기에게 유리하게 만들기 위한 싸움질이다.

이 싸움질은 교육의 경쟁력을 높이기는커녕 갉아먹을 뿐이다. 싸움질에 드는 시간과 노력은 일종의 비용이다. 결국 성과급은 학생들을 잘 가르치게 만들기 위한 인센티브의 역할은 조금도 하지 못하고 교사들 간의 불필요한 싸움을 유발하는 잘못된 역할을 하고 있는 것이다.

과도기적 현상이 아니다. 성과급이 도입된 지 10년이 지났다. 앞으로
도 성과급이 학교교육에 도움이 되는 인센티브로서 작용할 가능성은 사
실상 제로이다. 차라리 그 성과급을 가지고 다른 일을 하는 것이 낫다. 4
만 명의 학교사무행정업무직원 신규채용과 교원 성과급의 빅딜이 바로
그것이다.

④ 교사들은 찬성할까, 반대할까?

어찌됐건 성과급은 교사에게 주어지는 보수의 일부이다. 소중한 생
활자금이다. 이것이 사라진다는 것은 교사에게 유쾌한 일이 아니다. 하
지만 그 대신 사무행정업무로부터 거의 완전히 벗어날 수 있다. 근무 여
건이 한결 좋아진다. 즉, 경제적으로는 손해지만 근무 여건의 측면에서
는 이익인 것이다.

결국 어떤 교사들은 찬성하고 어떤 교사들은 반대할 것은 자명한 일
이다. 그런데 반대하는 교사들도 그 반대 의지는 약할 것이다. 잡무로부
터의 완전 해방이라는 이익도 있으니 말이다. 따라서 정부가 적극 나선
다면 교사들의 동의를 얻어내는 일이 어렵지 않으리라 생각된다.

⑤ 누가 앞장서야 하는가?

교원 성과급과 사무행정업무의 빅딜은 교육청과 교육감 차원에서는
시행될 수 없는 일이다. 가장 중요한 것은 정부의 의지와 진정성이다.
정부 차원의 의지와 결단이 필요한 일이다. 그러나 교육청이 먼저 의제
를 던지고 정부와 교사와 국민을 설득해나갈 수도 있을 것이다. 진보 교
육감의 역할을 기대해본다.

교원단체에서 먼저 의제를 제시하고 사회적 합의를 이끌어내는 것도
생각해볼 수 있다. 하지만 과연 그런 일을 할 수 있는 교원단체가 있을

까? 전교조가 과연 그런 의제를 사회에 내놓을 수 있을까?

6 기타

4만 명의 사무행정업무직원은 학교의 모든 사무행정업무를 처리하기에 충분한 인원이다. 사무행정업무를 전담하는 교육활동지원실을 만들면 업무의 효율성이 획기적으로 높아지고 업무의 양 자체가 현저히 줄어들 것이기 때문이다.

학교는 사무행정업무 위주로 조직이 구성되어 있음에도 불구하고 사무행정업무에서도 상당히 비효율적이다. 교사들이 교육과 사무행정업무를 함께 보기 때문에 교육에만 전념할 수 없었던 것처럼 또 사무행정업무에만 전념할 수도 없다. 필연적으로 업무 효율성이 매우 떨어질 수밖에 없다. 그리고 교사들은 매년 또는 2~3년마다 자신이 담당하는 사무행정업무를 바꾼다. 업무에 대한 전문성이 향상될 수 없는 구조인 것이다. 더불어 사무행정업무 중에는 없어도 되는 일임에도 중요한 업무로 존재하는 경우가 매우 많다. 여러 가지 원인이 있지만 사무행정에서 업적을 쌓으려는 사람들의 욕심도 한 원인이다.

교육활동지원실을 만들어 사무행정업무를 통폐합하고 이를 전문직원이 전담한다면 효율성과 전문성이 증진되고 불필요한 일들이 많이 사라질 것이다. 이렇게 되면 4만 명의 직원은 대한민국 학교의 모든 사무행정업무를 충분히 감당할 수 있다. 여기에 1만 명이 넘는 숫자의 교감이 결합한다면 인원은 남아돌 수도 있다.

이어지는 글은 본 제안서에 대한 여러 사람의 의견을 듣고 떠오른 생각을 간단히 정리해 사회디자인연구소 홈페이지(http://www.socialdesign.kr)에 올린 것이다.

빅딜 제안서 코멘트에 대한 답변

①역시 프레임frame의 힘은 강력합니다. 그동안 학교 개혁 방안의 하나로서 사람들의 사고를 강력하게 지배해온 것은 '교사의 잡무 경감'이란 프레임이었습니다(사람에 따라 업무 경감, 행정업무 경감 등의 다른 표현을 사용하기도 했습니다). 대부분의 사람들이 이 프레임에 굳게 갇혀 있습니다. 일반 국민들은 물론 교육 관료들, 정치인들, 기자들 모두 가요. 저의 제안에 대한 여러분의 코멘트에도 그러한 프레임이 많진 않지만 그래도 아직은 적지 않게 작동하고 있음을 느낍니다. 그런데 '잡무 경감'이란 프레임에 갇히는 순간 제가 제기한 개혁 방안은 별것 아닌 시시한 것이 되어버립니다. 다음과 같은 국민들의 말은 어김없는 진실이 됩니다.

"교사는 그래도 시간이 많다. 방학도 있고 퇴근도 빠르다. 다른 사람들에 비하면 시간은 얼마든지 많다. 잡무 할 것 다하고도 수업에 얼마든지 열정을 바칠 수 있다. 수업이 아닌 잡무에 더 열정을 바치는 교사를 제대로 된 교사라 할 수 있는가?"

그렇습니다. 요즘 학생들 지도하기가 어렵다고 하지만 그래도 다른 직장인에 비하면 교사는 시간도 많고 여유도 많습니다. 그러니 교사들이 잡무 때문에 수업을 제대로 하지 못한다는 말은 핑계에 불과할 수 있습니다. 다음과 같은 말도 진실이 될 수 있을 것입니다.

"실제로 잡무에 바쁜 교사는 얼마 안 된다. 잡무 처리 시간 자체가 크게 문제가 되지는 않는다. 업무가 없다고 수업에 더 열정적인 모습을 보이는 것도 아니다."

그렇습니다. 잡무 때문에 정신없는 교사는 어쩌면 소수에 불과합니다. 교사들이 매일같이 잡무로 바쁜 것도 아닙니다. 또 실제로 잡무가 적어서 여유가 많은 교사가 수업에 더 열정적인 것도 아닙니다. 이런 측면에서 보면 교사의 잡무를 단순히 경감만 하려는 정책은 별 볼일 없는 정책일 수 있습니다. 그리고 학교 기본 운영 체제의 변화 없이 단순히 잡무만을 경감하는 것은 학교교육에 큰 변화를 불러오지도 못합니다. 즉, 잡무를 단순히 줄이기만 하는 정책은 별로 중요하지도 시급하지도 않은 정책인 것입니다. 물론 꽤 좋은 정책임을 부정하는 것은 아니지만요.

거듭 강조하지만, 중요한 점은 학교의 기본 운영 체제를 바꾸는 것입니다. 그러려면 교사의 잡무 전체를 별도의 조직(사무행정전담직원이 모인 조직)에 이전해야 합니다. 제 제안의 목표는 단순히 교사의 잡무 경감이 아닙니다. '잡무의 폐지'가 목적입니다. 교사들을 교육활동 중심의 새로운 조직에서 생활하도록 만드는 게 목적입니다. 다시 말해 학교의 기본시스템을 교육 중심의 시스템으로 바꾸는 것이 목적입니다.

②물론 이 정책 하나만으론 한계가 있습니다. 하지만 단일 정책으로서 빅딜 정책만큼 큰 효력을 발휘할 교육 개혁 정책은 거의 없습니다. '무학년학점제– 수준별 맞춤형 수업'(이것은 현 내신제도의 개혁을 필연적으로 요구합니다) 등을 예외로 한다면 말입니다.

그렇다면 구체적으로 어느 정도나 효력을 발휘할까요? 일반적인 말로 표현했을 때의 애매함을 줄이기 위해 숫자를 이용해 말해보겠습니다. 우리가 학교 개혁으로 올려야 할 학교 점수를 총 100점이라 했을 때 빅딜 정책으로 올릴 수 있는 점수는 그중 10점이라고 말할 수 있습니다. 빅딜 정책이 있어야 효과를 제대로 볼 수 있는 다른 정책까지 포함해 따져본다면 20점 정도라고 말할 수 있습니다. 제 생각을 표로 정리해보겠습니다.

점수	정책	비고
100	그 밖의 수많은 교육 정책들	그 밖의 수많은 다른 정책으로 보강해야 할 부분
90		
80		
70		
60		
50	수준별 맞춤형 학점제로 인해 효과를 보게 되는 다른 정책	수준별 맞춤형 학점제가 가져올 긍정적 부분
40	수준별 맞춤형 학점제	
30		
20	빅딜 정책으로 인해 효과를 보게 되는 다른 정책	빅딜 정책이 가져올 긍정적 부분
10	빅딜 정책	

물론 이에 대한 객관적 근거를 가지고 있지는 않습니다. 그 어떤 조사도 정책의 효과를 숫자로 정확하게 나타낼 수는 없습니다. 그럼에도 숫자로 표현해본 것은 '크다' 또는 '아주 크다' 라고 표현했을 때 생길 수 있는 오해를 없애기 위해서입니다. 아, 겨우 10~20점밖에 안되냐고요? 하지만 단일 정책만으로 이 정도의 효과를 낼 수 있다면 그것은 아주 큰 효과 아닐까요?

③어느 선생님이 말씀하셨듯이 제가 제안한 정책의 큰 장점은 그 정책을 시행해도 교육 현장에 문제가 될 만한 요소가 없다는 것입니다. 이 정책은 다른 정책과는 달리 부작용의 위험이 거의 없습니다. 무학년학점제(수준별 맞춤형 수업)의 도입만 해도 그것을 가능하게 하려

면 현존하는 내신제도를 반드시 바꿔야 하는데, 이렇게 하면 학교 내신의 존재 자체가 무력화될 수 있는 위험이 있습니다.

빅딜 정책에는 부작용이 없습니다. 도입되기만 하면 학교는 좋아집니다. 물론 생각보다 그 효과가 아주 적을 수는 있습니다. 그래도 손해는 아닙니다. 나빠질 일은 전혀 없으니까요. 실행이 어려운 것도 아닙니다. 교사들이 동의하고 정부가 법적인 조치만 취한다면 아주 쉽게 실행할 수 있습니다. 교원 성과급은 공무원 성과급과 연동되어 있으므로 정부의 법적 조치가 필요하긴 하지만 법적 절차를 갖추는 일은 그다지 어렵지 않습니다. 무학년학점제는 정부와 교사와 국민들이 합의해도 도입하는 데에 적지 않은 혼란과 위험이 따를 수 있지만 빅딜 정책의 도입에는 별다른 혼란과 위험이 따르지 않을 것입니다.

④제도의 개혁은 개인의 성실성 문제와는 다른 차원에서 접근해야 합니다. 기존의 잘못된 제도에서도 개인들이 더 큰 열정을 바친다면 상당한 성과를 이루어낼 수 있을 것입니다. 하지만 우리는 그러한 열정을 개선된 제도에서 발휘하면 훨씬 더 큰 성과를 낼 수 있다는 점을 생각해야 합니다.

교사들이 지금의 제도에서 지금보다 더 많은 열정을 바치는 것은 중요합니다. 사실 개개인의 성실성 차원에서 보면 행정잡무가 교사의 수업연구 활동을 방해하는 주된 요인인지에 대해서 회의적인 생각을 가질 수 있고, 또 잡무 때문에 수업을 소홀히 할 수밖에 없다는 주장들은 순전히 핑계일 수 있습니다. 그렇지만 제도의 개혁을 말할 때 개인적 차원의 노력은 잠시 제쳐 놓고 따질 필요가 있습니다. 개인적 차원으로 문제를 환원하면 아주 중요한 것을 놓칠 수 있기 때문입니다.

사실 저의 제안이 실행에 옮겨져 교사들이 잡무에서 해방되더라도 교사들은 잡무에 투입했던 에너지와 시간을 그대로 수업과 학생지도에 투입하지 않을 수 있습니다. 설사 그렇더라도 제가 제안한 학교 개혁 방안은 큰 의미가 있습니다.

사고 실험을 하나 해보겠습니다. 일단 중·고등학교를 주로 염두에 둡니다. 어느 조직이든 나름의 시스템과 조직 운영 관습을 가지고 있습니다. 이 시스템과 관습의 힘으로 조직은 그런대로 굴러갑니다. 일상적인 노력과 열정만으로 조직은 그럭저럭 운영되는 것입니다. 학교도 학교 나름의 시스템과 관습으로 굴러가고 있습니다. 그래서 학교를 평상시처럼 운영하는 데에는 평상시의 노력만 있으면 되는 것입니다.

그런데 어느 날 교장이 학교의 사무행정업무를 한 단계 발전시키기 위해 일상적인 노력을 넘어서는 노력을 하기 시작했습니다. 일상적으로 표출하던 열정을 넘어서 더 많은 열정을 표출하기 시작했습니다. 먼저 교장은 학교의 간부인 부장교사들에게 자신이 가진 열정을 불어넣기 시작합니다. 이렇게 자신의 열정을 전염시키는 데 성공했고, 부장교사들은 자신이 책임진 사무행정부서에서 더 열정적으로 일합니다. 그래서 전보다 사무행정업무를 더 잘하게 되었습니다. 이 같은 현상을 일으키기 위해 교장은 평소에 비해 많은 에너지를 쏟아부었을 것입니다. 이 교장이 자신의 에너지를 가급적 많이 끌어모아 100 정도의 에너지를 쏟아부었다고 가정합시다.

얼마 후 교장이 이번에는 학교의 정규 수업을 한 단계 발전시키려고 마음먹었습니다. 교장은 각 교과의 대표교사(교과주임)들에게 먼저 열정을 불어넣기 시작합니다. 그 결과 각 교과의 대표교사들에게 자신의 열정을 전달하는 데 성공했고, 교과대표교사들은 더 열심히 수업을 합니다. 역시 이런 현상을 일으키기 위해 교장은 많은 에너지를 바쳐야 했을 것입니다. 이 교장은 얼마 정도의 에너지를 바쳐야 할까요? 이번에도 앞의 경우처럼 100 정도의 에너지만 바치면 될까요? 아닙니다. 이번에는 그보다 훨씬 많은 150이나 200 정도의 에너지를 바쳐야 합니다. 왜냐고요?

부장은 학교의 공식적인 간부교사입니다. 부장 수당이 주어지고, 부장을 하면 승진에 유리합니다. 정기적으로 교장과 회의도 합니다. 특별히 노력하지 않아도 학교시스템에 의해 그렇게 하게끔 되어 있습니다. 하지만 교과의 대표는 공식적인 간부교사가 아닙니다. 학교 운영 체제에서 교과주임은 사실 교과의 심부름꾼에 불과합니다. 교과주임들이 교장과 갖는 정례적인 회의 따위는 존재하지도 않습니다. 차이는 이미 여기서부터 발생합니다. 따라서 교장이 교과주임들과 회의를 하며 그들의 열정을 불러일으키는 일은 부장들과 회의를 하며 열정을 불러일으키는 일에 비해 훨씬 어렵습니다. 같은 효과를 내려면 더 많은 에너지를 투여해야 합니다.

사무행정부서 체제는 학교의 기본제도입니다. 하지만 교과 체제는 기본제도가 아닙니다. 학교에서 이는 부차적인 것입니다. 물론 더 많은 에너지를 바치면 되겠지요. 하지만 더 많은 에너지를 바쳐야 하는 일은 그만큼 현실 속에서 발생할 가능성이 적습니다.

앞의 사고 실험을 부장교사와 교과대표교사에게 적용해보겠습니다. 사무행정업무부서의 부장들이 자신이 책임진 사무행정업무를 더 잘하기 위해 부서의 교사들에게 어떤 열정을 불어넣는 것은 상대적으로 쉽습니다. 무엇보다 부장은 학교 공식 체계에서 간부교사이고 지위로부터 일정한 권위가 나옵니다. 그래서인지 교사들은 부장교사를 부장님이라고 부릅니다. 그냥 아무개 선생님이라고 부르는 경우는 거의 없습니다. 대개 모두 부장님이라 부릅니다. 게다가 같은 부서의 교사들은 모두 한 공간에 모여 근무합니다. 아침에 출근도 부서로 하고 퇴근도 부서에서 합니다. 일상적인 만남과 협조 체계가 시스템에 의해 보장되어 있는 것입니다.

하지만 교과의 대표교사가 학교 수업을 더 잘하기 위해 같은 교과의 교사들에게 열정을 불어넣는 일은 상대적으로 어렵습니다. 무엇보다 교과주임은 학교 체제에서 간부교사가 아닙니다. 수당도 없고 다른 어떤 혜택도 없습니다. 그냥 심부름꾼입니다. 지위에서 나오는 권위가 전혀 없습니다. 게다가 같은 교과의 교사들은 여러 사무행정부서에 흩어져 있습니다. 이들과 대화를 하며 자신의 열정을 전염시키려면 부지런히 다른 교무실을 찾아다녀야 합니다. 하루 종일 이리저리 찾아다니지 않으면 얼굴 한 번 못 볼 수 있습니다. 부장교사가 100의 에너지로 100의 효과를 볼 때 교과의 주임교사가 100의 에너지로 100의 효과를 보는 것이 현재의 학교시스템에서는 불가능한 것입니다.

이번엔 앞의 사고 실험을 사무행정업무 담당자로서의 교사와 교과수업 담당자로서의 교사에게 적용해보겠습니다. 어떤 교사가 특정 시기에 자신이 담당한 사무행정업무에 열정을 가졌습니다. 일상적인 모습을 넘어선 열정을 보였습니다. 이때 일정한 성과를 보는 것이 아주 어렵지는 않습니다. 학교의 기본제도를 활용하면 되기 때문입니다. 그런데 이제 그 교사가 수업을 더 잘해보고자 하는 열정을 가졌습니다. 기존의 수업과는 다른 창의적인 수업을 도입하려 합니다. 하지만 이 부분에서는 일정한 성과를 보는 것이 쉽지 않습니다. 사무행정업무에서는 100의 에너지를 투입하면 만족할 만한 성과를 냈던 것이 이번에는 그 두 배만큼의 에너지를 투입해야 만족할 만한 성과를 낼 수 있습니다.

　교사들을 잡무에서 완전히 벗어나게 하고 학교제도를 교육활동 중심의 제도로 만드는 일은 교사 개개인의 성실성과는 무관하게 의미가 큰 개혁입니다. 설사 새로운 학교 체제에서 교사들이 과거와 똑같은 열정만을 보여도 학교교육은 더 좋아질 수 있기 때문입니다. 이는 자동차의 엔진을 개선하면 같은 양의 휘발유로 더 먼 거리를 주행할 수 있는 것과 같습니다. 물론 이 하나의 정책으로 학교가 구원을 얻을 수는 없습니다. 그러나 단일 정책으로 이보다 더 큰 수 있는 정책은 극히 적을 것입니다.

　＊사실 교사들이라면 다 알고 있듯이 정규 수업을 한 단계 업그레이드시키기 위해 노력하는 교장은 현실에 존재하지 않습니다. 이것을 일반인들에게 이해시키려면 교원승진제도에 대한 자세한 설명이 필요합니다. 저의 책《학교개조론》의 일독을 권합니다.

　＊현실에서는 교장과 부장들이 사무행정업무를 열심히 하면 오히려 학교교육에 마이너스가 되는 경우가 많습니다. 하지만 여기서는 그런 측면은 무시하겠습니다. 일단 교장과 부장들이 사무행정업무에 열정을 바치는 것을 바람직한 현상으로 가정하겠습니다. 교장과 부장들이 사무행정업무를 열심히 하는 것이 왜 학교교육에 오히려 마이너스가 되는지 궁금한 일반 독자들도 많을 것입니다. 그분들께도《학교개조론》의 일독을 권합니다.

　⑤교사의 업무 중 무엇을 사무행정업무로 볼 것인가에 대한 논란이 생길 수 있습니다. 수업 이외의 모든 업무를 잡무로 볼 수도 있겠습니

다만 저는 인성지도와 생활지도는 잡무가 아니라는 전제하에 글을 썼습니다. 인성지도와 생활지도는 교사들이 해야 하는 본연의 교육활동으로 보고 정책 제안을 한 것이지요.

수업 이외의 모든 업무를 잡무로 보자는 주장이 있다면 거기에 굳이 반대할 생각은 없습니다. 다만 잡무의 개념을 너무 좁게 잡아 순수 행정업무만을 잡무로 보는 것에는 단호히 반대합니다. 교육청 장학사들의 잡무에 대한 개념이 그러한 것 같아 안타깝습니다. 그들은 교사의 잡무를 순수행정업무(이를테면 상부기관의 공문서 처리)와 교무로 분리하고, 잡무 경감을 말할 때 순수행정업무만을 염두에 두는 경향이 있습니다. 하지만 저는 장학사들이 말하는 교무 또한 잡무라고 보며 교사의 교육활동과 완전히 분리해야 한다고 생각합니다.

교사가 아닌 분들을 위해 좀 더 자세히 설명하겠습니다. 학교의 사무행정부서 중에서 가장 중요하게 여겨지고 가장 많은 교사가 배치된 부서는 교무부라는 곳입니다. 그런데 교무부의 업무야말로 잡무의 전형으로서 사무행정전담직원들이 해야 더 효율적인 일들입니다.

한 학교의 업무 분담표를 소개합니다. 이 일들은 학교의 운영을 위해 꼭 필요한 일이지만 직접적인 교육활동은 아닙니다. 수업계 교사가 하는 일은 수업시간표 작성 및 운영, 보강 및 초과수당 지급, 이동수업 시간강사 관리, 결·보강 처리 등으로 되어 있습니다. 쉽게 말하면 1년 수업시간표를 짠 다음 사정이 생길 때마다 시간표를 상황에 맞게 바꾸고, 교사들이 어떤 사정으로 결강할 때 수업이 없는 다른 교사들을 그 시간에 배치하는 등의 일을 하는 것입니다. 이런 일들은 약간의 업무 감각만 익히면 누구나 할 수 있습니다. 굳이 4년제 대학 졸업자가 하지 않아도 되는 일입니다. 교사가 수업과 학생지도를 하면서 이

	부장	교무기획부 업무 총괄
교무기획부	기획1	외부 공문 수신 및 보고, 수학능력시험 관련 업무, 교육과정 운영, 신입생 등록 및 입학식 업무, 시업식 및 졸업식 관련 업무 협조, 방학식 관련 업무 , 진급 사정 수합 및 기안
	기획2	학급 편성, 연수 자료 기안, 인사자문위원회 업무, 기타 회의 자료 업무, 물품 구입 관련 업무, 학부모 시감 관련 업무, 가정통신문 관리
	기획3	교육과정운영계획 수립 및 시행(사전 설문조사 포함), 신반 배정, 수준별 이동수업 업무, 조기 진급 · 졸업 관련 업무
	교무 업무 시스템	결석계철 및 출석부 관리, 결강 · 보강 대책 수립
	수업(정)	수업시간표 작성 및 운영, 결강 · 보강 및 초과수당 지급, 이동수업 시간강사 관리, 타종 확인
	수업(부)	결강 · 보강 처리, 학부모 감독관리 업무 보조
	고사1	고사(시험) 관련 업무 총괄, 1학년 고사 및 성적 관리, 고사 관련 문서 처리 등등
	고사2	2학년 고사 및 성적 관리, 수행평가 및 실기평가 서류 수합 및 관리
	고사3	3학년 고사 및 성적 관리, 결시자 관리, 고사시간표 작성 관리, 성적표 발송 안내
	성적처리1	정규 고사 성적 처리
	성적처리2	정규 고사 성적 처리
	학생부1	생활기록부 입력 사항 점검, 생활기록부 연수 등등
	학생부2	학적 관련 업무(전입전출생 생활기록부 점검) 등등
	방송	방송실 운영 및 관리
	시상	시상 내용 대장기록 및 전산입력

업무를 처리하는 것보다는 사무행정전담직원들이 지속적으로 이 업무를 보는 게 훨씬 효율적입니다.

고사 업무도 마찬가지입니다. 위에서 말하는 고사 업무는 시험문제를 출제하는 일이 아닙니다. 시험문제는 당연히 교사가 출제하지요. 하지만 여러 서류를 수합·관리하고 이를 인쇄실에 맡기고 찾아오는 등의 일은 전부 사무행정전담직원이 하는 것이 효율적입니다. 성적 처리도 마찬가지입니다. 위의 표에 언급된 교무부의 성적 처리 업무는 주관식 채점을 말하는 게 아닙니다. 그것은 당연히 교사가 해야 하지요. 기계를 이용한 객관식 채점, 그 밖의 여러 컴퓨터 작업들은 전부 사무행정전담직원이 더 효율적으로 할 수 있는 일입니다. 이 일들도 굳이 4년제 대학 졸업자가 하지 않아도 되는 것입니다.

이렇게 보면 교무부의 업무는 거의 모두 사무행정전담직원에게 넘길 수 있습니다. 저는 연구부와 정보부라 불리는 부서의 업무에 대해서도 같은 생각을 갖고 있습니다. 다른 부서들의 경우는 그 정도까진 아닐지라도 업무의 80%는 사무행정전담직원에게 넘길 수 있다고 봅니다.

⑥사무행정업무를 완전히 분리해 넘겨도 담임교사의 부담은 여전히 클 수 있습니다. 한 선생님이 말씀하신 다음과 같은 지적은 어김없는 사실입니다.

"저는 담임을 맡아서 학생들 온갖 치다꺼리를 할 때 가장 힘이 듭니다. 실제로 학교 현장에서는 비담임교사 한번 맡으면 땡보직 잡은 것으로 생각하는 경향이 있고, 어떻게 해서든 담임 안 맡으려고 갖은 애를 많이 씁니다."

중·고등학교의 경우는 장기적으로 보았을 때 담임제도가 폐지되어야 한다고 생각합니다. 수준별 학점제로 가야 하니까요. 하지만 그

전까지 담임제도는 존재해야 하고, 담임교사는 비담임교사보다 힘들게 살아갈 수밖에 없습니다. 물론 현재 담임이 하는 일 중에는 사무행정전담직원에게 이전해야 할 일이 꽤 있습니다. 없애도 되는 불필요한 일도 있고요. 새로운 제도가 시행되면 담임교사의 부담은 분명 지금보다 줄어들 것입니다. 그래도 학생지도에 더 많은 책임을 지는 일은 여전히 담임의 몫일 수밖에 없습니다. 힘들어도 그것은 교사의 본질적 업무입니다. 이것은 잡무가 아닌 교육이니까요.

담임의 경우엔 학생지도에 대한 부담 때문에 수업에 전념하는 정도가 약해질 수 있습니다. 그것은 어쩔 수 없다고 봅니다. 교사의 운명이라 생각합니다. 하지만 그렇다고 해서 빅딜 정책의 타당성이 약화되지는 않을 것입니다.

⑦빅딜 정책은 일자리 나누어 갖기의 모범을 창출하는 정책이기도 합니다. 우리나라에서 일자리 나누어 갖기는 그 주장의 타당성에 비해 실제 실행 사례가 적습니다. 실행에 어려움이 있기 때문이기도 할 것입니다.

그런데 사무행정전담직원 채용과 교원 성과급의 빅딜은 다른 분야에 비해 실행이 상대적으로 쉬울 것이라 생각됩니다. 우선 분리해낼 업무가 명확합니다. 학교교육의 발전에 큰 도움이 됩니다. 교원 성과급은 교사 보수의 일부이지만 교사들이 반대했던 것입니다.

3. 빅딜 제안 후기

여기까지가 내가 제안한 빅딜 제안서이다. 이 글은 사회디자인연구소를 통해 제법 널리 알려졌다. 김부겸 의원실에서 법제화를 시도하고 있지만 아직 힘 있게 진행되고 있지는 않다. 아무래도 교원단체들의 지지가 있어야 의원실에서도 힘을 받아 추진할 터인데 빅딜 제안에 대한 지지 입장을 밝힌 교원단체는 '좋은교사운동'에 불과하다.

좋은교사운동은 회원들을 상대로 나의 제안에 대한 설문조사를 했다. 압도적인 찬성은 아니었지만 그래도 찬성하는 입장이 우세했다. 좋은교사운동은 김부겸 의원실 주체로 국회에서 열리는 빅딜 제안의 법제화를 위한 회의에 대표를 파견하고 있다. 든든한 우군이다. 하지만 '교총(한국교원단체총연합회)'이나 '전교조(전국교직원노동조합)'에 비하면 세력이 큰 교원단체가 아니다. 교총이나 전교조의 지지가 없으면 국회의원 한 사람만의 힘으로 법제화를 추진하기는 어려울 것이다.

교총이 빅딜 제안을 지지해주리라는 기대는 애당초 하지 않았다. 교총은 지금의 사무행정 중심의 학교제도와 사무행정 중심의 승진제도를 옹호하는 기득권 세력이기 때문이다. 하지만 전교조는 좀 실망스럽다. 여러 경로를 통해 빅딜 제안을 전교조 지도부에 전달했음에도 불구하고 반응이 없다.[4] 아마도 전교조는 나의 빅딜 제안을 수용하지 못할 것 같다. 명분상 반대 입장을 겉으로 표명하지는 않겠지만 말이다.

지난 2011년 1월 27일 영신고등학교 강당에서 새로운 임기를 시작하는 전교조 출범식이 있었다. 연설에 나선 사람들은 참교육과 학생에 대한 헌신, 희생을 이야기했다. 위원장의 연설도 그랬다. 위원장의 연설은 특히 훌륭했는데 그의 연설대로라면 전교조는 위대한 교육자의 길을 걸어가야 한다. 만약 일반 국민이 출범식을 보았다면 누구든 전교조가 빅딜 제안을 받아들이는 것은 식은 죽 먹기처럼 쉬운 일이라 생각했을 것이다. 그렇지만 출범식이 끝난 후에 있은 점심식사 자리에서 전교조의 집행부 인사에까지 영향을 미치는 핵심 실세 한 분은 나에게 이렇게 말했다.

"빅딜 제안은 (노동조합의) 조직 논리상 도저히 있을 수 없는 것이다."

그날 출범식에서 어떤 좋은 말들이 나왔건 그것은 중요하지 않다. 더 중요한 것은 구체적인 정책이다. 나의 빅딜 제안은 그날 출범식에서 나온 좋은 말들과 완전히 부합한다. 이 사실은 전교조의 핵심 실세인 그분도 부정할 수 없을 것이다. 하지만 그분은 빅딜 제안이 노동조합인 전교조가 도저히 수용할 수 없는 성격의 것이라고 했다. 아마도 다른 상당수 핵심활동가들도 그렇게 생각할지 모른다. 결국 나의 빅딜 제안은 전교조에서 의제화조차 되지 않을 것이다. 좋은교사운동처럼 조합원을 상대로 여론조사를 해볼 생각조차 하지 않을 것이다. 그럼에

---

4) 전교조 홈페이지에도 올렸는데 여러 의견이 올라왔다. 참고로 나의 빅딜 제안에 대한 전교조 조합원의 찬성 입장 하나를 소개한다.
"한국 학교는 일제식민지 시대에서 군사정권 시대를 거쳐 오며 고착화된 '체제에 충실한 인간 육성'에 적합한 구조로 되어 있다. '정권-교육부-광역교육청-지역교육청-학교'로 이어지는 독재적 지배 라인에 순응하는 구조를 개혁하지 않고는 바른 교육, 참된 교육을 보장할 수 없다. '정권-교육부-광역교육청-지역교육청-학교'의 라인 속에서 상급기관은 공문으로 하급기관을 구속지배하며 하급기관은 승진으로 보상받는 체제가 문제이다. 승진제도를 개혁해야 한다. 승진제도 개혁을 통해 교사는 교사 본연으로 돌아가게 해야 한다. 승진제도 개혁을 위해서도 교사를 공문에서 해방시키고 교사 본연의 업무에 충실하게 해야 한다."
"나비 님!(나비는 전교조 홈페이지에서 쓰는 나의 필명이다.) 좋습니다. 양대 정파에서 관심이 없다면, 차기 지도부에서 관심이 없다면 외연을 통해서라도 확산시키고 관철시켜야 합니다. 성과급과 사무행정업무직원과의 빅딜에서 교사의 '보수'의 일부분인 성과급 포기의 보상이 단지 일자리 창출로 오도되면 반대 여론이 높을 것입니다. 성과급 포기의 보상이 교육 개혁이며, 교육 개혁은 교사의 잡무 해방을 통해 교사 본연으로 돌아가는 일임을 알려야 합니다. 학교 체제를 교육과 업무로 나누면 교사가 교육에 전념할 수 있음을 이해시켜야 할 것입니다. 이 효과로 교장-교감-부장-교사로 이어지는 지배적 구조를 혁파할 수 있음을 정밀하게 고민해야 합니다. 개혁은 요구가 아니라 희생입니다. 나의 희생이 교육과 학교를 건강하게 할 수 있음을 이해시켜야 합니다."

도 나는 전교조가 여론조사를 실시한다면 반대 의견보다 찬성 의견이 더 많이 나오리라 생각한다.

교총과 전교조라는 두 거대 교원단체가 지지하지 않는 한 빅딜 제안은 힘 있게 추진되기 어렵다. 두 거대 단체가 지지하지 않는 상황에서 국회의원 한 사람이 추진하기에 빅딜 제안은 너무 부담스럽기 때문이다. 그러므로 이제 빅딜 제안은 대통령 선거를 통해 국민적 사안으로 발전해야 한다. 물론 일반 교사들의 의견은 분분할 것이다. 여러 사람의 의견을 들어보면 찬성보다 반대가 더 많을지도 모른다는 느낌도 든다. 그렇지만 찬성하는 교사의 대부분은 열렬한 찬성자인 반면 반대하는 교사의 대부분은 열렬한 반대자가 아닐 것이다. 찬성과 반대의 강도까지 고려한다면 나는 찬성과 반대의 비율이 50 대 50 정도이리라 생각한다.

4. 학교는 동사무소가 아니다

다음은 사무행정 중심의 학교제도가 얼마나 학교를 망치고 있는지 보여주는 글이다. 나의 책 《학교개조론》을 읽고 연락을 주신 분의 글이다. 일반 국민들의 이해를 돕기 위해 싣는다.

저는 1982년 ○○고로 발령받아 1년간 독일어 교사로 근무하고 복무 유예 신청서를 낸 후 대학원에 진학했다가 '미발추'로 떨어진 사람입니다. 그래서 2005년에 영어교사 부전공 자격연수를 받고 임용고사를 치른 뒤 25년 만에 복직하게 되었습니다. 지금은 △△중학교에 근무하고 있지만 제가 새롭게 출근한 첫 학교는 □□ 중학교였습니다. 저도

이기정 선생님처럼 출근 첫날 굉장한 기대에 부풀어 있었습니다. 20년 간 지방의 대입종합학원에서 영어강사로 이름을 날린 적도 있었기 때문에 자신만만했습니다. 그러나 저 역시 KO패 당하고 말았습니다.

이보다 더 충격적인 사실은 학교가 교육하는 곳이 아닌 동사무소 같은 분위기라는 점이었습니다. 동사무소도 이런 동사무소가 없겠다 싶었습니다. 학원에서는 쉬는 시간이 수업연구와 학습자료 개발에 열을 올리는 시간인 데 반하여 학교에서는 이 시간이 공문서에 열을 올리는 시간이었습니다. 좀 더 솔직히 말해서 공부하는 교사의 모습을 거의 볼 수 없었습니다. 모든 에너지를 공문서 작성에 빼앗기고 있었기 때문입니다. 그래서 '이곳은 학교가 아니야'라고 매일 되뇌게 되었습니다.

학교도 학원처럼 자기 연찬이 가능한 줄 알고 《타임Time》지를 구독하고 영어 인터넷사이트에 영어청취 강좌도 신청했습니다. 담임을 맡긴 했으나 50대여서 행정업무는 거의 주지 않아 다른 선생님들보다 시간적 여유가 조금 많았지만, 사무에 여념이 없는 다른 교사들의 눈치가 보여 편안하게 책을 보거나 영어 청취력 향상을 기할 수 있는 분위기가 아니었습니다. 그냥 돈만 날렸습니다.

학교는 과연 학생을 가르치는 교육기관인가?

제4장

교장자격증제
폐지

– 교장공모제를 통한 교장 선출

1. 개요

어떤 조직이건 리더가 훌륭해야 조직이 발전한다. 또 리더가 되기 위한 구성원 간의 경쟁이 조직에 긍정적인 영향을 미쳐야 조직이 발전한다. 학교도 마찬가지다. 학교의 리더인 교장이 훌륭해야 학교가 발전한다. 그리고 교장이 되기 위한 교사 간의 경쟁이 학교교육에 긍정적 영향을 미쳐야 학교가 발전할 수 있다.

지금의 교장승진제도는 이 둘 모두의 측면에서 완전히 실패한 제도이다. 지금의 교장승진제도에서는 훌륭한 리더가 학교장이 되는 것이 불가능하다. 교장이 되기 위한 교사들 간의 경쟁은 학교교육에 이바지하기커녕 학교교육을 망치는 방향으로만 작용하고 있다. 이러한 문제점을 가진 교장자격증제도와 이에 근거한 교장승진제도는 완전히 폐지해야 한다. 부분적인 손질을 통해 재활용할 만한 것이 못 된다. 애초부터 존재해서는 안 되는 제도였다. 뒤늦은 감이 있지만 지금이라도 완전히 폐지해야 한다.

　현재 교장자격증은 학교 운영 능력을 보여주는 증표가 조금도 되지 못한다. 교장으로서 가져야 할 능력과 품성을 보여주는 자격증은 더더욱 아니다. 교장은커녕 일반 교육자로서 가져야 할 능력과 품성조차도 보여주지 못한다. 교장승진제도는 교사다운 교사를 승진에서 철저히 배제하는 제도이다. 수업이나 인성지도 등에 대한 능력은 조금도 필요없다. 일반 국민들은 지금 한 말을 표현 그대로 받아들여야 한다. 지금의 교장승진제도에서 수업이나 인성지도 능력이 필요한 정도는 정확히 제로이다. 교장 승진만을 위해서라면 교사들은 수업을 잘할 필요가 없다. 학생들을 인간다운 인간으로 길러낼 필요도 없다. 이런 것은 승진 경쟁에 전혀 도움이 되지 않는다. 그래서 교장이 되기 위해 지금 교사들이 벌이는 경쟁은 교육에 아무런 긍정적인 역할도 하지 못한다. 오히려 교육을 망치는 독소로서만 작용한다.

　교장 승진 과정에서 나타나는 부조리는 사회의 일반적인 부조리와 다르다. 사실 출세를 위해서는 능력뿐만 아니라 아부, 맹목적 순종심, 로비, 학연, 지연 등의 다른 것들이 상당 부분 필요한 것이 사회의 일반적 현상이다. 그 정도가 얼마나 심각하느냐의 차이만 있을 뿐이다. 따라서 일반 사람들이 교장승진제도를 향한 나의 비판을 그런 식으로 이해하기 쉽다. 하지만 나는 아부, 맹목적 순종심, 로비 등이 교장 승진에서 중요한 역할을 하는 부조리를 비판하는 것이 아니다. 그런 종류의 부조리는 사회 어디에나 있는 보편적 부조리에 불과하기 때문이다. 나는 수업과 인성지도 등 학교의 본질적 업무에 관한 능력이 조금도(전혀, 완전히, 눈곱만큼도) 필요 없는, 그래서 교사들의 승진 경쟁이 교육에 조금도 기여하지 못하고 오히려 교육을 망치고 있는 교장승진제도만의 독특한 부조리를 비판한다.

지금의 교장승진제도는 승진 과정의 부정부패를 없앴다고 좋아질 성질의 것이 아니다. 승진에 큰 영향을 미치는 아부, 뇌물, 로비 등의 부조리를 없애봤자 더 중요해지는 것은 사무행정업무 능력일 뿐이다. 교장승진이 깨끗하게 이루어져도 교사들의 승진 경쟁은 여전히 학교교육을 망치는 쪽으로만 작용하게 되는 것이다. 따라서 현재의 교장자격증제도와 교장승진제도는 완전히 폐지하고 누구나 교육자로서의 능력과 자질을 인정받으면 교장이 될 수 있는 새로운 제도를 도입해야 한다.

2. 이런 괴이한 승진제도를 보았는가?

교장승진제도의 문제점을 설명하다 보면 자주 절망하게 된다. 교장승진제도만이 갖는 독특한 부조리를 아무리 설명해도 듣는 사람들은 그것을 사회의 보편적 부조리로 환원시킨다. 세상을 바라보는 안목이 높다고 생각되는 사람이 오히려 더 그렇다. 돌아오는 대답은 한결같다.

"그런 문제는 사회 어느 분야에나 있다."

기자나 아나운서도 다 이렇게 이야기한다.

"능력 있는 기자가 승진하고 출세하는 것이 아니다. 출세하는 기자는 따로 있다."

"방송국에도 프로그램 진행을 잘하는 아나운서보다는 잘 못하는 아나운서가 승진하는 경우가 많다."

그들은 나를 세상물정 모르는 매우 순진한 사람으로 보았기 때문에 이렇게 말했을까? 능력에 비례하여 정직하게 승진이 이루어지는 경우는 사회 어느 분야에도 없다는 것을 나도 잘 알고 있다. 맹목적 순종심, 아부, 뇌물, 혈연, 지연, 학연 등이 승진과 출세에서 커다란 역할을 하고 있다는 사실을 누가 모르겠는가? 내가 말하는 교장승진제도의 문제점은 이런 것이 아니다.

내가 말하고자 하는 것은 교장 승진 과정에서 교육자로서의 능력이 '단 1%'도 필요하지 않다는 점이다. 아부하고 뇌물 주는 능력 이외에 어떤 능력이 필요하긴 한데, 그것은 수업 능력이 아니라 사무행정업무를 비롯한 교육 외적인 것과 관련한 능력이다. 국민들이 학교라는 조직에 요구하는 능력이 교장 승진 과정에서는 단 1%도 필요 없다는 것, 바로 이것이 학교만의 독특한 문제점이다.

물론 교장 승진 과정에도 사회의 다른 분야처럼 부정부패가 적지 않다. 때문에 사무행정업무 등의 능력이 뛰어나다고 해서 누구나 승진하는 것은 아니다. 뇌물도 써야 하고, 충성 서약도 해야 하고, 학연이나 지연도 좋아야 한다. 공정택 교육감의 비리에서 확인되었듯이 말이다. 그런데 이는 사회 보편적 부조리에 불과하다.

교육계의 부정부패가 아무리 심해도 사무행정업무 등의 능력은 그래도 승진에 크게 도움이 된다. 수업 잘하는 능력 같은 것은 아무런 필요가 없다. 잘한다고 손해가 나지는 않지만 그것이 조금이라도 필요한 것은 아니다. 수업 능력이 뛰어났던 교장도 적잖이 있겠지만 그 능력이 승진에 조금이라도 쓰이지는 않았을 것이다.

그러니 교장승진제도는 중첩된 문제점을 갖고 있다고 볼 수 있다. 하나는 사회의 보편적 부조리가 갖는 문제점으로 뇌물, 아부, 순종, 학연, 지연 등이 중요하다는 것이다. 다른 하나는 교장승진제도만이 가진 독특한 문제점으로 학교의 존재 이유인 교육에 관련된 능력이 조금도 필요하지 않다는 것이다.

3. 교장 – 교육의 장애물인가, 교육의 리더인가?

교장이 되려면 장학사가 되는 편이 유리하다. 장학사가 되면 거의 100% 교장이나 교감이 될 수 있다. 그런데 교사들 사이에서는 이런 농담이 오간다.

"장학사의 '장' 자가 무슨 '장' 자인지 알아? '장애물 장障' 자야!"

도대체 하는 일마다 교육에 짐만 되니 가만히 있는 게 도와주는 거라는 의미다. 그런데 바로 그 장학사가 교장이 된다. 그래서 교사 사회에선 이런 농담이 오간다.

"교장이 없으면 학교가 편안하다."

교장승진제도는 두 가지 문제점이 있다. 하나는 뇌물, 순종, 혈연 등이 중요하다는 것이고, 다른 하나는 수업 잘하는 능력 따위는 조금도 필요 없다는 것이다. 이 가운데 전자의 부조리는 완전한 근절이 불가능하다. 인간 사회의 보편적 부조리이기 때문이다. 다만 그 정도를 약화시키기 위해 노력할 뿐이다. 반면 후자는 근절이 가능하다. 즉, 수업과 인성지도 능력을 교장이 되는 데 필요한 요소 중의 하나로 만드는 것은 제도 개선으로 가능하다. 지금까지 교장이 되는 데 필요한 것이 '교육외적 능력+뇌물, 학연, 아부 등의 부정적인 것' 이었다면 앞으로 교장이 되는 데 필요한 것을 '교육적 능력+뇌물, 학연, 아부 등의 부정적인 것' 으로 바꾸면 된다.

사무행정업무 등의 교육외적 능력 +	뇌물, 학연, 아부 등의 부정적인 것
↓	
수업 잘하는 능력 등의 교육적 능력 +	뇌물, 학연, 아부 등의 부정적인 것

거듭 강조하지만 교육 개혁의 핵심은 '뇌물, 학연, 아부 등의 부정적인 것'을 줄이는 게 아니다. 물론 이것도 중요하다. 하지만 더 중요한 것은 교장이 되는 데 필요한 능력을 '사무행정업무 등의 교육외적 능력 → 수업 등의 교육적 능력'으로 변화시키는 일이다. 그렇지 않으면 부정부패를 없애 깨끗한 인사가 이루어져도 학교교육은 절대 살아나지 않는다. 수업보다 사무행정업무 등의 교육외적인 일을 더 중시하는 학교문화는 여전히 지속될 것이기 때문이다.

교장 승진을 위해 뇌물을 주고 로비를 하는 등의 부패한 짓을 하는 사람은 게임의 규칙을 어긴 자들로서 비판받아 마땅하다. 그들은 불법을 저지른 자들이니 법적으로 처벌을 해야 한다. 그래서 게임의 규칙을 어기는 일이 발생하지 않도록 해야 한다. 보통의 경우 사람들이 게임의 규칙을 지키면 그 조직은 발전한다. 하지만 교장 승진과 관련해서는 사람들이 게임의 규칙을 지켜도 여전히 문제가 발생한다. 모든 사람이 게임의 규칙을 성실히 지키는 것 자체가 학교의 무능을 불러온다. 결국 교장승진제도는 게임의 규칙(승진의 규칙) 자체가 잘못 만들어졌다는 결론에 도달한다.

다음의 글은 나의 책 《학교개조론》을 읽은 한 고등학생에게 받은 편지의 일부이다.

이기정 선생님께

안녕하세요? 저는 안동시에 있는 어느 여고에 재학 중인 학생입니다.

…(중략)…

설마 선생님들이 진짜 그러실까 하는 불투명했던 생각이 이 책 읽고 분명해졌어요. 그리고 정말 혹시나 하는 마음에 학교 도서관에 가서 졸업앨범을 뒤졌더니 역시 같은 선생님들이 매년 부장 자리를 맡고 계셨더라고요. 더 놀라운 건 부장 자리에 있는 모든 선생님이 하나같이 아이들이 싫어하는 선생님, 수업 진짜 못하시는 선생님이고 아이들이 존경하고 좋아하는 선생님들은 다들 평교사로 졸업앨범 뒤쪽 페이지에 소개되어 있었어요.

…(중략)…

혹시 얼굴도 목소리도 모르는 학생이 이렇게 편지를 써서 싫으시진 않으시죠? 저는 용기 내서 쓰는 편지랍니다. 길기만 하고 횡설수설한 편지 끝까지 읽어주셔서 감사합니다. 제 편지는 여기서 끝낼게요. 서글프지만 학교는 열심히 다녀야겠죠. 저뿐만 아니라 전국의 모든 학생이 극복해야 할 곳. 그럼 안녕히 계세요.

왜 이런 일이 벌어질까? 편지를 쓴 학생이 다니는 학교가 아주 예외적인 학교라서? 아니다. 다른 학교에 비해 문제가 더 심각해 보이기는 하지만 이 학교는 우리나라 학교가 가진 보편적인 문제를 그대로 가지고 있다. 학교에서는 수업에 바쳐야 할 열정을 사무행정업무에 바치면 바칠수록 간부교사인 부장이 되는 데 유리하다. 수업보다는 사무행정업무에 열정을 바친 사람이 교장이 되는 데 유리하다. 교사들이 게임의 규칙을 지켜가며 정직하게 승진 경쟁에서 승리하려면 사무행정업무에 더 많은 열정을 바쳐야 한다. 나에게 편지를 보낸 학생의 학교는 우리나라 학교가 가진 이러한 보편적인 문제를 그대로 보여주고 있는 것이다.

이러한 학교가 무능할 수밖에 없는 것은 지극히 당연하다. 여기서 혹자는 수업 열심히 잘하는 부장과 교장도 많다는 반론을 제시할지 모르겠다. 하지만 그것은 내 주장의 요점을 잘못 짚은 것이다. 나는 그런

부장과 교장이 없다는 점을 지적하는 게 아니다. 그런 경향성만으로도 학교는 충분히 무능해질 수 있다는 점을 말하는 것이다. 대한민국의 학교가 유능해지려면 교장 승진의 게임 규칙 자체를 바꿔야 한다.

4. 게임의 규칙을 바꿔라 - 현실적 제안

현실에서 당장 시행 가능한 새로운 교장임용제도는 교장공모제이다. 이는 교장임명제도에 대한 문제의식으로 최근 도입된 제도이다. 그러나 아직은 극히 일부 학교에서만 시행하고 있으며 아주 느린 속도로 확산되고 있다. 지금의 속도로 교장공모제가 확산된다면 모든 학교가 교장공모제를 시행하기까지는 수백, 수천 년이 걸릴 것 같다.

교장공모제를 도입한 그나마 학교들의 대부분은 교장자격증을 요구하는 초빙형공모제를 시행하고 있다. 무늬만 공모제일 뿐 실제 내용은 공모제로 볼 수 없는 것이다. 공모제가 제대로 되려면 현재의 교장임명제도와 초빙형공모제는 폐지되고, 내부형공모제와 개방형공모제가 대폭 확대되어야 한다.

교장임용제도	교장 임용에서 차지하는 비중	방향
교장자격증제도에 근거한 교장임명제도	교장 임용의 대부분을 차지함	폐지
교장자격증이 필수적으로 요구되는 초빙형공모제	교장 임용의 일부임 그러나 교장공모제의 대부분을 차지함	폐지
일반 교사도 교장이 될 수 있는 내부형공모제	교장 임용의 극히 일부임 교장공모제의 일부를 차지함	대폭 확대
일반 사회인도 교장이 될 수 있는 개방형공모제	교장 임용의 극히 일부임 교장공모제의 일부를 차지함	대폭 확대

여기까지만 바뀌어도 학교는 변한다. 하지만 여기에 머물지 말고 교장 임용에 대한 다양한 방법을 모색해봐야 한다.

5. 훌륭한 교사를 교장이 되게 하라 – 이상적 제안

내부형공모제, 개방형공모제 외에 우리가 상상해볼 수 있는 교장임용제도로는 다음과 같은 것들이 있을 수 있다.

선거

첫째는 우리가 흔히 알고 있는 선거라는 선출 방법이다. 이것은 우리가 대통령, 국회의원, 지방자치단체장을 뽑을 때 사용하는 방식이다. 학생들이 학교에서 학생회장을 뽑을 때도 이용하는 보편적인 선출 방식이다.

이 선출 방식은 학교마다 교장 후보로 나선 사람들끼리 경쟁하는 과정을 필연적으로 요구한다. 선의의 경쟁을 한다지만 경쟁은 분열과 갈등으로 비화될 소지가 있고, 후보들 간의 분열과 갈등은 교직 사회의 분열과 갈등으로 비화될 수도 있다. 교장선출제를 반대하는 사람들이 그 명분으로 가장 많이 내세우는 것이 교장 선출 과정에서 일어나는 교직 사회의 분열과 갈등의 가능성인데, 그들의 주장은 바로 이런 선거 방식을 염두에 두고 있는 것이다.

구더기 무서워 장 못 담근다고, 선거 과정 속에서 나타날 수 있는 분열과 갈등 때문에 교장선출제를 반대하는 것은 웃기는 이야기다. 지금의 학교 사회에도 분열과 갈등은 많다. 교직 사회의 민의를 제대로 반영하지 못하는 교장과 맹목적인 교장 추종자들로 인해 일어나는 교사 사회의 분열과 갈등에 비하면 선거로 인해 나타나는 분열과 갈등은 그 야말로 새 발의 피이다. 하지만 우리는 이런 문제점을 고려하여 다른 교장 선출 방법도 생각해봐야 한다.

교황 선출 방식의 활용

나는 가톨릭교에서 교황을 선출하는 방식으로 교장을 뽑는 것도 좋은 방법이라고 생각한다. 물론 내가 주목하는 것은 선출 과정 속의 엄격한 비밀주의에 있지 않다. 내가 주목하는 것은 가톨릭의 교황 선출 방식에는 후보도 없고 선거운동도 없다는 점이다. 후보도 없고 선거운동도 없지만 추기경들은 덕망이 높고 능력이 있다고 생각되는 사람에게 투표한다. 나는 이 방식을 교장 선출의 한 방법으로 생각해보는 것이다. 후보자가 따로 없는 상태에서 교사들은 자기가 생각하는 덕망 있고 능력 있는 교사에게 표를 던진다. 그리고 전체 교사의 3분의 2나 2분의 1 이상의 지지표를 받는 교사가 나올 때까지 투표를 하여 교장을 선출하는 것이다.

사실 교장을 뽑는 데 선거유세는 별 필요가 없다. 한 학교의 교사 수는 수십 명에서 아주 많아야 100명 정도이다. 1년만 생활해보면 어느 교사가 훌륭한 교사인지 웬만큼 알 수 있다. 충분한 자격이 있더라도 교장직을 맡기 싫어하는 사람인지, 다수의 교사들이 교장으로 추대한다면 교장직을 받아들일 사람인지 하는 부분까지도 알 수 있다.

이 방법은 몇 명의 후보자가 나서 경쟁하는 방식에 비해 몇 가지 장점이 있다. 우선 후보자들이 경쟁하는 방법에서 일어날 수 있는 분열과 갈등을 현저히 줄일 수 있는 장점이 있다. 지금의 교장승진제도가 학교교육에 끼치는 큰 폐해를 인식하고 있는 교사들 중에서도 교장선출제의 도입을 우려하는 사람이 많은데, 대개의 경우는 선거 과정 중에 나타날 수 있는 교사들끼리의 갈등과 분열의 가능성을 우려하기 때문이다. 바로 이 사람들에게 교황 선출 방식으로 교장을 뽑는 방법을 대안으로 제시할 수 있다. 선거운동, 선거유세가 필요 없는 교황 선출 방식으로 교장을 선출한다면 학교가 분열되거나 교사들끼리 갈등을 빚는 일은 거의 없을 것이기 때문이다.

그리고 교황 선출 방식의 교장선출제는 교사들이 진짜로 원하는 사람을 교장으로 뽑을 수 있다는 장점이 있다. 선거에서 후보로 나서는 데는 뻔뻔함 같은 것이 어느 정도 필요하다. 지나치게 겸손한 사람은 후보로 나서 선거운동을 벌이기가 쉽지 않다. 하지만 그들 중엔 막상 교장이 되었을 때 더 큰 용기와 기백을 가지고 일할 사람도 있다. 교황 선출 방식의 교장선출제에는 이런 사람들을 교장으로 뽑을 수 있다는 장점이 있다.

이 방법은 교사들이 교장을 선출한다는 사실을 염두에 두고 생각해 본 것이다. 학생과 학부모가 교장 선출에 참가한다면 이 방식을 적용하기가 쉽지 않게 된다. 그런데 나는 교사들에게만 교장 선출 과정에 참가할 자격을 주는 것이 적어도 교장선출제의 초기 단계에서는 타당하다고 본다.

추첨제

교장 선출의 세 번째 방법을 말하기 전에 먼저 추첨(제비뽑기)에 대해서 한번 살펴보자. 제비뽑기만으로 교장을 선출하자고 주장하는 것은 아니니 섣불리 비웃거나 놀라지는 마시라. 먼저 추첨제가 갖는 장점에 주목한 일본의 사상가 가라타니 고진의 글을 읽어보자. 아테네의

민주주의에서 권력의 고정화를 저지하기 위해 취해진 시스템의 핵심
은 선거가 아니라 제비뽑기였다.

모든 관료제는 필연적으로 전제 지배로 향한다. 관료제라 해도 국가
기구의 관료제만을 말하는 것은 아니다. 19세기 후반부터 나온 거대
자본은 경영에서 관료제를 채택했다. 어떤 의미에서 관료제는 불가결
한 것이다. 그러나 동시에 관료제는 있어서는 안 된다. 이 딜레마를 어
떻게 해결해야 할까? 이미 말한 것처럼 해결이 그렇게 어려운 것은 아
니다.

관료제에서 권력이 집중되는 몇몇 중요한 곳에 '선거+추첨'을 도입
하는 것이다. 바로 그 방법이 폭력적 강제나 도덕적 강요를 전혀 사용
하지 않고 관료제를 '지양'하는(관료제의 장점은 유지하고 단점을 폐
기하는) 것을 가능하게 한다.

제비뽑기의 도입은 권력투쟁을 무용지물로 만들어버린다.

'나가고 싶어 하는 사람보다 뽑고 싶은 사람을'이라는 문구가 있는데
마지막에 제비뽑기로 결정된다면 사전 선거운동도, 표밭 다지기도, 파
벌 만들기도 무의미하게 되며 결국 뽑고 싶은 사람을 뽑게 된다. 제비
뽑기에서는 우수한 인간을 뽑을 수 없다는 말을 한다. 그러나 '선거+추
첨'이라는 방식이 상대적으로 우수한 대표자를 선택할 수 있게 한다.

－가라타니 고진, 송태욱 옮김, 《일본정신의 기원》(이매진, 2003), 144~145쪽.

가라타니 고진은 관료제의 폐단을 막는 방법으로 추첨제를 제안했
다. 이 방법은 고대 그리스에서 공직자를 뽑을 때 실제로 시행한 제도
이다. 물론 그는 현대 사회에서 추첨제만으로 국민의 대표를 뽑을 수

있다고 생각할 만큼 이상주의자는 아니다. 그는 선거에 추첨제를 결합한다면 관료제의 폐단을 막을 수 있을 뿐만이 아니라 (권력욕이 있어서 선거에 적극 나서는 사람이 아닌) 국민이 원하는 우수한 능력의 사람을 선택할 수 있다고 생각한 것이다.

내가 생각하는 교장선출제의 세 번째 방법은 바로 이 추첨제를 결합하는 것이다. '선거+추첨'도 괜찮고, '교황 선출 방식+추첨'이어도 괜찮다. 이것은 보통의 선거 방식으로, 또는 교황을 선출하는 방법으로 2~4명의 교장 후보를 뽑은 다음 최종적으로는 추첨을 통해 교장을 선출하는 것이다. 이 방법도 선거유세가 상대적으로 적거나(선거+추첨) 선거유세가 없다(교황 선출 방식+추첨)는 면에서 교장 선출 과정에서 일어날 수 있는 갈등과 대립을 최소화할 수 있는 장점이 있다. 가라타니 고진이 말했듯이 추첨제는 모든 권력투쟁을 무의미하게 만들기 때문이다.[5]

---

5) 이기정, 《학교개조론》(미래인, 2008), 130~134쪽.

제**5**장

특목고 · 자사고 폐지와
고교평준화 확대

1. 개요

무학년학점제를 통해 평준화의 폐해는 극복될 수 있다. 따라서 특
목고, 자립형 사립고, 자율형 사립고 등 고교평준화를 깨뜨리는 학교
들은 더 이상 존재할 이유가 없다. 이런 학교들은 당연히 일반 고등학
교로 전환해야 한다.

단순히 특목고 등을 폐지하는 데 그치는 것이 아니라 아직 고교평
준화제도를 시행하고 있지 않은 지역에서는 평준화를 시행해야 한
다. 경기도와 강원도 교육청이 2012학년도부터 평준화를 시행하려
했으나 교과부에 의해 제동이 걸린 광명, 안산, 의정부, 춘천, 원주, 강
릉 등의 지역은 물론 그 밖의 다른 지역에까지 고교평준화를 확산시
켜야 한다.

2. 고교입시는 불필요한 악이다

입시는 없을 수 없다. 하지만 입시는 교육을 왜곡시킨다. 입시는 필요한 존재이지만 어쩔 수 없이 필요한 존재인 것이다. 이렇게 보면 입시의 완전한 폐지를 주장하는 사람도 어리석지만 입시를 자꾸 확산시키려 하는 사람도 그에 못지않게 어리석다. 우리는 입시의 존재는 인정하되 가급적 최소한으로 줄이려 해야 한다.

입시의 존재를 부정하는 생각의 극단에는 대학평준화를 통해서 대학입시를 폐지하려는 입장이 존재한다. 입시를 확대하려는 생각의 극단으로는 초등학교 또는 중학교까지 입시를 도입하려는 입장을 들 수 있다. 다행히 이러한 극단적 주장을 하는 사람들은 거의 없다. 현재 의견 대립이 일어나는 지점은 고등학교 입학이다. 나는 대학의 입시는 아주 폭넓게 인정하되 고등학교의 입시는 완전히 없애는 방향으로 가는 것이 옳다고 본다. 평준화의 폐해는 평준화의 폐지가 아닌 '무학년학점제'를 통한 수준별 맞춤형 수업을 통해 해결해나가야 한다고 생각한다.

고등학교의 평준화제도는 굳게 지켜야 한다. 아니, 더 확산해나가야 한다. 이것이 사회적 필요악인 입시를 한편으론 인정하고 한편으론 억제하는 가장 바람직한 방향이다. 그리고 이것이 사회적 합의를 가장 넓게 이룰 수 있는 방향이다. 교과부의 반대로 평준화 시행에 제동이 걸렸던 강원도 지역에서 평준화에 대한 학부모 찬성률이 70%를 넘었다는 사실을 생각해보라. 고교평준화에 대한 사회적 합의는 충분히 이루어졌다고 보는 것이 타당하다. 특목고, 자사고 등이 존재하면 입시라는 악이 대학교 진학 단계에서만이 아니라 고등학교 진학 단계에서도 필요하게 된다.

대학입시는 필요악이다. 최고의 인재들이 가는 대학교는 존재해야 하고 존재할 수밖에 없다. 3~5개의 대학이 최고 일류 그룹을 형성하여 서로 치열하게 경쟁하고, 10개 정도의 대학이 그다음 그룹을 형성하고, 20개 정도의 대학이 그다음 그룹을 형성하는 정도의 대학 서열화는 나쁜 것이 아니다. 대학이라는 고등교육 단계에서는 필요하다. 그래야 복잡한 현대 사회에 필요한 인재들을 제대로 공급할 수 있다. 결국 대학입시는 존재할 수밖에 없는 것이다. 그 형태만이 문제될 뿐이다. 대학입시에 의해 학교교육은 어느 정도 왜곡되겠지만 그것은 어쩔 수 없는 일이다. 일종의 사회적 비용이다.

하지만 고교입시는 다르다. 굳이 특목고, 자사고 등의 입시 명문고가 존재할 필요가 없다. 이러한 학교가 존재함으로써 얻는 이익보다 입시로 인해 중학교 교육이 왜곡됨으로써 발생하는 폐해가 더 크다. 고교입시는 필요악이 아니라 불필요한 악일 뿐이다. 특목고, 자사고가 존재하는 한 현재의 내신제도를 없애기는 곤란하다. 현재의 내신제도를 없애지 못하면 무학년학점제를 통한 진정한 의미의 수준별 맞춤형 수업이 불가능하다. 현재의 내신제도를 없애려면 대학별 고사에 해당하는 고교별 고사, 대입수능시험에 해당하는 고입수능시험이 존재해야 한다. 하지만 고교 진학 단계에서 그러한 시험을 도입하는 것은 이익보다 손해가 크다. 따라서 대학입시는 필요악으로서 인정하되, 고교입시는 불필요한 악으로 완전히 제거하는 것이 타당하다. 그러려면 특목고, 자사고 등은 폐지해야 한다.

물론 실업계 고교 진학을 위한 입시가 여전히 필요할 수는 있다. 하지만 우리나라 상황에서 그것은 무학년학점제에서의 새로운 내신제도를 가지고 해도 큰 문제가 없다. 그게 아니라면 실업계 고교 진학 단계에서는 국가시험이나 고교별 고사를 도입해도 괜찮다. 실업계 고등학교가 인기가 있어 실업계 학교에 진학할 때 학생들이 별도의 입학시험을 치르는 것은 우리나라의 현실에서 나쁜 일이 아니다. 그것은 폐해보다 이익이 크다.

특목고·자사고의 폐지와 고교평준화의 확산은 중학교 교육의 무능을 치유하기 위해 꼭 필요한 처방이다.

제6장

교과서 자유발행제도 및
교과서 자유선택제도

1. 개요

일반 국민들은 의아할 수 있을 것이다. 이것이 어떻게 학교를 살리는 BIG 6에 들어가는 중요한 처방이 될 수 있나? 너무 작은 정책을 대선이라는 거대한 무대에 올려놓은 것은 아닌가? 어쩌면 상당수 교사들도 그렇게 생각할지 모른다. 수십 가지의 처방이 백화점식으로 나열되는 전교조 위원장 선거에서도 교과서 자유발행제도는 정책으로 올라온 적이 없으니 교사들조차 그렇게 생각하는 게 당연할 수 있다. 그러나 교과서를 자유롭게 발행하고 교사 개개인이 교과서를 자유롭게 선택하는 제도가 정착하면 학교 수업은 획기적으로 달라질 수 있다.

현재 학교의 교과서는 국가기관의 검정을 거쳐 인정받은 것들이다. 물론 형식적으로는 수십 가지의 다양한 교과서가 존재하기도 한다. 국어교과서의 경우는 20종류가 넘기도 한다. 그 많은 교과서가 사실은 대동소이하다. 그래서 나는 사람들에게 우리나라에 존재하는 교과서는 모두 1.5종이라고 말한다. 게다가 교사 개개인에겐 교과서를 선택할 자유가 없다. 학교 단위에서의 선택은 자유롭지만 교사 개개인에겐 선택 자유가 없는 것이다. 어떤 교사가 자신의 수업에 가장 효과가 큰 교과서를 A라 생각했어도 다른 교사들이 B 교과서를 더 원하면 그것을 선택할 수밖에 없다. 그런데 교사 개인의 입장에서는 자신이 원하는 교과서가 아니라면 학교 차원에서 결정된 교과서나 국가 차원에서 결정된 교과서나 큰 차이가 없는 것이다.

학교 수업의 획일성은 상당 부분 교과서의 획일성에서 비롯된다. 창의적이고 재미있는 다양한 수업이 존재하려면 다양한 교과서가 존재해야 한다. 지금처럼 그 나물에 그 밥인 다양성이 아니라 실질적 다양성이 보장된 교과서가 존재해야 한다. 이렇게 되려면 교사들이 교과서를 자유롭게 만들 수 있어야 한다. 또한 교사 개개인은 마음에 드는 교과서를 자유롭게 선택할 수 있어야 한다.

2. 현실적 제안– 교과서 신고제 또는 등록제

위의 개요는 원칙적인 차원의 완전한 교과서 자유발행제를 말한 것이다. 그런데 교과서 자유발행제는 많은 사람에게 불안감을 줄 수 있다. 사실 이 제도에서 사람들이 납득할 수 없는 괴상한 교과서가 사용될 가능성이 전혀 없는 것은 아니다. 그러한 교과서가 등장하면 교과서 자유발행제를 반대하는 세력이 준동할 것이다.

현실적 타협이 필요하다. 물론 타협은 최대한 자유발행의 취지를 지키면서 국민들의 상식과 크게 유리된 책만을 걸러내는 수준의 타협이어야 할 것이다. 완전한 '교과서 자유발행제'가 곤란하다면 '교과서 신고제' 또는 '교과서 등록제'를 시행하면 된다. 즉, 교과서로서의 자격 획득을 원하는 책은 반드시 국가기관(교육과정평가원 등)에 등록하게 하고 국가기관에 거부권을 부여해서 크게 문제가 되는 책을 걸러 내는 제도를 시행하는 것이다. 이때 거부권의 행사는 엄격하게 제한해야 한다. 기준이 분명하게 정해지지 않은 거부권을 주면 기존의 틀에서 벗어난 참신한 교과서들이 거부당할 가능성이 크다.

우선 합리적인 교과서 심사위원회를 만드는 것이 필요하다. 심사위원회는 초등학교 국어 심사위원회, 중학교 영어 심사위원회, 고등학교 수학 심사위원회와 같은 식으로 구성하고 이 심사위원회가 등록된 교과서에 대한 거부권을 갖도록 한다. 심사위원회의 위원은 국가기관이 재량껏 위촉하게 하면 될 것이다. 심사위원이 누가 되는가는 크게 중요하지 않다. 교사도 좋고, 교수도 좋고, 일정한 자격을 가진 시민이어도 좋다.

여기서 주의할 게 있다. 그것은 거부권의 기준을 엄격히 해야 한다는 것이다. 심사위원 전체의 만장일치제가 도입되는 것이 가장 좋다. 만장일치가 어렵다면 심사위원 전체의 80~90% 이상이 동의할 경우에만 거부권이 행사되도록 해야 한다. 과반수로 거부권을 행사하도록 하면 안 된다. 그렇게 되면 기존의 관습에서 벗어난 창의적인 교과서들이 많이 탈락할 수 있다. 거부권 행사에서 중요한 점은 국민들의 보통 상식에서 크게 벗어난 이상한 책만을 걸러내는 것이다. 거부권이 기존의 도식적인 틀에서 벗어난 창의적인 책을 걸러내는 데에 악용되어선 안 된다. 상당수 국민들이 이상하게 느끼는 책을 걸러내는 것이 목적이라면 심사위원 전원의 80~90%의 동의가 있는 경우로 거부권 행사를 제한해도 충분하다. 이 정도 안전장치면 대다수 국민들은 별 불안감을 느끼지 않을 것이다. 교과서를 강하게 통제하고 싶은 보수주의자나 현 교과서제도의 기득권자를 빼고는 대체로 만족할 수 있을 것이다.

3. 12권짜리 교과서는 존재할 수 없는가?

국어교사로서 내가 생각하는 바람직한 국어 수업은 한편으론 입시를 넘어서면서도 다른 한편으론 입시에도 도움이 되는 수업이다. 입시에 얽매이지 않으면서 수능시험과 논술시험에 도움이 되는 수업이랄까? 그런데 이런 수업을 하고자 할 때 나에겐 12권짜리 교과서가 필요하다. 한 달에 한 권씩 모두 12권. 내가 지향하는 국어 수업을 제대로 하려면 나에겐 이 정도 분량의 교과서가 있어야 한다.

지금의 교과서 검인정제도에서 12권짜리 국어교과서가 존재할 수 있을까? 없다. 불가하다. 왜 12권짜리 교과서가 존재해서는 안 되는 것인가? 아무런 합당한 이유가 없다. 그냥 지금의 제도에선 그게 불가능할 뿐이다. 나는 지금의 교과서제도가 유지되는 한 교과서가 수업의 약이 되는 것이 아니라 오히려 독이 되기도 하는 현실은 조금도 변하지 않으리라 생각한다.

내가 근무하는 학교의 주당 국어 수업 시간과 교과서 수는 다음과 같다. 편의상 인문계열을 예로 든다.

1학년: 국어 4시간(교과서 2권)

2학년: 문학 4시간(교과서 2권), 국어생활 2시간(교과서 1권)

3학년: 독서 4시간(교과서 1권), 작문 3시간(교과서 1권)

3년 동안 공부하는 국어교과서가 겨우 7권이다. 하지만 내가 원하는 수업을 하기 위해 필요한 교과서는 국어 12권(한 달에 한 권), 문학 12권(한 달에 한 권), 국어생활 6권(두 달에 한 권), 독서 12권(한 달에 한 권), 작문 4권(분기별로 한 권)이다. 7권의 교과서가 아니라 46권의 교과서가 필요한 것이다. 지금의 교과서보다 6~7배가 많은 분량이다. 그리고 지금의 교과서에는 학생들이 실제로 읽지 않고 넘어가는 형식적인 글들이 많은데 내가 원하는 것은 학생이 실제로 읽을 글만으로 채워진 교과서이다. 그래서 학생들이 실제로 읽는 글만을 가지고 따졌을 때 내가 원하는 교과서는 지금의 10배 정도 되는 분량이다.

　그 많은 교과서를 어떻게 수업 시간에 다 공부하느냐고? 가능하다. 아니, 그렇게 해야 입시를 넘어서면서도 입시에 실제적인 도움을 줄 수 있다. 나는 2010년에 국어생활 수업을 혼자 담당했다. 동료 교사들에게 특별히 부탁해서 9개 반 수업 전부를 나 혼자 했다. 출제와 수업에서 상당 부분 자유로울 수 있었다. 국어생활 교과서를 8시간에 해치웠다. 국어생활 교과서는 단원이 모두 8개였다. 한 단원에 한 시간씩 모두 8시간을 할애했다.

　어떻게 가능하냐고? 교과서를 분석하고 해설하는 수업 패러다임을 벗어나면 가능하다. 무학년학점제가 도입되고 교사별 평가가 가능해졌다고 생각해보자. 그래서 교과서 자유발행제가 도입되고 교사 개개인이 교과서를 자유롭게 선택할 수 있다고 생각해보자. 나와 같은 패러다임의 수업을 하는 교사라면 국어생활 교과서가 적어도 6권은 필요할 것이다. 주당 4시간 수업이었다면 12권이 필요할 것이다. 이것은 입시의 측면에서도 학생들에게 손해가 아니다. 오히려 이익이다. 1권의 책만 읽은 학생과 6권의 책을 읽은 학생 중 어느 학생이 수능시험과 논술시험에서 더 좋은 점수를 받을 수 있을까?

교과서 자유발행제가 도입되면 다양한 교과서가 나타날 것이다. 물론 지금의 교과서도 종류는 많다. 하지만 모두 대동소이하다. 우리에게 필요한 것은 비슷비슷한 교과서 수십 종류가 아니다. 단 몇 종류에 불과하더라도 실질적 다양성을 가진 교과서다. 다양한 교과서가 존재해야 교사들은 자신의 능력에 맞는, 자신의 수업 패러다임에 맞는 교과서를 선택하여 수업의 질을 높일 수 있을 것이다. 창의적 능력이 없는 교사도 창의적인 수업을 할 수 있게 된다. 그 교과서를 따라가기만 해도 수업이 될 수 있도록 만들어진 창의적 교과서를 채택하면 될 테니 말이다.

사실 수업을 스스로 구성하는 것은 어렵다. 모든 교사들이 그렇게 할 수 있으면 좋지만 실제로는 소수의 교사만이 제대로 할 수 있다. 우리나라 교사들이 특별히 무능해서 그런 것은 아니다. 원래 그런 것이다. 그 정도의 어려운 일은 사회의 다른 분야와 마찬가지로 소수의 사람들만 할 수 있다. 뭐 그렇다고 큰일이 날 일도 아니다. 수업을 스스로 구성할 수 없는 교사들은 그것을 가능하게 하는 교과서를 선택하면 그만이다. 자신에게 가장 잘 맞는, 자신이 가장 잘 따라 할 수 있는 교과서를 채택하여 수업을 하면 된다. 실제로 교과서 자유발행제가 실행되면 책을 그대로 추종하기만 해도 웬만큼 수업이 되는 교과서가 등장할 것이다.

다음은 내가 어느 젊은 수학교사와 나눈 이야기이다. 그와 함께 근무했던 다른 선생님이 천재 교사라고 추켜세우는 선생님이다. 그 선생님 앞에서 나는 교과서 자유발행제의 장점에 대해 장광설을 늘어놓은 적이 있다. 감히 수학교사 앞에서 수학을 예로 들었다.

"샘, 이런 수학교과서도 나와야 하는 것 아냐? 교사가 교과서를 그대로 따라 하기만 해도 수업이 되는 교과서 말이야. 한 시간 단위로 수업이 딱딱 끊어져 있어서 그 교과서의 매뉴얼을 따라 수업을 하다 보면 종이 울릴 무렵에 딱 한 챕터가 끝나는 거야. 그러면 교사는 학생들에게 그날 수업한 부분을 뜯어서 제출하라고 하는 거지. 아예 교과서를 뜯어내기 쉽게 만드는 게 좋겠네. 한 시간 수업하고 나면 학생들이 그 시간에 공부한 부분을 분리해서 제출할 수 있게. 그러면 교사는 그것에 코멘트를 달아서 학생들에게 돌려주는 거지."

이런저런 장광설을 늘어놓았는데, 나의 이야기를 다 듣고 난 그 선생님이 이렇게 대답했다.

"이미, 제가 그렇게 하고 있는데요!"

그 선생님은 학교가 채택한 교과서를 넘어서버렸다. 그 선생님은 교과서를 완전 해체하고 재구성했다. 교과서의 내용에 머무르지 않고 자신이 스스로 콘텐츠를 개발해 학습지로 만들었다. 교과서를 단순히 해석하고 분석하기만 하는 대부분의 학습지와는 차원이 다른 것이었다. 그 선생님은 수업을 위해 하나의 훌륭한 교과서를 새로 만든 것이다.

"수업이 끝날 무렵 나누어 주었던 학습지를 걷어서 간단히 코멘트를 해줘요. 그런데 제일 많은 시간이 걸리는 일은 수업 교재를 만드는 거예요. 처음엔 한 시간짜리 수업자료를 만드는데 진짜 많은 시간이 들었어요. 학생들 학습지에 코멘트를 다는 시간도 짧지는 않지만 교재 만드는 시간에 비하면 얼마 안돼요. 대신 수업 시간에는 훨씬 더 편해요. 제가 한 시간 동안 혼자서 떠드는 것이 아니니까요. 제가 설명하는 시간도 있지만 학생들이 적극적으로 활동을 많이 해요. 저는 수업의 안내자 역할을 하는 거죠."

나는 물었다.

"샘, 샘이 만든 학습지를 모으면 그래도 책이 될 수 있잖아? 지금 제도에서 교과서로 채택될 수 있겠어?"

부정적인 대답을 하는 선생님에게 나는 이렇게 농담을 섞어서 한마디해주었다.

"샘이 만든 학습지 잘 다듬으세요. 교과서 자유발행제, 꼭 실현될 테니까. 그때 되면 교과서로 출판하자고요. 수십만 부 팔아서 부자되게요."

누구나 그 선생님처럼 할 수는 없다. 그러나 소수의 뛰어난 교사들은 그럴 능력이 있다. 그 소수의 교사들이 자유롭게 교과서를 출판할 수 있게 해야 한다. 다수의 교사들이 그 교과서를 따라 수업할 수 있도록. 교과서 자유발행제가 시행되면 12권짜리 국어교과서도 존재할 수 있을 것이다. 그때 나는 두말 않고 그 교과서를 채택할 것이다.

4. 교사의 창조적 에너지를 분출시켜라

교과서 자유발행제가 시행되면 다양한 교과서가 존재할 것이다. 교사가 수업 내용을 재구성해야 하는 교과서부터 별다른 노력 없이 교과서를 따라 하기만 해도 되는 교과서까지 다양하게 존재할 것이다. 1권짜리 교과서부터 10권이 넘는 교과서에 이르기까지 다양한 분량의 교과서가 존재할 것이다. 이렇게 되면 교사들은 자신에게 진정 도움이 되는 교과서를 선택하려 할 것이다. 교과서를 재창조하고 재구성하여 수업하고 싶은 교사는 그것에 맞는 교과서를 채택할 것이고, 그럴 능력과 의지가 없는 교사들은 교과서를 추종하기만 해도 수업을 진행할 수 있는 교과서를 선택할 것이다.

교과서 자유발행제가 시행되면 교사들의 창조적 에너지가 분출될 것이다. 그동안 유능한 교사들은 주로 참고서와 문제집을 썼다. 하지만 참고서와 문제집의 저술을 통해 자기실현에 대한 욕망이 충족되고 있다고 느끼는 교사들은 거의 없었다. 물론 교과서 제작에 참여하는 교사들도 많았지만 교과서가 교사 자신의 진정한 창작물이 되기엔 부족했다. 교과서로 인정받으려면 국가기관이 만든 온갖 규정을 지켜야만 했기에 교사는 자신의 수업 경험을 교과서에 충분히 녹여낼 수가 없었다. 수업은 수업이고 교과서 집필은 교과서 집필이었다. 교과서 자유발행제가 시행되면 교사는 자신의 개성을 마음껏 발휘한 교과서를 쓸 수 있다. 자신의 수업 경험을 교과서에 충실히 담아낼 수도 있다. 이렇게 되면 그동안 억눌렸던, 또는 엉뚱한 곳으로 표출됐던 교사들의 거대한 에너지가 교과서 창작으로 분출될 것이다.

교과서 자유발행제는 무학년학점제가 실시되면 더 큰 효력이 있다. 지금의 내신제도에서는 교사 개개인이 독자적인 교과서를 선택하여 수업하는 것이 어렵기 때문이다. 그러나 무학년학점제가 시행된다면 교과서 자유발행제에서 출판되는 새로운 교과서는 학교 수업의 패러다임을 바꿀 것이다.

5. 교과서제도에 시장경제의 활력을 불어넣어라

사실 이념적으로만 따지면 '교과서 자유발행제'는 보수의 정책이다. 그런데 현실에서는 오히려 진보 쪽에서 선호할 가능성이 큰 정책이다. 이것은 우리나라 기득권 세력의 다수가 여전히 보수이기 때문에 나타나는 현상이다. 보수가 진보적 성향의 교과서를 인정하지 않으려는 데에서 비롯되는 현상이다. 그러나 교과서를 보수적 내용으로만 채우려는 욕심에서 교과서 자유발행제를 반대하는 태도는 진정한 보수의 태도가 아니다. 진정한 보수라면 교과서 자유발행제를 통해 교과서를 시장 경쟁의 냉혹함 속으로 밀어 넣어야 한다. 누구나 자유롭게 교과서를 쓸 수 있게 하고, 교사들로 하여금 자유롭게 선택할 수 있게 해야 한다. 그래야 학교교육이 활력을 얻을 수 있다.

현재의 교과서제도는 형식적으로는 경쟁이 있는 것 같지만 내용을 보면 그렇지 않다. 위장된 경쟁이 있을 뿐이다. 그래서 교과서 시장에는 대동소이한 교과서만 존재한다. 지금의 제도에서 교사 개개인이 자신의 독특한 수업 경험을 녹여낸 교과서를 출판하는 것은 사실상 불가능하다.

교과서 자유발행제는 우파 정부인 이명박 정부에서 시행했어야 할 정책이다. 이명박 정부는 강제보충수업과 강제자율학습 규제 등에 관한 규제를 풀 게 아니라 교과서 발행에 관한 모든 규제를 풀었어야 했다. 그래서 학교교육에 시장의 활력을 불어넣었어야 했다. 교육에 시장경제의 활력을 도입하는 일은 어느 정도 필요하다. 그것은 우파가 잘할 수 있는 일이다. 우파 정부가 등장했을 때 해줘야 하는 일이다. 나는 이명박 정부가 등장했을 때 이런 기대를 적잖이 가졌다. 다음 글은 이명박 정부 초기에 썼던 글인데 이명박 정부에 대한 나의 이러한 기대를 담고 있다.

나는 대통령 선거 때 이명박 후보에게 투표하지 않았지만 이명박 정부의 등장은 한편으로는 시대정신의 소산이라고 생각한다. 그래서 이명박 정부의 탄생이 우리나라의 발전에 도움이 되는 면이 있으리라 본다.

나의 친한 지인들은 대부분 이명박 대통령과 한나라당에 심한 반감을 가진 사람들이다. 이명박 후보가 대통령으로 당선되었을 때 내 지인들의 실망은 적지 않았다. 곧바로 이어진 국회의원 총선에서 사실상 한나라당을 중심으로 한 보수진영이 압도적으로 승리하고 진보진영이 크게 패배했을 때도 마찬가지였다. 그러나 나는 대통령 선거 때나 총선 때나 별로 실망하지도 슬퍼하지도 않았다. 총선 다음 날 실망감을 토로하는 지인들에게 농담 반 진담 반으로 이렇게 말하기도 했다.

"괜찮아. 대운하 빼고는 하고 싶은 대로 다 하라고 해. 좋아지는 것 많을 거야. 우파 정권 때문에 나빠지는 것은 좌파 정권 들어서서 고치면 되고. 다만 대운하는 한 번 만들어 놓으면 다시 고치기 어렵잖아? 그것만 안 하면 돼."

내가 이렇게 말했던 것은 이명박 정부의 시장경제주의 정책들이 우리나라에 만연한 비효율과 경직성과 관료주의적 폐해를 치료해주길 바랐기 때문이었다. 그 부작용이 적지 않을 것이라는 사실을 모르는 바는 아니지만 세상에는 우파 정권이 아니고는 하기 어려운 일도 있는 것이다. 나는 우파 정권은 우파 정권이 잘할 수 있는 일을 하고 좌파 정권은 좌파 정권이 잘할 수 있는 일을 하면 된다고 생각했다. 우파와 좌파가 서로 정권을 평화적으로 교체하면서 서로 잘할 수 있는 일을 하고 그 과정에서 생기는 폐해는 반대쪽이 집권했을 때 고치거나 보완하면 된다고 생각한 것이다. 그러니 이명박 정부가 교육 부문에서도 자신들만이 잘할 수 있는 정책을 강하게 밀고 나가길 바랐다.

내가 교육 분야에서 이명박 정부에게 바란 것은 교육에 시장경제의 논리를 적용하여 학교교육의 효율을 높이는 것이었다.[6] 우리나라 교육은 좌파적 가치와 논리에 의한 수술도 필요하지만 그것만으로는 해결할 수 없는 치명적인 병에 걸려 있다. 관료적 획일성과 메마름 속에서 죽어가는 우리나라 교육은 우파적 논리에 의한 수술도 필요하다. 시장경제의 활력과 역동성을 도입하는 수술이 그것이다.

학교 붕괴니 교실의 붕괴니 하는 말이 차라리 온건하게 느껴질 정도로 처참한 상태인 학교를 살리는 데에 좌파의 논리는 너무 나약하고 온정적인 면이 있다. 이제 한 번쯤은 교육을 서비스 상품의 관점에서 바라보는 것이 필요한 때가 되었다. 시장경제의 논리를 교육에 도입하고 학교교육을 소비자로부터 환영받는 서비스 상품으로 만들려는 노력이 요구될 때도 되었다.

교육은 절대로 상품이 되어서는 안 된다는 주장은 교육이 상품을 뛰어넘는 가치 있는 존재이어야 한다는 의미로서만 인정될 수 있는 말이다. 학교교육을 시장의 서비스 상품에 머무르게 하지 않고 여기에 우리 사회가 지향해야 할 가치와 철학을 담으려 할 때나 할 수 있는 말이다. 교육은 상품이 아니라는 주장은 학교교육이 시장의 싸구려 상품만도 못하여 모든 사람이 교육의 형편없는 질에 대해 불만을 가진 상황에서 나올 수 있는 말이 아니다. 지금의 교육 현실에서 교육이 상품이 아니라고 주장하는 것은 변화와 변혁을 거부하는 수구적 태도일 뿐이다. 그것은 지금의 현실에서 편안함을 누리는 기득권 세력이 자신의 이익을 위해서 형편없는 교육의 질을 그냥 그대로 놔두자고 주장하는 것에 불과하다.

물론 교육을 시장화한다고 모든 것이 해결되지는 않는다. 그에 따르

---

6) 이기정, 《내신을 바꿔야 학교가 산다》(미래인, 2008), 151~152쪽.

는 부작용도 적지 않을 것이다. 그러나 구더기가 생긴다고 장을 담그
지 않을 수는 없다. 장을 담그다 구더기가 생기면 걷어내면 된다. 교육
시장화 정책을 펼치는 과정에서 생기는 부작용은 고치면 된다. 어쩌
면 교육시장화 정책으로 인한 부작용을 치유하는 것은 우파 정권이
시대적 사명을 다하고 물러났을 때 새로 들어선 좌파 정권의 임무일
수도 있다.

이명박 정부가 우파 정권으로서의 시대적 사명을 다하려면 교육시장
화 정책을 제대로 해야 한다. 교육을 제대로 상품화해야 한다.[7]

하지만 이명박 정부는 학교에 시장의 활력을 제대로 도입하지 못했
다. 그러기는커녕 강제적 보충수업을 하는 교장을 영웅화하는 등, 오
히려 시장경제의 정신과 배치되는 엉뚱한 정책만을 폈다.

나는 지금도 학교교육에 시장경제의 요소를 도입하여 시장의 역동
성과 활력으로 학교교육을 깨울 필요가 있다고 생각한다. 물론 함부로
해선 안 된다. 교육은 경제와는 다르기 때문이다. 교육 영역에는 경제
영역에 비해 시장경제의 도입이 상대적으로 적어야 한다. 무능한 기업
은 망해도 되지만 무능한 학교라고 함부로 망해선 안 된다. 학교에는
학생이 존재하기 때문이다. 학교 간의 경쟁도 기업 간의 경쟁처럼 지
나치면 안 된다. 그 경쟁으로 인해 진짜 죽어나는 것은 교장이나 교사
가 아니라 학생일 것이 분명하기 때문이다.

하지만 교과서제도에는 시장경제를 완전히 도입해도 된다. 누구든
지 원하는 때에 원하는 방식으로 교과서를 만들게 하고, 교사 개개인

---

7) 이기정, 《내신을 바꿔야 학교가 산다》(미래인, 2008), 134~135쪽.

에게 선택권을 줘야 한다. 교과서는 이렇게 완전 경쟁의 상황에 몰아넣어도 된다. 경쟁에서 탈락하는 것은 사람이 아니라 무능한 교과서일 뿐이기 때문이다. 그로 인해 상처받는 것은 학생이 아니라 기껏해야 그 책을 쓴 사람일 뿐이기 때문이다. 그 상처받은 교사도 경제적 파탄과 같은 큰 타격을 받는 것이 아니다. 책 출판했다가 안 팔리면 손해 보는 쪽은 출판사이지 교과서 저자가 아니기 때문이다. 저자는 그저 정열과 시간만을 낭비했을 뿐이다. 책을 쓰며 배우고 공부한 것을 생각하면 시간과 정열을 낭비했다고도 볼 수 없다.

이렇듯 교과서 완전 자유발행제를 도입해서 시장의 활력과 역동성을 학교교육에 도입하는 것은 해볼 만한 일이다. 100권에 1~2권 나올 이상하고 괴이한 책들조차도 교사의 자유로운 선택이라는 시장에 맡겨서 도태시킬 일이다.

제**7**장

BIG 6에 대한
전략적 고찰

1. 정책의 파급 효과 순위

BIG 6는 강력한 파괴력을 가진 정책들이다. 이 6개의 정책이 제대로 실행된다면 학교 개혁의 70%는 완성된 것이다. BIG 6 파괴력의 상대적 크기를 도표로 정리해서 각각의 정책들이 학교교육에 공헌하는 정도를 비교해보자.

정책 효과의 순위와 상대적 크기는 객관적 증거에 근거를 둔 것은 아니다. 상당 부분 나 개인의 직관에 근거한 것이다. 그렇다고 나의 주장이 정당성을 갖지 못하는 것은 아니다. 애초부터 객관적 근거란 존재하지 않기 때문이다. 사실 어느 정책이 어느 정도의 중요성을 갖는지는 정책 입안자가 자신의 경험과 지식을 가지고 통찰력을 발휘해 볼 수밖에 없는 것이다. 초등학교와 중·고등학교는 사정이 다르므로 구별하여 살펴보자.

초등학교에서의 정책 효과 순위

초등학교는 무학년학점제에 해당하지 않는다. 그렇다고 해서 초등학교 수업에서는 학생들의 학습 수준을 고려할 필요가 없다는 말은 아니다. 초등학교도 학생의 능력과 수준을 고려한 수업을 해야 한다. 초등학교의 경우는 그러한 수업이 지금과 같은 형태의 학급에서 이루어지는 게 바람직하다. 물론 교실의 학생 수가 30명을 넘어서면 한 교실 안에서 학생 수준을 고려한 수업을 하기는 어렵다. 하지만 학급의 학생 수가 20명 이하라면 한 학급 안에서 수준별 수업이 상당 부분 가능할 것이다.

순위	내용	
1	학급당 학생 수 20명 이하로의 감축	100
2	교육과 사무행정의 분리- 교육 중심의 학교제도	
3	교장자격증제 폐지와 교장공모제를 통한 교장 선출	50
4	교과서 자유발행제도 및 교과서 자유선택제도	
5~6	특목고·자율고 폐지와 고교평준화 확대 중·고등학교의 무학년학점제- 수준별 맞춤형 수업	0

(*위의 그림에서 각 정책이 차지하는 상대적인 넓이는 각 정책이 미치는 정책 효과의 상대적 크기를 말한다.)

중·고등학교에서의 정책 효과 순위

중·고등학교는 무학년학점제가 가장 중요하다. 중·고등학교에서는 초등학생처럼 한 학급 안에서 수준별 맞춤형 수업을 하기가 어렵다. 무학년학점제를 통한 수준별 맞춤형 수업이 적절하다.

순위	내용	
1	중·고등학교의 무학년학점제- 수준별 맞춤형 수업	100
2	학급당 학생 수 20명 이하로의 감축	50
3	교육과 사무행정의 분리- 교육 중심의 학교제도	
4	교장자격증제 폐지와 교장공모제를 통한 교장 선출	
5	특목고·자율고 폐지와 고교평준화 확대	
6	교과서 자유발행제도 및 교과서 자유선택제도	0

2. 정책 실현에 필요한 예산 순위

모든 비용을 국가 예산으로 충당할 경우

정책의 실행에는 비용이 든다. 그 비용을 따져보는 것은 중요하다. 예산이 많이 들면 들수록 실행이 어려워지기 때문이다. 아무리 효과가 좋은 정책이라도 그 효과를 넘어서는 비용이 요구된다면 우리는 그 정책을 함부로 실행해선 안 된다. 비용 대비 효과를 따져봐야 한다. 국가의 예산은 한정되어 있는데 써야 할 곳은 수없이 많기 때문이다.

정책에 필요한 비용을 모두 국가 예산으로 부담할 경우 필요한 예산 순위와 상대적 비중은 다음과 같다.

순위	내용	
1	학급당 학생 수 20명 이하로의 감축	100

2	교육과 사무행정의 분리- 교육 중심의 학교제도	50
3	중·고등학교의 무학년학점제- 수준별 맞춤형 수업	
4~6	교과서 자유발행제도 및 교과서 자유선택제도 교장자격증제 폐지와 교장공모제를 통한 교장 선출 특목고·자율고 폐지와 고교평준화 확대	0

빅딜 제안이 실행되는 경우

빅딜 제안(제1부 제3장)의 내용처럼 사무행정전담직원 채용 비용을 교원 성과급으로 충당한다면 '교육과 사무행정의 분리를 통한 교육 중심의 학교제도 정립' 정책 실행에 필요한 국가 예산은 거의 없다. 이렇게 되면 정책 실행에 필요한 대부분의 예산은 '학급당 학생 수 20명 이하로의 감축'에 필요한 비용이 된다.

순위	내용	
1	학급당 학생 수 20명 이하로의 감축	100 50
2~6	중·고등학교의 무학년학점제- 수준별 맞춤형 수업 교육과 사무행정의 분리- 교육 중심의 학교제도 교과서 자유발행제도 및 교과서 자유선택제도 교장자격증제 폐지와 교장공모제를 통한 교장 선출 특목고·자율고 폐지와 고교평준화 확대	0

3. 정책에 대한 기득권 세력의 저항 순위

모든 제도에는 그 제도에서 이익을 보는 사람들이 존재한다. 그 사람들은 기존 제도의 존속을 원하는 경향이 강하다. 흔히 진보는 기존 제도의 개혁을 원하고 보수는 기존 제도의 존속을 원한다고 말한다. 그런데 그것은 대략적으로만 그러한 것이다. 제도 하나하나를 살펴보면 상황은 많이 달라질 수 있다. 당연하다. 모든 제도의 개혁을 원하는 사람이 어디 있으며 모든 제도의 존속을 원하는 사람이 어디 있겠는가? 우리는 모두 한편으로는 진보주의자이며 다른 한편으로는 보수주의자이다. 우리는 모두 한편으로는 첨예한 개혁주의자이고 다른 한편으로는 수구꼴통이다.

하지만 분명한 점은 다수에게 이익을 주는 개혁 방안이 눈앞에 존재함에도 불구하고 자신의 이익을 위해 개혁을 반대하는 세력이 있다는 것이다. 그들은 비판받아 마땅한 수구기득권자들이다. 우리가 시행해야 할 정책의 경우에도 그것을 반대하는 수구기득권자들은 분명 존재한다. 그들은 분명 학교의 개혁과 교육의 발전을 가로막는 사람들이

순위	내용	
1	교장자격증제 폐지와 교장공모제를 통한 교장 선출	100
2	특목고·자율고 폐지와 고교평준화 확대	50
3	교과서 자유발행제도 및 교과서 자유선택제도	
4	교육과 사무행정의 분리- 교육 중심의 학교제도	
5	중·고등학교의 무학년학점제- 수준별 맞춤형 수업	
6	학급당 학생 수 20명 이하로의 감축	0

다. 그들의 저항을 분쇄하지 않으면 학교의 개혁과 교육의 발전은 불가능하다. 자신들의 이익에 봉사할 뿐인 이론과 주장을 교육 전체를 위한 이론과 주장으로 포장하는 위선과 거짓을 깨지 않고서는 학교 개혁과 교육 발전은 이루어질 수 없다. 물론 수구기득권자들이 고정된 상태로 존재하는 것도 아니다. 또 각 정책에 따라 수구기득권자들은 얼마든지 달라질 수도 있다. 그러나 분명한 것은 그들의 저항과 반대를 극복하지 않고서는 학교교육이 살아날 수 없다는 사실이다.

4. 기존 제도와의 충돌 가능성 순위

제도를 개혁할 때 기득권 세력의 저항이 존재하지 않음에도 불구하고 오랜 기간 존속해온 기존의 제도와의 충돌성이 강해서 쉽게 도입하기 어려운 정책도 존재한다. 예를 들면 이런 것이다. 우리나라의 신학년은 3월에 시작한다. 그러나 세계적으로는 9월에 시작하는 경우가 많다. 우리나라도 신학년의 시작을 9월로 해야 한다고 주장하는 사람이 많다. 그 취지에 굳이 반대할 사람은 많지 않을 것이다. 내가 생각해도 9월에 새로운 1년을 시작하는 것이 더 좋을 것 같다. 그래서 정부가 신학년의 시작을 3월이 아닌 9월에 하기로 결정했다고 가정해보자. 어떻게? 참으로 난감하다. 오랫동안 사회의 많은 것이 3월 신학년에 맞추어져왔기 때문이다. 무無의 상태에서 3월 시작이냐 9월 시작이냐를 선택할 수 있다면 선택은 쉽다. 하지만 우리의 정책은 무의 상태에서 시작하지 않는다. 오랫동안 3월 신학년에 맞춰져 있던 학교와 사회시스템이 존재하는 상황에서 시작한다.

9월 신학년제도를 도입할 수 없는 가장 큰 이유는 그 주장이 틀려서

순위	내용	
1	중·고등학교의 무학년학점제– 수준별 맞춤형 수업	100 50
2~6	교육과 사무행정의 분리– 교육 중심의 학교제도 교장자격증제 폐지와 교장공모제를 통한 교장 선출 교과서 자유발행제도 및 교과서 자유선택제도 학급당 학생 수 20명 이하로의 감축 특목고·자율고 폐지와 고교평준화 확대	0

도 아니고 기득권 세력이 강해서도 아니다. 그것이 기존의 사회시스템과 충돌하기 때문이다. 그렇다면 우리의 정책들 중 기존 제도와 충돌성이 강해서 실행이 어려운 것은 무엇인가?

BIG 6 중 기존 시스템과의 충돌성이 가장 큰 것은 무학년학점제이다. 그러나 실행이 곤란할 정도는 아니다. 다른 것에 비해 상대적으로 기존 제도와의 충돌성이 크다는 것이지 절대적으로 크다는 것은 아니다. 9월에 신학년을 시작하는 것에 비하면 그 충돌성은 현저히 작다. 나머지 다른 정책들은 기존 제도와의 충돌성이 거의 없다. 그 상대적 크기 차이도 거의 없다.

5. 정책에 대해 좌·우파가 갖는 거부감 순위

좌파와 우파, 진보와 보수는 이익이 아닌 이념적 성향에 따라 어떤 정책을 반대할 수 있다. 물론 이념적 성향의 심층에는 이해관계가 자리 잡고 있을 수 있다. 여기서는 그런 측면은 고려하지 않기로 한다.

정책에 대한 좌파의 거부감 순위

좌파의 이념적 성향을 고려할 때 가장 저항이 클 수 있는 정책은 무학년학점제이다. 좌파의 상당수는 지금까지 일부 과목에서 시행 중인 수준별 수업을 반대해왔다. 물론 그들이 반대한 수준별 수업은 나의 관점에서는 수준별 수업이 아니라 과목별 우열반 수업에 불과하다. 그런데 좌파가 수준별 수업을 반대할 때는 그것이 과목별 우열반 수업에 불과하다고 반대한 것이 아니다. 학생들을 수준에 따라 나누어 놓은 그 자체를 반대한 것이다. 이러한 면을 고려할 때 좌파의 상당수는 무학년학점제에 의한 수준별 수업을 반대할 가능성이 크다.

그리고 무학년학점제는 현재의 학교 내신제도에 큰 위협이 될 수 있다. 무학년학점제는 필연적으로 지금 존재하는 내신제도의 폐지를 전제할 수밖에 없다. 물론 그 대신 새로운 내신제도를 만들면 되지만 어쨌든 그것은 현재의 내신제도가 무력화될 가능성을 상당 부분 가지고 있는 것이다. 그래서 무학년학점제는 좌파 쪽의 강한 반대에 직면할 수 있다.

이외 다른 정책에 대한 좌파의 이념적 거부감은 거의 없을 것이다.

순위	내용	
1	중·고등학교의 무학년학점제- 수준별 맞춤형 수업	100 50
2~6	학급당 학생 수 20명 이하로의 감축 교육과 사무행정의 분리- 교육 중심의 학교제도 교장자격증제 폐지- 교장공모제를 통한 교장 선출 교과서 자유발행제도 및 교과서 자유선택제도 특목고·자율고 폐지와 고교평준화 확대	0

오히려 강력하게 찬성할 것이다.

정책에 대한 우파의 거부감 순위

대부분의 학교 교장들은 보수 성향의 사람들이다. 90% 가까이가 보수 교원단체인 교총 소속이다. 전교조 출신의 교장은 거의 볼 수 없는 게 학교의 현실이다. 그런데 교장자격증제도가 폐지되고 교장공모제가 제대로 도입된다면 진보 성향의 교사들도 얼마든지 교장이 될 수 있다. 전교조 출신 교장들도 수없이 등장하게 되는 것이다. 그렇게 되면 학교에는 진보적 가치와 철학이 지금보다 더 많이 스며들 것이다. 보수는 그동안 학교에 진보적 가치와 철학이 스며드는 것에 노골적인 적개심을 보였다. 결국 보수는 보수적 가치와 철학으로만 학교가 운영되기를 원하기 때문에 교장임용제도의 개혁에 완강히 저항할 것이다.

다음으로 우파의 저항이 클 수 있는 정책은 교과서 자유발행제도 및 교과서 자유선택제도이다. 교과서 자유발행제도 및 교과서 자유선

순위	내용	
1	교장자격증제 폐지와 교장공모제를 통한 교장 선출	100
2	특목고 · 자율고 폐지와 고교평준화 확대	50
3	교과서 자유발행제도 및 교과서 자유선택제도	
4	교육과 사무행정의 분리- 교육 중심의 학교제도	
5~6	중 · 고등학교의 무학년학점제- 수준별 맞춤형 수업 학급당 학생 수 20명 이하로의 감축	0

택제도는 주로 보수 쪽에서 강하게 반대할 가능성이 크다. 지금까지의 경향을 보면 보수 쪽이 교과서 내용에 대한 통제를 더 강력히 원해왔기 때문이다. 이는 우리나라 보수의 후진성을 보여주는 것이다. 앞에서도 말했듯이 진정한 보수라면 교과서를 시장의 경쟁에 맡기는 것을 두려워해서는 안 된다. 오히려 선호해야 마땅할 것이다.

6. 타협과 양보, 어디까지 할 것인가?

기득권 세력과는 타협하지 말아야 한다. 좌파 기득권 세력이건 우파 기득권 세력이건 타협하는 순간 개혁은 물 건너간다. 물론 기득권 세력에는 우파가 많다. 그것은 우파가 특별히 나빠서가 아니라 기존의 교육제도에서 권력을 행사하고 이익을 보아온 세력이 주로 우파였기 때문에 나타난 현상이다. 여기서 제시하는 BIG 6 교육 정책은 우파를 공격하기 위한 목적을 지니지 않는다. 학교를 살리는 제대로 된 개혁 정책을 내놓다 보니 우연하게 우파의 기득권을 더 많이 침해하게 되었을 뿐이다.

기득권 세력과의 타협도 안 되지만 좌·우파의 이념적 편견과도 타협해서는 안 된다. 타협하는 순간 개혁은 좌초될 수 있다. 좌파의 이념적 신념에 양보하는 순간 우파의 이념적 신념에도 양보할 수밖에 없다. 우파의 이념에 굴복하는 순간 좌파의 이념에도 굴복할 수밖에 없다. 그렇다고 BIG 6 교육 정책이 중도라는 것은 아니다. 한편으론 좌파적이고 한편으론 우파적이다. 좌파의 이념에도 부합하는 면이 있고 우파의 이념에도 부합하는 면이 있다. 즉, BIG 6 교육 정책은 좌파와 우파의 지지를 동시에 받을 수 있는 잠재력도 많이 가지고 있다.

학교를 살리려면 정책을 비타협적으로 밀어붙이는 강한 정신이 필요하다. BIG 6 교육 정책을 실행하는 데 있어 나의 롤모델은 역설적이게도 이명박 대통령과 제2차 세계대전 당시의 독일 장군 롬멜Erwin J. Rommel이다. 나는 우리의 교육대통령은 이명박 대통령이 4대강 사업을 밀어붙였듯이, 롬멜의 기갑부대가 프랑스의 방어선을 파죽지세로 돌파했듯이 BIG 6 정책을 밀어붙여야 한다고 생각한다. 그래야 대한민국의 교육이 살 수 있다고 본다.

물론 무조건 비타협적으로 BIG 6 교육 정책을 밀어붙이라는 것은 아니다. 타협은 해야 한다. 하지만 그 타협 대상이 기득권 세력이나 좌우파의 이념적 신념 따위여서는 안 된다. 100% 비타협이어야 한다는 건 아니지만 원칙적으론 비타협적이어야 한다. 우리의 타협 대상은 단 하나, 국민이어야 한다. 좌파와 우파의 기득권 세력을 돌파하고 좌파와 우파의 이념적 편견을 극복하려면 국민들을 개혁 정책의 든든한 지지자로 만들어야 한다. 때로는 국민들의 정서와 반하는 일도 해야 하지만 국민들과의 의견 대립은 최소화해야 한다. 정책의 결과에 대한 불안감 등으로 인해서 국민들이 어떤 정책에 반대한다면 우리는 국민들의 그런 감성과 타협할 수 있어야 한다. 그래야 기득권 세력이 국민들의 정서를 이용하여 개혁을 방해하는 행동을 막을 수 있다.

국민들이 막연한 불안감에 부정적 입장을 취할 수 있는 대표적 정책은 교과서 자유발행제도 및 교과서 자유선택제도이다. 교과서를 마음대로 자유롭게 발행하고 선택할 수도 있게 하면 상상할 수 없는 이상한 책이 교과서로 사용될 수 있다는 우려 때문이다. 이런 불안감은 학교교육에 대한 건전한 생각에 바탕을 둔 불안감이다. 나는 교과서 자유발행제도 및 교과서 자유선택제도가 실행되어도 그런 걱정할 만한 일은 거의 발생하지 않으리라 생각한다. 하지만 아주 예외적으로 일어나는 일이라 할지라도 그로 인해 느끼는 국민들의 불안은 매우 클 수 있다. 이런 불안감과 투쟁하는 것은 어리석다. 특히 그것이 학교교육을 걱정하는 건전한 마음에서 비롯되었다면 그런 감정과의 타협은 필요하다. 타협의 방안은 여러 가지가 있을 수 있지만 일단 교과서 자유발행제가 아닌 '교과서신고제' 또는 '교과서등록제'를 시행하면 된다. 즉, 교과서로서의 자격 획득을 원하는 책은 반드시 국가기관(교육과정평가원 등)에 등록하게 하고 국가기관에 거부권을 부여해서 크게 문제가 있는 책을 걸러내도록 하는 제도를 시행하면 되는 것이다.

7. 정책 간의 상호연관성

'무학년학점제'와 '학급당 학생 수 20명 이하로의 감축'

'무학년학점제- 수준별 수업'을 제대로 하려면 교과교실제가 필요하다. 교사들이 가급적 하나의 교실을 배타적으로 소유하는 것이 좋다. 그러나 현재 중·고등학교의 교실은 교사 수에 비해 현저히 부족하다. 흉내만 내는 교과교실제가 아니라 제대로 된 교과교실제를 실행하려면 중·고등학교에서는 지금보다 2배 정도 많은 수의 교실을 갖추어야 한다. 결국 교실 하나를 2개로 나누어 교실의 수를 획기적으로 늘리는 것이 필요하다. 학급당 학생 수 감축을 위해 교사 수가 25% 늘어도 교실을 2개로 나누어 교실 수를 100% 증가시키면 실제적인 교과교실제를 시행할 수 있다. 이렇게 교과교실제와 학급당 학생 수의 감축은 서로 긴밀하게 연결된다.

'무학년학점제'와 '교과서 자유발행제도 및 교과서 자유선택제도'

'교과서 자유발행제도 및 교과서 자유선택제도'가 제대로 효과를 보려면 '무학년학점제'가 도입되어야 한다. 지금의 내신제도에서는 교과서 자유발행제도가 시행되어도 그 효과가 적을 수밖에 없다. 교사 개인별로 교과서를 선택하는 것이 불가능하기 때문이다. 현재의 내신제도는 전체 학생을 동일한 시험으로 줄 세우기 하기 때문에 모든 학생의 교재가 동일해야 한다. 그래서 교사 개인별로 교과서를 선택할 수 없다. 그러나 무학년학점제가 시행되면 교사별로 수업이 달라 교사별 선택이 가능해진다. 이는 역으로 다양한 교과서의 등장을 가져올 것이다.

교과서 자유발행제가 무학년학점제를 필요로 하듯 무학년학점제는 교과서 자유발행제를 필요로 한다. 무학년학점제가 시행되면 지금보다 내용적으로 훨씬 더 다양한 수업이 존재하게 된다. 이것은 필연적으로 지금보다 훨씬 더 다양한 교과서를 필요로 하게 된다. 종류만 많지 실제로는 대동소이한 현재의 교과서가 아니라 실질적 차이를 보이는 다양한 교과서 말이다. 하지만 지금의 교과서제도로는 무학년학점제가 요구하는 다양한 교과서를 제공할 수 없다.

'무학년학점제'와 '교육과 사무행정의 분리- 교육 중심의 학교제도'

무학년학점제의 특징 중 하나는 수업의 다양성이다. 지금까지의 획일적 수업과는 차원이 다르다. 또 하나의 특징은 변화무쌍함이다. 학생의 선택에 따라 수업 강좌의 변화가 매우 크다.

지금의 학교제도는 이러한 다양하고 변화무쌍한 수업을 감당할 수 없다. 학교의 기본 체제인 사무행정업무 부서 체제는 다양하게 변화하는 학생의 요구에 부응할 수 없다. 무학년학점제를 성공적으로 시행하려면 지금의 부서 체제는 폐지해야 한다. 대신 교육을 중심으로 하는 새로운 학교제도가 만들어져야 한다.

'무학년학점제'와 '교장자격증제 폐지와 교장공모제를 통한 교장 선출'

지금의 학교제도에서 교장 노릇하는 것은 누워서 떡 먹기다. 수업이 아닌 사무행정 중심의 학교 운영에서 높은 수준의 지성은 별 필요가 없다. 사실 학교에서 교장은 대부분 수업의 질적 향상을 위해 별 신경을 쓰지도 않는다. 그런 능력을 가지고 있지도 못하다. 수능시험 언어영역의 지문이 교과서 밖에서 출제된다는 사실을 몰라도 얼마든지 큰소리치며 교장 노릇할 수 있다.

그러나 무학년학점제가 시행되면 필연적으로 학교 운영의 중심은 수업일 수밖에 없다. 이제 유능한 교장이 되려면 폭넓은 교양을 가져야 한다. 교장은 자신의 전공과목이 아닌 다른 과목의 수업에 대해서도 해당 과목의 교사들과 의논하고 토의할 수 있어야 한다. 모든 과목에 전문적인 지식을 가져야 한다는 것은 아니지만 다른 과목의 교사들과 서로 의논하고 토의할 수 있는 정도의 교양은 가지고 있어야 한다.

하지만 지금의 교장임용제도에서는 이런 능력을 가진 교장이 배출될 수 없다. 간혹 그러한 능력을 가진 교장들이 없는 것은 아니지만 그것은 그냥 우연히 그렇게 된 것에 불과하다. 무학년학점제가 성공하려면 교장임용제도의 획기적 변화가 필요하다.

'교육과 사무행정의 분리– 교육 중심의 학교제도'와 '교장자격증제 폐지와 교장공모제를 통한 교장 선출'

'교육과 사무행정의 분리– 교육 중심의 학교제도'는 현재 교장임용제도에 영향을 미칠 수밖에 없다. 지금의 교장승진제도에서 중요한 것은 수업이 아니라 사무행정업무이다. 우선 교장이 되려면 부장을 오래 해야 한다. 그런데 '교육과 사무행정의 분리'를 시행하면 지금의 부서 체제는 폐지될 수밖에 없다. 따라서 '교육과 사무행정의 분리'를 시행하면 지금의 교장승진제도는 변화를 요구받을 수밖에 없다. 그래서 지금의 제도에서 교장으로 승진했거나 승진하려는 사람들은 사무행정 위주의 학교제도를 그대로 유지하고 싶어 할 수 있다. 그들은 교장승진제도의 굳건한 옹호자로서만 머무는 것이 아니라 사무행정 부서 체제의 강력한 옹호자가 될 수도 있는 것이다.

'무학년학점제'와 '특목고 · 자사고 폐지와 고교평준화 확대'

'무학년학점제– 수준별 맞춤형 수업'이 시행되면 평준화의 문제점은 상당 부분 해결된다. 굳이 특목고, 자립형사립고, 자율형사립고 등이 존재할 이유가 없다. 무학년학점제를 실행하면 이 모든 학교를 일반 학교로 전환해야 한다. 예외를 둔다면 수학과 과학, 예술 분야에서의 천재급 영재를 위한 영재고등학교 정도로만 한정해야 한다.

제8장

BIG 6 다음으로
중요한 개혁 정책들

BIG 6, 이 6개의 교육 정책이 실행되면 학교교육은 변할 것이다. 하지만 우리는 여기서 멈출 수 없다. 더 많은 정책을 실행해야 한다. BIG 6 다음으로 효과가 큰 5개의 정책을 추가로 제시해보자. 이로써 BIG 11이 만들어지는 것이다.

BIG 11을 BIG 6와 나머지 5개의 정책으로 구별한 데는 나름의 이유가 있다. BIG 6는 교육부(교육과학기술부)의 힘만으로는 실현이 어려운 것이다. 대통령과 정부의 운명을 걸어야 성공할 수 있는 정책이다. 하지만 여기서 제시하는 5개의 정책은 교육부가 강한 의지를 가지고 있다면 충분히 실현할 수 있는 정책이다. 만약 교육부가 이 5개의 정책 중 아무것도 시행하지 못하고 있다면 그것은 교육부에 대한 대대적인 개혁이 필요하단 증거이다.

1. 학교 도서관 활성화

도서관은 학교의 미래다

도서관은 학교교육의 중심이어야 한다. 단순히 책을 빌리거나 읽는 곳에 그쳐서는 안 된다. 이는 여전히 도서관의 가장 중요한 기능이지만 더불어 학생들에게 다양한 문화 체험을 제공하는 공간으로 거듭나야 한다. 지역의 도서관들은 이미 그렇게 발전하고 있다.

도서관은 항상 학생들로 붐벼야 한다. 방과 후에도 학생들이 가장 많이 머무르는 공간이어야 한다. 방과 후 수업을 중요하게 여기는 사람이 많은데, 방과 후의 수업은 적을수록 좋다. 정규수업이 부족하다면 정규수업 시간을 늘려야지 보충수업을 늘려서는 안 된다. 방과 후에 보충수업이 많은 것은 학교교육이 비정상적이란 증거에 불과하다.

반면 방과 후의 학교 도서관에 학생들이 붐비는 것은 바람직하다. 이 같은 현상을 이끌어내기 위해 도서관은 학교의 가장 중심적인 곳에, 가장 쾌적하고 안락한 곳에 있어야 한다. 그리고 방과 후에는 학부모와 마을 주민들에게까지 개방되어야 한다. 학교 도서관에서 학부모와 학생이 함께 책을 읽을 수 있게 해야 한다. 학교에서 밤늦게까지 불이 켜져 있어야 하는 단 한 곳이 있다면 그곳은 도서관이어야 한다.

학교 도서관의 시설은 그동안 많이 좋아졌다. 그러나 아직 많이 부족하다. 무엇보다 사서교사가 배치된 도서관이 적고, 그나마 방과 후에는 도서관이 문을 닫는다. 고등학교의 경우 자습실에는 교사들이 돌아가면서 근무를 하지만 도서관은 그렇지 않다. 마찬가지로 굳이 교사들이 교대로 방과 후에 지켜야 할 장소가 있다면 그곳은 도서관이어야 한다.

학교 도서관에 2명 이상의 사서를!

학교 도서관은 왜 학교교육의 중심이 되지 못하는가?

물론 지금의 학교제도와 문화 속에서 도서관이 학교교육의 중심이 되기는 어렵다. 하지만 한편으론 교사들의 인식 부족, 특히 교장들의 인식 부족 탓이 크다. 고등학교의 경우 자습실에 들이는 공의 절반만 도서관에 들여도 도서관은 지금보다 훨씬 더 활성화될 수 있다. 내가 근무하는 학교에서는 매일 학년별로 1명씩 3명의 교사가 밤늦게까지 교대로 자습실을 지킨다. 교무실을 지키는 교감까지 합세하면 때로 4명이 되기도 한다. 이 인력으로 자습실 대신 차라리 학교 도서관을 지키면 어떨까? 도서관의 위상이 달라질 것이다. 아니, 굳이 교사들이 방과 후에 도서관을 지키지 않아도 되도록 방과 후에 도서관에서 근무하는 전문 인력을 배치해야 한다. 도서관에는 도서관 전문가가 근무하는 것이 바람직하다. 학교 도서관을 학교의 가장 쾌적하고 안락한 곳에 배치하고 2명 이상의 사서를 두어 아침부터 밤까지 개방한다면 도서관은 학교교육에서 아주 큰 역할을 할 것이다. 나아가 학교 도서관은 학교가 위치한 지역공동체의 중요한 문화공간으로 거듭날 수 있다.

이제 우리는 도서관에서 책 읽는 것이 아주 중요한 입시 공부라는 점을 깨달아야 한다. 수능시험에서 가장 중요한 것은 독서이다. 어려서부터 독서를 많이 한 학생은 입시 성적이 뛰어나다. 특히 언어영역의 경우엔 독서가 생명이다. 언어영역은 문제집 풀이나 학원 공부가지곤 해결이 안 된다. 그러나 독서를 많이 한 아이들은 언어영역 점수가 그냥 나온다. 학교 도서관 활성화는 입시에도 유리한 일이다.

2. 수학능력시험 곁멋 제거- 문제 유형의 단순화

입시가 끌어들인 괴물

입시는 교육에 담아야 할 많은 가치 있는 것들을 배제하게 만든다. 제대로 된 교육을 하고 싶은 교사들에게 입시는 증오의 대상일 수밖에 없다. 그런데 입시는 교육적으로 가치 있는 것들을 배제하는 대신 교육적으로 무가치한 것 하나를 끌어들인다. 그것이 무엇인가? 문제풀이 기술, 문제풀이의 테크닉이다. 입시가 존재하는 이상 문제풀이 기술은 현실의 교육에서 중요하게 여겨질 수밖에 없다. 비록 그것이 사회적으로는 무가치할지라도 학생 개개인의 입장에서는 가치 있을 수밖에 없다. 그래서 학생들은 문제풀이 기술을 익히기 위해 힘을 쏟는다.

나는 국어교사이니까 국어를 예로 들겠다. 수능시험 국어(언어영역)는 국어교육의 어떤 가치 있는 것을 버렸는가? 국어교육의 이론에 의하면 국어교육은 학생들의 말하기 · 듣기 · 쓰기 · 읽기 능력을 향상시키는 것이 목적이다. 여기에 문학을 통해 얻어지는 감성을 더하기도 한다. 그러나 우리의 국어교육은 수업에서 이것을 제대로 담아내지 못한다. 입시의 굴레 때문이다.

말하기 능력, 필요 없다. 수능시험에 안 나오니까. 쓰기 능력, 필요 없다. 역시 수능시험에 안 나오니까. 쓰기 영역으로 분류되는 문제는 있지만 실제로는 쓰기 문제가 아니다.[8] 모국어인 국어시험에선 별 의미가 없을 수밖에 없는 듣기를 무시하면 남는 것은 읽기 능력뿐이다.

---

8) "객관식 시험인 수능시험에서 쓰기 문제는 애초에 존재할 수 없는 것이다. 그럼에도 불구하고 한국교육과정평가원은 언어영역의 문제 몇 개를 '쓰기' 문제라 말하고 있다. 모든 문제집도 평가원을 따라 그 문제들을 쓰기 문제로 분류한다. 이는 어쩌면 우리 교육의 변태적 성격을 드러내는 것일 수 있다. 프로이트는 변태의 정의를 이렇게 내렸다. 번식을 위한 성행위에 이르기까지는 직접적인 성행위에 포

문학적 감수성? 좀 긴 설명이 필요하지만 간단히 말하자. 시험에 문학은 출제되지만 점수를 따는 데 문학적 감성은 필요 없다. 오히려 문학적 감성과 상상력을 죽여야 한다. 그래서 대한민국의 문학 수업은 문학적 감성과 상상력을 죽이는 수업이다.[9] 결국 수능시험은 우리의 국어교육으로 하여금 쓰기 능력, 말하기 능력, 그리고 문학적 감성을 배제하게 만든 것이다.

그 대신 입시는 국어교육에 괴물 하나를 끌어들였다. 교육적으로도, 사회적으로도 무가치한 괴물 하나를. 문제풀이 기술이 그것이다. 대한민국의 국어교육에서 문제풀이 훈련은 쓰기와 말하기 교육보다 더 중

능력	이론적(당위적) 국어교육에서의 비중	수능시험에서의 필요성	현실의 국어교육에서 차지하는 비중
문학적 감성	중요	불필요	퇴출
말하기 능력	중요	불필요	퇴출
쓰기 능력	중요	불필요	퇴출
읽기 능력	중요	필요	중요
문제풀이 기술	무가치	필요	중요

함되지 않는 다른 요소들이 있는데, 그 주변적인 요소들을 본격적인 행위의 목적으로 삼고 집착하는 것이 변태라고. 잘 빠진 빨간 하이힐은 누구나 섹시하게 생각하지만 하이힐만 끌어안고 사는 건 변태다. 그런 식으로 보면 오늘날의 한국교육은 굉장히 변태적이다. 배운 걸 확인하려는 게 시험의 목적이고 그것은 더 큰 배움을 위한 수단일 뿐인데, 우리는 시험 치기 위해 공부를 하고 나아가 시험만을 위한 공부를 한다. 예를 들면 수능 언어영역의 '쓰기' 부분은 실제로 글을 쓰는 행위와는 아무 연관이 없다. '쓰기' 능력을 평가받기 위해 학생들은 글을 직접 써보는 것이 아니라 글의 구조를 맞히는 문제들만을 지독히 많은 시간을 들여 풀어내야 한다."(이웅소, 《경향신문》 2008년 8월 21일자)
진짜 쓰기 문제는 언어영역에 없다. 객관식 문제를 가지고 쓰기 문제라고 우기는 것은 거짓이다. 그렇다면 그 거짓된 문제는 폐기하는 것이 낫다.

요하다. 문학적 감성과 상상력을 기르는 것보다도 훨씬 더 중요하다.

대안은 무엇인가? 원론적으로는 가치 있는 것을 입시의 영역으로 끌어들이고 가치 없는 것은 입시에서 배제하는 것이 최선이다.

▶ 말하기 · 쓰기 능력, 문학적 감성을 입시의 영역에 끌어들이는 것
▶ 문제풀이의 기술을 입시의 영역에서 배제하는 것

현실에선 이 둘 모두를 갖기 어렵다. 하지만 우리가 지혜롭게 사고 한다면 하나는 가질 수 있다. 완벽하게는 아니지만 충분히 의미 있을 만큼은 가질 수 있다.

---

9) 그래서 나는 수능시험에서 문학을 배제했으면 하는 생각을 가지고 있다. 물론 교육 개혁에 꼭 필요한 일이 아니라서 굳이 목소리 높여 주장하지는 않지만 말이다. 그래도 우리는 문인들의 다음과 같은 말들을 곱씹어보아야 한다.
"내 시가 출제됐는데 나도 모두 틀렸다." 최승호 시인이 한 이야기다. 시인들의 이런 말은 이미 진부한 것이 되었다. 학교에서의 시 공부가 오히려 시를 죽이고 있는 게 우리의 현실이다. 평론가 이숭원은 "시에서 '밤'이 나오면 으레 시대의 어둠으로 연결되고, '별'이 나오면 이상理想세계에 대한 동경으로 풀이된다"며 도식적인 시 해석의 문제점을 지적한 바도 있다. 소설가 김영하는 "국어교과서에 내 글이 실리는 것에 반대한다"고 선언했다. 그의 산문 일부가 검인정 중등교과서에 멋대로 실렸기 때문이다. '교과서 수록 작품은 저작권자 허가 없이 사용 가능하다'는 게 현행 저작권법 25조다. '교과서에 수록되지 않을 권리'를 주장한 김영하는 자기 글이 국가에 '징발'돼 '입시교육 도구'가 되는 것을 거부했다. 그는 "제목이 틀린 채 다른 교과서에 실린 내 소설로 만든 문제 5개를 풀어봤더니 2개 맞았다"며 어처구니없어했다.(《조선일보》2010년 5월 5일자)
내가 문학을 수능시험에서 배제하는 게 옳다고 생각하는 것은 음악과 미술 등을 수능시험에서 제외한 것과 같은 이유에서이다. 입시는 교육을 왜곡한다. 그런데 그 왜곡의 정도는 과목마다 다르다. 수학의 왜곡 정도가 그래도 가장 적다. 과학이나 사회가 그다음으로 적다. 국어나 영어는 꽤 크다. 음악이나 미술 등 예술 과목이 가장 크다. 그래서 음악이나 미술은 수능시험에서 제외된다. 국어에서 문학도 예술이다. 음악과 미술이 수능시험에 출제되면 필연적으로 음악과 미술은 죽게 되어 있다. 문학도 마찬가지다. 수능시험에 출제되는 순간 문학은 그 정신과 감성을 상실하게 된다. 물론 대한민국의 현실에서 어떤 과목이 수능시험에서 제외된다는 것은 곧 그 과목의 영향력 감소로 연결된다. 하지만 그것이 차라리 낫다. 문학이 입시에서 제외되면 학생들은 오히려 문학에 대한 사랑과 존경심을 갖게 될 것이다. 입시에 밀려 문학을 멀리해도 한편으론 문학을 끝없이 동경하게 될 것이다. 차라리 그것이 낫다.

▶ 말하기 · 쓰기 능력, 문학적 감성을 입시의 영역에 끌어들이는 것

수십만 명이 치르는 수능시험에서 이것은 사실상 불가능하다.

▶ 문제풀이의 기술을 입시의 영역에서 배제하는 것

이것은 상당 부분 가능하다. 어떻게? 수능시험 문제의 겉멋을 제거하고 문제의 유형을 단순화함으로써 가능하다.

문제풀이 기술을 익히기 위해 청춘이 소모되고 있다

우리나라 학생들은 문제풀이 기술을 익히기 위해 너무 많은 시간을 낭비한다. 그런데 수학능력시험이 끝나는 순간 언어영역 문제풀이 기술은 쓰레기나 다름없어진다. 그것은 글을 읽어내는 능력도 아니고 글을 쓰는 능력도 아니다. 다른 사람의 말을 이해하는 능력도 아니고 다른 사람을 설득하는 능력도 아니다. 사회에 나가 유용하게 써먹을 수 있는 그 어떤 능력도 아니다. 학생들의 정서를 풍부하게 하는 것도 아니다. 수능시험이 끝나는 순간 그냥 아무것도 아닌 것이다. 그렇다고 문제풀이 기술을 익히는 과정이 학생들에게 기쁨을 주지도 않는다. 너무나 지루하고 괴로운 과정일 뿐이다.

사회적 차원에서 볼 때 학생들의 문제풀이 훈련은 완전히 무익하다. 아니, 단순히 무익한 것이 아니라 해롭기까지 하다. 사회적 차원에서 그것은 담배보다 해롭다. 담배는 담배 피우는 사람의 육체적 건강을 해치지만 한편으로는 정신적 위안을 주기도 한다. 사회적으로 전혀 의미가 없는 것이 아니다. 하지만 학생들의 문제풀이 훈련은 학생들에

게 고통만 줄 뿐이니 사회에 기여하는 바가 조금도 없다.

문제풀이 훈련은 오직 개인적 차원에서만, 그것도 입시와 관련해서만 가치가 있다. 오직 그것이 '나' 개인의 시험 점수를 올리는 데 기여한다는 측면에서만 가치가 있다. 문제풀이 방법을 익히기 위해 많은 돈과 시간을 소모했어도, 그로 인해 얻은 입시 경쟁에서의 승리라는 이익이 그것을 넘어설 때 개인적으로 가치가 있는 것이다.

사회적 차원에서 백해무익하다고 해서 개개인에게 문제풀이 기술을 익히지 말라고 하는 것은 공허하다. 사회적으로는 무익하지만 그것이 특정 개인에게 이익을 줄 수 있는 한 학생들은 문제풀이 기술을 익히지 않을 수 없다. 학생들로서는 진짜 실력을 쌓을 소중한 시간을 희생해서라도 문제풀이 기술을 익히는 데 매달릴 수밖에 없다. 문제풀이 기술이 시험장을 떠나서는 순간 쓸모없어질지라도, 그것이 진정한 실력을 기를 소중한 시간을 축낼 뿐일지라도, 학생 개개인으로선 어쩔 수가 없는 것이다.[10]

참신함의 도그마

수능시험 출제자들은 되도록 참신한 문제를 내려고 한다. 좋게 보면 교육학 이론을 충실히 따르고 있는 듯하다. 하지만 그들은 참신한 문제를 내야 한다는 도그마에 빠져 있을 뿐이다. 아니, 그들이 따르는 교육학 이론이란 것은 학교 현장과 유리된 대학 교수들의 허공에 뜬

---

10) 하지만 과도한 문제풀이 위주의 공부는 입시에도 별로 이롭지 않은 잘못된 공부이다. 물론 그 심리적 요인은 이해할 수 있다. 우리나라 학생들은 문제를 풀고 있어야만 공부를 하고 있다고 생각하는 것 같다. 학원의 강사뿐만 아니라 학교의 교사들도 그렇게 생각하는 듯하다. 물론 시험문제와 비슷한 문제를 풀고 있을 때 시험 공부를 하고 있다는 생각을 갖는 것은 지극히 자연스러운 일일 수 있다.

이론일 뿐이다.

수능시험에서 참신한 문제를 내는 것이 교육적으로 어떤 의미가 있는가? 아무런 의미도 없다. 문제풀이 연습으로 학생들이 시간을 낭비하게 할 뿐이다. 수능시험 문제는 참신하게 내지 말고 오히려 진부하고 단조롭게 낼 필요가 있다. 너무나 단조롭고 진부하여 문제풀이 훈련을 불필요하게 만들 필요가 있다. 앞으로 수능시험은 각 과목의 진짜 실력만을 테스트하는 문제를 출제해야 한다. 참신한 문제를 만들어야 한다는 교육학 이론의 도그마에서 벗어나야 한다. 문제의 참신함이란 것이 사실은 실속 없는 겉멋에 불과하다는 점을 깨달아야 한다. 학생들이 문제를 접할 때 친숙하게 느껴지는 문제가 오히려 좋은 문제일

이것은 공감주술론의 두 가지 법칙, 즉 접촉전염의 법칙(일단 접촉하면 항상 접촉하게 되어 있다)과 유사성의 법칙(비슷함은 비슷함을 만든다) 중 유사성의 법칙으로 설명이 가능하다. 사람들은 유사한 것이 유사한 효과를 낸다고 생각한다. 새 빗이나 변기 같은 물건들은 단지 역겨운 물질과 접촉하게끔 설계되었다는 이유만으로 더럽게 취급되고, 개통 모양의 초콜릿 같은 물건들은 단지 비슷하게 생겼다는 이유만으로 더럽게 취급된다.(스티븐 핑커, 《마음은 어떻게 작동하는가》(소소, 2007), 585쪽) 사용하지 않은 머리빗이나 변기통은 사실 위생적이다. 그것으로 음식을 먹어도 위생상 아무런 문제가 없다. 그러나 사람들은 그러한 행동을 역겨워한다. 화장실에서 나오는 수돗물과 부엌에서 나오는 수돗물은 수질에 아무런 차이가 없음에도 불구하고 사람들이 화장실 수돗물을 마시기 꺼리는 것과 비슷하다. 모두 과학적인 생각은 아니다. 그러나 인간의 심리는 그렇게 작동하고 있다. 인간의 이런 심리를 학자들은 공감주술론, 그중에서도 유사성의 법칙으로 설명하는 것이다.
학생들이 문제집을 풀어야 입시 공부를 하고 있다는 느낌을 갖는 것도 이런 원리에서다. 문제집의 문제를 푸는 행위와 시험장에서 문제를 행위가 매우 유사하기 때문에 문제를 풀고 있어야 시험 공부를 하고 있다는 생각이 드는 것이다. 그래서 문제풀이를 해야 공부를 하고 있다는 심리적 위안을 받는 것이다. 우리나라 학생 대부분은 모두 이러한 주술에 사로잡혀 있다. 학교 교사와 학원 강사도 마찬가지다. 어쩌면 모든 국민들이 이러한 주술에 사로잡혀 있다고 말할 수 있을 것이다.(이기정, 《국어 공부 패러다임을 바꿔라》(사피엔스21, 2010), 50~51쪽)
이러한 심리는 어리석지만 인간의 본성이다. 진화 과정 속에서 형성된 자연스러운 마음이다. 아무리 이성적으로 설득해도 바로잡을 수 없는 측면이 있다. 이런 본성을 고려하여 아예 문제풀이 연습의 필요성 자체를 없애버리는 것이 필요하다. 그것은 수능시험의 문제 유형을 단순화하는 것으로 상당 부분 실현이 가능하다.

수 있다는 사실을 깨달아야 한다.

모든 과목이 다 똑같이 그렇게 해야 한다는 말은 아니다. 나는 주로 국어(언어영역)와 영어(외국어영역) 시험을 염두에 두고 이야기했다. 수학의 경우엔 아주 조심스럽게 적용해야 하는 주장이다. 사회나 과학은 그 중간 정도가 될 것이다. 국어는 문제만 제대로 잘 출제해도 수능시험에 대한 사교육을 절반 이하로 줄일 수 있다. 또 이는 국어 수업과 공부에 바람직한 영향을 줄 수 있다. 어떻게 만들 것인가?

언어영역 문제는 단 한 종류면 충분하다

수능시험 언어영역 문제는 단 한 종류로 충분하다. 주어지는 글만 달리할 뿐 모든 문제를 똑같이 만들어도 된다. 그래도 교육적으로 잃는 것이 전혀 없다. 오히려 교육적으로 바람직한 영향을 미칠 수 있다. 그리고 학생들의 실력에 따라 승자와 패자를 가려야 하는 입시의 논리에서 조금도 어긋나지 않는다. 충분히 변별력을 확보할 수 있다. 오히려 더 잘 확보할 수 있다. 수능시험 국어는 이 한 종류의 문제면 충분하다.

다음 〈보기〉의 글이 들어갈 가장 적절한 곳은?

1. 이누이트(에스키모) 하면 연상되는 것 중의 하나가 이글루이다. 그들의 주거 시설에는 빙설을 이용한 집 외에도 목재나 가죽으로 만든 천막 등이 있다. 이글루라는 말은 이러한 주거 시설의 총칭이었으나, 눈으로 만든 집이 외지인의 시선을 끌어 그것만 일컫는 말이 되었다. 이글루는 눈을 벽돌 모양으로 잘라서 반구 모양으로 쌓은 것이다. 눈

벽돌로 만든 집이 어떻게 얼음집으로 될까? 이글루에서는 어떻게 난방을 할까?

2. 일단 눈 벽돌로 이글루를 만든 후에, 이글루 안에서 불을 피워 온도를 높인다. 온도가 올라가면 눈이 녹으면서 벽의 빈틈을 메워준다. 어느 정도 눈이 녹으면 출입구를 열어 물이 얼도록 한다. 이 과정을 반복하면서 눈 벽돌집을 얼음집으로 변하게 한다. 이 과정에서 눈 사이에 들어 있던 공기는 빠져나가지 못하고 얼음 속에 갇히게 된다. 이글루가 뿌옇게 보이는 것도 미처 빠져나가지 못한 기체에 부딪힌 빛의 산란 때문이다.

3. 이글루 안은 밖보다 온도가 높다. 그 이유 중 하나는 이글루가 단위 면적당 태양 에너지를 지면보다 많이 받기 때문이다. 이것은 적도 지방이 극지방보다 태양 빛을 더 많이 받는 것과 같은 이치이다. 다른 이유로 일부 과학자들은 온실 효과를 든다.

4. 이글루 안이 추울 때 이누이트는 바닥에 물을 뿌린다. 마당에 물을 뿌리면 시원해지는 것을 경험한 사람은 이에 대해 의문을 품을 것이다. 여름철 마당에 뿌린 물은 증발되면서 열을 흡수하기 때문에 시원해지는 것이지만, 이글루 바닥에 뿌린 물은 곧 얼면서 열을 방출하기 때문에 실내 온도가 올라간다. 물의 물리적 변화 과정에서는 열의 흡수와 방출이 일어나기 때문이다. 이때, 찬물보다 뜨거운 물을 뿌리는 것이 더 효과적이다. 바닥에 뿌려진 뜨거운 물은 온도가 높고 표면적이 넓어져서 증발이 빨리 일어나고 증발로 물의 양이 줄어들어 같은

양의 찬물보다 어는 온도까지 빨리 도달하기 때문이다.

5. 이누이트가 융해와 응고, 복사, 기화 등의 과학적 원리를 이해하고
이글루를 짓지는 않았을 것이다. 그러나 그들은 접착제를 사용하지
않고도 눈으로 구조물을 만들었으며, 또한 물을 이용하여 난방을 하
였다. 이글루에는 극한 지역에서 살아가는 사람들이 경험을 통해 터
득한 삶의 지혜가 담겨 있다.

〈보기〉

지구에 들어오는 태양 복사 에너지의 대부분은 자외선, 가시광선 영
역의 단파이지만 지구가 열을 외부로 방출하는 복사 에너지는 적외선
영역의 장파이다. 단파는 지구의 대기를 통과하지만 복사파인 장파는
지구의 대기에 의해 흡수된다. 이 때문에 지구의 온도가 일정하게 유
지된다. 이를 온실 효과라고 하는데, 온실 유리가 복사파를 차단하는
것과 같다는 데서 유래되었다. 이글루도 내부에서 외부로 나가는 장
파인 복사파가 얼음에 의해 차단되어 이글루 안이 따뜻한 것이다.

① 1단락 뒤   ② 2단락 뒤   ③ 3단락 뒤   ④ 4단락 뒤   ⑤ 5단락 뒤

현재의 수능시험은 5개 문항 중에서 정답 하나를 선택하는 5지선다
형 문제이다. 그런데 이런 유형으로 시험문제를 통일하면 5지선다형
문제일 필요가 전혀 없다. 7지선다형이어도 되고 10지선다형이어도
된다. 아니면 어떤 문제는 7지선다형이고 어떤 문제는 10지선다형이

어도 된다. 그래도 문제의 통일성이 깨지지 않는다.

이 유형의 문제는 10지선다형이어도 문항이 길어지지 않는다. 5지선다형 문제는 문항의 길이만 해도 적어도 1문항에 1줄은 차지해야 하므로 최소 5줄이다. 그러므로 문항 수를 무작정 많이 늘릴 수 없다. 이것은 찍기만 해도 정답을 맞힐 확률이 20%나 된다는 이야기다. 변별력을 키우려면 문항 수를 늘려서 학생들이 운으로 맞출 확률을 줄여야 하는데 문항 수를 많이 늘리면 문항이 차지하는 분량이 많아질 수밖에 없다. 그렇다고 문제 수를 무작정 늘릴 수도 없다.

내가 제시한 문제 유형은 10지선다형이라도 문항이 차지하는 분량이 많아지지 않는다. 사실 문제마다 문항을 일일이 만들 필요도 없다. 시험지 맨 앞에 이런 말을 넣어 모든 문제의 문항을 한꺼번에 제시할 수도 있다.

〈보기〉의 글이 들어갈 곳이 1단락 뒤면 ①, 2단락 뒤면 ②, 3단락 뒤면 ③, 4단락 뒤면 ④, 5단락 뒤면 ⑤번, 6단락 뒤면 ⑥번, 7단락 뒤면 ⑦이 정답입니다.

이 문제의 장점은 이것 하나가 아니다. 단어 하나하나의 숨은 뜻을 찾아 밑줄 치고 해석하고 암기하는 국어 공부에 긍정적 영향을 미칠 수도 있다.[11]

시험문제의 겉멋을 제거하면 사교육이 감소한다

나는 혼자 국어생활 수업 전부를 맡는 아주 드문 기회를 만났을 때 학교 시험에서 위의 제안을 실제로 시행해보았다. 그리고 국어 사교육

11) 수능시험의 문제가 "다음 〈보기〉의 글이 들어갈 가장 적절한 곳은?" 이 한 문제로 통일된다면 학교의 국어시험은 변할 수밖에 없을 것이고, 그것은 필연적으로 학교의 수업 방식에 변화를 줄 것이다. 물론 학원 수업의 방식에도 상당한 변화를 줄 것이다. 현재 우리나라 국어 수업의 기본 틀은 교과서나 문제집을 기계적으로 분석하고 해설하는 행위의 반복이다. 얼마 안 되는 분량의 교재에 실린 글을 세밀하게 분석하고 글과 관계되는 내용을 암기하는 것이다. 학생들의 말을 들어보자.

"왜 우리가 작가의 단어 하나하나의 숨은 뜻을 찾아 밑줄 치고 해석하고 그 생각에 대해 외워야 할까? 그저 읽는 것만으로는 안 되는 것일까? 국어 공부 시간에 딴짓을 한답시고 다른 단원의 시나 글을 읽으면 정말 재미있고 빠르게 읽힌다. 내용 파악을 하는 데만 기껏해야 5분 정도밖에 안 걸리는데 왜 수업 시간에 배우기만 하면 본문을 한 번 읽는데 5시간이나 걸릴까?"

"왜 멀쩡한 이야기들, 시, 소설 들을 헤집어 놓고 그 안에서 답을 찾아내야 할까? 나는 국어를 사랑하는 편이다. 영어보다 억만 배는 더. 책 읽기를 좋아하고 우리나라 말로 표현될 수 있는 많은 단어들이 좋고 발음할 때의 그 어감도 참 좋다. 그래서 더 많은 책을 찾아보고 읽게 되는데, 이렇게 스스로 국어에 대한 애정을 느끼게 하는 데에는 학교에서의 국어 공부가 기여한 바가 없다. 누구나 스스로 알아서 할 수 있는 게 국어 공부 같다. 한 지문을 가지고 몇 시간씩 공부하는 것보다 단 30분이라도 재미있고 어휘가 풍부한 책을 읽는 것이 더 좋다. 숨 쉬듯 말하고 밥 먹듯 책을 읽으며 평생 국어 공부를 해나갈 텐데 왜 이렇게 아등바등 돈을 써가며 졸음 참아가며 배워야 하는 걸까. 작가라면 글을 쓰는 공부를 하고, 학자라면 국어를 연구하고, 독자라면 글을 읽는 공부를 하면 된다. 지금의 국어 공부는 적어도 나에게는 도움이 되지 않는다."

"나는 국어 공부를 할 때면 선생님이 나누어 주시는 참고자료를 이해하려고 전혀 애쓰지 않고 무조건 외워버렸다."

"요즘 학교나 학원에서의 국어(언어영역) 수업은 대부분이 선생님께서 한 작품을 아주 자세하게 분석해 설명하시면 학생인 우리들은 받아 적고 암기하는 방식이다. 나는 중학교 때부터 고 1 겨울방학 때까지 이런 학원에 다녔지만 고 2가 되면서 그만두었다. 왜냐면 중학교 국어 수준에서는 선생님이 교과서 설명하신 것을 모두 암기만 하면 100점도 가능했지만, 고등학교 언어영역은 학원에서 아무리 분석하고 설명해도 그 지문이 모의고사나 수능시험에 출제되는 것도 아니고 내 언어 능력이 올라가는 것도 아니라는 사실을 깨달았기 때문이다."

"국어 공부? 이때까지 해온 국어 공부는 그저 교과서 읽고, 줄 치고, 받아 적고 등등."

"선생님들은 어릴 적부터의 독서가 중요하다고 말한다. 그런 국어 선생님께 우리가 3시간 동안 배우는 것은 고작 지문 몇 페이지다."

"우리들은 중간고사나 기말고사 때 내신을 준비하기 위해서 교과서에 나오는 문장과 단어 하나하나를 꼼꼼히 살피고 따지며 공부한다. 그러나 정작 모의고사를 보면 우리들은 생전 처음 보는 지문을 접하게 된다. 모의고사를 볼 때마다 이런 생각이 들었다. '아, 우리들은 단지 내신 점수를 따기 위해서 모의고사에서 볼 일이 없을 지문을 오랜 시간과 노력을 들여 하나하나 다 이해했던 거구나.'"

"중학교 때의 시험은 항상 외우면 그만이었다. 시험 범위도 정해져 있었기 때문에 무식하게 외우면 그만이었다."

"국어 수업은 교과서로 공부하고 (교과서 글을 해설한) 참고자료의 빈칸을 채우는 식으로 했다. 시험 기간에는 교과서와 참고자료를 달달 외우면서 공부했다."

"보통의 수업은 교탁에서 선생님이 던져주면 받아먹는 식으로 이루어졌다."

을 받는 학생과 대화한 적이 있다. 평소엔 수능시험 준비를 하다가 학교 시험 때가 오면 이를 위해 10여 시간의 수업을 받았는데 과외 선생님은 수업의 대부분을 문학에 투여하고, 내가 출제하는 국어생활은 수업을 한 시간 해보더니 그만두었다고 한다. 지문을 분석하고 해설하는 것이 무의미하고 문제풀이 연습도 거의 필요가 없기에 과외 선생이 해줄 것이 없었던 것이다. 그냥 학생 스스로 읽는 것만으로 시험 공부가 되는데 과외 선생님이 무슨 필요가 있겠는가?

국어의 경우 수능시험 문제를 "다음 〈보기〉의 글이 들어갈 가장 적절한 곳은?" 이 한 문제로 통일하면 사교육을 줄일 수 있다. 다른 과목은 몰라도 언어영역의 경우엔 이를 통해 사교육을 획기적으로 줄일 수 있다. 영어에도 충분히 적용할 수 있다.

인간은 모두 개인의 이익을 추구한다. 개인적 이익을 추구하는 행위가 사회적 이익과 배치되는 것은 아니다. 개인적 이익의 추구가 사회에 이익이 되는 경우는 많다. 사실 대부분의 경제 행위가 여기에 해당한다. 애덤 스미스의 다음과 같은 유명한 말처럼 말이다.

"우리가 저녁식사를 할 수 있는 것은 푸줏간, 양조장, 빵집 주인들의 자비 덕분이 아니라 그들의 돈벌이에 대한 관심 덕분이다. 우리는 그들의 인간성에 호소하는 것이 아니라 그들의 이기심에 호소하는 것이다."

"다른 수많은 경우에도 그렇듯이 (개인의 이기적인 행위는) '보이지 않는 손'에 이끌려 그가 전혀 의도하지 않는 목적을 달성하도록 유도된다."

입시는 개인적 이익을 추구하는 행위다. 입시에서 좋은 성적을 내려는 행위는 철저히 이기적이다. 그러나 이러한 이기적 행위도 사회적 이익에 봉사할 수 있다. 입시 공부를 통해 얻은 지식과 지혜가 사회 발전에 쓰인다면 개인의 이기적 행위가 사회적 이익으로 이어지는 것이다. 그러나 입시 공부는 시험만을 위한 공부라서 사회에 나가 의미 있게 쓸 수 있는 진짜 실력을 기르지 못하는 측면이 있다. 즉, 입시에 필요한 능력과 사회에 유용한 능력 사이에 적지 않은 괴리가 있는 것이다. 우리는 이 괴리를 최소화해야 한다. 입시를 위한 공부가 사회적으로도 유용한 공부일 수 있도록 해야 한다.

지금의 수능시험 문제는 이런 면에서 괴리가 크다. 학교 시험문제도 마찬가지다. 학교 시험은 오히려 더 괴리가 크다. 수능 언어영역 문제를 위에 제시한 문제 유형으로 통일한다면 우리는 그 괴리를 상당히 좁힐 수 있다. 다른 과목의 경우에도 수능 문제의 겉멋을 제거한다면 그 괴리를 좁힐 수 있을 것이다.

3. 청소 직원에 의해 유지되는 깨끗한 학교

학교의 청소를 더 이상 학생들의 노동력에 의존해선 안 된다. 학교 청소의 대부분이 학생들의 손으로 이루어지는 대한민국의 학교는 지저분할 수밖에 없다. 교실의 미세먼지가 기준치를 넘어섰다는 연구 결과는 오래전부터 있어왔다. 이제 학교는 전문 청소 직원에 의해 항상 청결하게 유지되어야 한다. 교무실도 교사가 청소를 하는 경우는 많지 않다. 대개 학생들이 한다. 교사가 나쁘다고? 아니다. 그건 당연한 것이다. 생각해보라. 회사의 사무실 청소를 누가 하는가? 대부분 전문 청소 직원이 한다. 그런데 왜 학교의 청소를 교사가 해야 한단 말인가? 교사가 청소를 할 이유가 없는 것처럼 학생들도 굳이 청소를 해야 할 이유는 없다.

학교 청소를 전문 청소 직원에게 맡기면 어떤 이익이 있는가? 교사와 학생들이 청소에 들였던 시간과 에너지를 절약할 수 있다. 학생뿐만 아니라 교사들의 시간도 절약할 수 있다. 교사들이 직접 청소를 하는 경우는 드물지만 학생들이 청소를 하도록 만드는 데는 많은 시간과 에너지가 필요하기 때문이다.

또한 학생들의 건강에 좋은 청결한 학교, 깨끗한 교실 상태를 유지할 수 있다. 그래서 학생들이 학교에 더 애착을 갖게 할 수 있다. 사무실이나 공장의 청결은 기업의 경쟁력을 높이는 중요한 요소이다. 마찬가지로 학교의 청결함은 학교의 경쟁력을 높이는 중요한 요소가 될 수 있다. 사무실의 업무 능력 향상을 위해 기업주들은 전문 청소 용역을 통해 청결한 사무실 분위기를 유지한다. 학교교육의 생산성을 높이기 위해서도 같은 조치가 필요하다. 전문 청소 직원을 통해 학교를 항상 깨끗하게 해야 한다. 그래야 학교가 조금이라도 더 유능해질 수 있다.

이 정책의 유일한 걸림돌은 예산이다. 청소 노동자의 임금이 낮은 편이라서 많은 예산이 필요하지는 않지만 적잖은 예산이 요구되는 것은 사실이다. 전국적으로 10만 명 정도의 청소 노동자가 고용되어야 하기 때문이다. 하지만 이 정책의 장점은 그 어떤 방해 요소도 없다는 것이다. 기득권 세력의 저항도 없고, 좌·우파의 이념에 따른 저항도 전혀 없다. 기존 제도와의 충돌성도 문제가 되지 않는다. 다른 정책과의 연관성도 적어서 다른 정책을 시행해야 이 정책이 효과를 볼 수 있는 것도 아니다. 예산 문제 하나만 해결되면 너무나 쉽게 시행할 수 있는 정책이다. 적은 예산으로 많은 일자리를 만들 수 있다는 점을 생각하면 그 자체만으로도 충분히 시행해볼 수 있는 정책이라 할 수 있다.

4. 교육대학교 · 사범대학교와 학교의 연계성 강화

대학에서 배운 교육학 이론들은 모두 죽은 이론이다. 교육학 이론만이 아니라 국어교육, 영어교육 등 전공과 관련한 이론들도 대부분 죽은 이론이다. 교육대학교(이하 교대)와 사범대학교(이하 사범대)에서 공부한 많은 것들이 학교로 오는 순간 거의 쓸모가 없어진다. 우리나라의 교대 · 사범대는 학교와 완전 단절되어 있다. 서로 따로 논다. 어떻게 연계성을 확보할 것인가?

핵심은 교대 · 사범대 교수들이 일정한 주기로 학교에 나가 학생들에게 수업을 하는 것이다. 교대 · 사범대 교수들이 교사를 제대로 양성하려면 자신들도 5년에 1년 정도는 학교에서 수업을 해봐야 한다. 아예 교대 · 사범대 교수가 초 · 중 · 고에서 5년에 1년 수업하는 것을 제도적으로 강제해야 한다. 대학 교수들에게는 안식년제가 있다. 그런데 교대 · 사범대 교수들에게 진짜 필요한 것은 안식년제가 아니다. 학교에서 교사로서 생활하는 것이다. 그렇다고 안식년을 없애라는 말은 아니다. 7년 정도에 1년씩 안식년을 갖듯 5년 정도에 1년씩은 학교에서 교사로서 생활하라는 것이다.

이것이 의무화되면 교대 · 사범대와 학교의 연계성은 저절로 확보된다. 이것이 없다면 교대 · 사범대와 학교의 연계성을 확보하려는 다른 모든 방안은 형식적인 시늉으로 끝날 뿐이다. 대학과 교육 관료에게 교대 · 사범대와 초 · 중 · 고의 연계성을 확보하는 방안을 마련하라고 압력을 가하면 물론 수많은 방안을 제시할 것이다. 그러나 그 방안 중에 교수들이 정기적으로 학교에 나가 교사처럼 수업을 하는 내용이 빠져 있다면 그 모든 방안들은 다 헛것에 불과하다. 핵심은 교대 · 사범대 교수들이 일정한 주기로 1년이란 시간을 내어 학교에서 교사처럼 수업을 하는 것이다.

이 정도는 되어야 교대 · 사범대에서의 교육이 살아 있는 교육이 될 수 있다. 이 정도는 되어야 교대 · 사범대가 진정한 교사 양성 기관이 될 수 있다. 그리고 이 정도는 되어야 교대 · 사범대 교수들이 내놓은 정책들이 살아 있는 정책이 될 수 있다. 대선 후보의 싱크탱크를 보라. 교육의 문제를 다루는데 전부 대학 교수들만 있다. 그들은 초 · 중 · 고등학교에서 수업을 해본 적이 없는 사람들이다. 있다 해도 교수가 되기 전에 잠깐 해본 것이 전부다. 학교 개혁에 대한 제대로 된 정책을 내놓는 데 한계가 있는 사람들이다. 그들이 내놓은 정책들이 학교를 바꿀 진짜 정책이 될 수는 없다. 하지만 그들이 실제로 학교에서 수업을 해본다면 모든 게 달라질 것이다.

얼마 전 언론에 교육부와 교육과정평가원이 교사임용시험제도 개선에 착수하고, 필기시험에서 교육학을 제외하는 방안을 추진 중이라는 기사가 나왔다. 대찬성이다. 그런데 나의 논거는 교육부와 전혀 다르다. 교육부가 교육학을 제외하려는 이유는 "공교육을 하겠다는 교사들이 사교육으로 길러진다는 게 말이 되느냐"는 것이다. 즉, 임용고시에서 교육학을 제외하려는 교육부의 목적은 공교육의 교사가 되려는 사람들이 학원에 가서 임용시험을 준비하는 '모순'을 줄이는 데 있는 것이다. 전혀 말이 안 되는 것은 아니지만 나의 생각은 이보다 더 근본적이다. 임용시험에서 교육학을 배제해야 하는 진짜 이유는 대학에서 배운 교육학 이론이 대한민국 학교의 현실에서 전혀 쓸모가 없기 때문이다. 하물며 교사임용고시에 합격하기 위해 공부하는 교육학이 과연 쓸모가 있을까? 그따위 공부는 학교 현장에서 학생을 교육하는 데 아무런 힘을 주지 못한다. 시간 낭비일 뿐이다.

교육학만이 아니다. 국어교육의 이론, 영어교육의 이론 등 전공과 관련한 교육이론들도 별 쓸모가 없다. 결국 교사가 되고자 하는 사람이 사범대 국어교육과에서 공부하나 인문대 국어국문학과에서 공부하나 아무런 차이가 없는 것이다. 사범대의 영어교육과에서 공부하나 인문대의 영어영문학과에서 공부하나 마찬가지인 것이다. 도대체 사범대는 무엇 때문에 존재해야 하는가? 사범대의 국어교육과는 인문대의 국어국문학과와는 달라야 한다. 사범대의 영어교육과는 인문대의 영어영문학과와는 달라야 한다. 사범대의 교수 역시 인문대의 교수와 달라야 한다. 어떻게 달라질 수 있는가? 중 · 고등학교에서 수업을 해보면 달라질 수 있다. 더불어 교대 · 사범대 교수들 중 상당수는 현장 교사로 채워져야 한다. 석사 · 박사 학위 없는 현장 교사들이 얼마든지 교대 · 사범대에서 교수가 될 수 있어야 한다.

교대 · 사범대가 학교와 단절되어 있다면 교대 · 사범대의 존재 이유는 없다. 물론 현 상황에서도 초등학교 교사를 양성하는 교대가 존재해야 할 이유는 어느 정도 있다. 하지만 중 · 고등학교 교사를 양성하는 사범대의 존재 이유는 조금도 없다.

5. 교장의 수업 참여– 교장이 수업을 하면 학교가 변한다

학교 교직원의 서열을 생각하면 학교는 교육기관이 아니다. 학교 교직원의 위계서열을 따져보자. 교감이 2명인 학교도 꽤 되지만 1명인 경우로 생각해보자.

1위– 교장

2위- 교감

3위- 행정실장

4위- 교무부장

5~16위- 각 부 부장

위계서열 1~3위는 수업을 전혀 하지 않는다. 교감이 2명인 경우는 1~4위가 전혀 수업을 하지 않는다. 행정실장은 애초부터 교사가 아니었으니 수업을 해본 적도 없다. 교장과 교감은 수업을 해본 사람들이지만 언제부턴가 수업을 그만둔 사람들이다. 장학사를 거쳐 교장·교감이 된 사람은 10년 훨씬 전부터 수업을 그만둔 경우가 많다.

교무부장을 비롯한 각 부의 부장은 수업을 하지만 그들의 지위와 권한은 수업에서 나오지 않고 사무행정업무에서 나온다. 그들은 부장이란 이유로 일반 교사에 비해 수업을 적게 한다. 그들이 수업을 적게 하는 것은 제도적으로 보장되어 있지 않지만 대개 관습적으로 그렇게 한다. 대부분의 교장이 그것을 원한다. 순종을 대가로 한 일종의 특혜인 것이다. 부장들이 하지 않는 수업은 일반 교사들이 대신 감당해야 한다.

이런 대한민국의 학교가 제대로 된 교육을 할 수 있다면 오히려 그것이 비정상적이다. 교장, 교감, 부장, 교사 모두는 자신도 모르는 사이에 수업 경시 풍조를 내면화하고 있다. 그래서 자신들이 수업을 경시하고 있다는 사실 자체를 자각하지 못한다. 수업에 대한 경시가 그들이 생활하는 학교의 제도와 문화를 통해 자연스럽게 이루어지고 있기 때문이다. 그렇지만 지금의 학교제도에서도 교장·교감이 수업을 하면 이런 풍조가 상당히 달라질 수 있다.

교장·교감에게 수업을 많이 하라는 것도 아니다. 일반 교사의 3분의 1 내지 4분의 1 정도만 하면 된다. 그래도 학교의 분위기는 지금과 많이 달라질 것이다. 교장·교감은 체면을 봐서라도 수업을 잘하려 할 것이다. 교육에서 멀어진 마음이 다시 교육으로 돌아와 진심으로 교육에 마음을 쓰게 될 것이다. 승진을 꿈꾸는 교사들의 마음을 수업으로부터 멀어지지 않게 만들 것이다.

교장·교감이 수업에 참여하는 것의 장점은 이것만이 아니다. 교장·교감이 수업에 참여하면 그들도 결국은 학교 개혁을 요구하게 될 것이다. 교장·교감의 상당수는 이미 오래전에 수업 능력을 상실했지만 설사 그들이 뛰어난 수업 능력을 가지고 있다 해도 지금의 교실에서는 절망할 수밖에 없을 것이다. 우리나라 학교의 문제는 단순히 교사가 교실에서 수업을 더 열심히 한다고 해서 해결될 성질이 아니기 때문이다. 학교의 문제는 이미 그런 수준을 넘어서버렸다. 교장이 그것을 뼛속 깊이 체험하려면 직접 교실에서 그 절망과 좌절을 맛봐야 한다. 지금까지는 장학사가 되고, 교감이 되고, 교장이 되면 그 절망의 상황에서 도망칠 수 있었다. 그러나 교장이 수업을 하게 되면 그 누구도 교실에서 도망칠 수 없다. 그러면 이제 장학사와 교감, 교장이 학교 개혁의 방해꾼이 아니라 학교 개혁의 강력한 요구자가 될 수도 있을 것이다.

6. 정책 실현을 위한 전략적 고찰

	필요 예산	기득권 세력의 저항	기존 제도와의 충돌	좌파의 이념적 성향에 따른 반대	우파의 이념적 성향에 따른 반대
학교 도서관 활성화	★★★	★	★	★	★
수학능력시험 문제 겉멋 제거- 문제 유형의 단순화	★	★★	★	★	★
청소 직원에 의해 유지되는 깨끗한 학교	★★★	★	★	★	★
교대·사범대와 학교의 연계성 강화	★	★★★★★	★★	★	★
교장의 수업 참여	★	★★★★★	★	★	★

(★: 거의 없음 ★★★★★: 상당히 많음)

비교를 위해 BIG 6를 같은 방식으로 표현해보면 다음과 같다.

	필요 예산	기득권 세력의 저항	기존 제도와의 충돌	좌파의 이념적 성향에 따른 반대	우파의 이념적 성향에 따른 반대
중·고등학교의 무학년학점제- 수준별 맞춤형 수업	★★	★★	★★★★★	★★★★	★
학급당 학생 수 20명 이하로의 감축	★★★★★	★	★	★	★
교육과 사무행정의 분리 - 교육 중심의 학교제도	★	★★★	★	★	★
교장자격증제 폐지와 교장공모제를 통한 교장 선출	★	★★★★★	★	★	★
교과서 자유발행제도 및 교과서 자유선택제도	★	★★★★	★	★	★★★
특목고·자사고 폐지와 고교평준화 확대	★	★★★★★	★	★	★★★★★

('교육과 사무행정의 분리'의 필요 예산에서 ★이 하나인 것은 빅딜 제안을 실행했을 때의 경우이다.
국가 예산으로 실행하면 ★★★★가 된다.)

제2부

교육 논쟁의
지평을
넓히기 위한
고찰

진보와 보수(좌파와 우파)의 교육에 대한 주장과 담론들은 많은 경우
생산적이지 못하다. 교원평가제에 대한 주장들은 대부분 아예
잘못된 전제에서 논의가 전개되었다. 학교에는 (교원)근무평정이라는
교원평가제도가 엄연히 존재함에도 불구하고 사람들은 마치
교사를 평가하는 제도가 세상에 존재하지 않는 것처럼 행동했다.
근무평정의 폐해를 직시하기는커녕 그것이 존재하지도 않는 것처럼
주장을 펼쳤다. 그러니 교원평가에 대한 진보와 보수의 주장들이 학교교육에
생산적인 기여를 하지 못하는 것은 당연하다.
전교조에 대한 진보와 보수의 주장들은 전형적인 당파 싸움의 모습을 보였다.
진보는 일방적으로 옹호하고 보수는 무조건 비난만 할 뿐이었다.
당연히 전교조는 이러한 논쟁에서 반성과 성찰의 기회를 찾을 수 없었다.
무조건 옹호하는데 무슨 반성이 필요하겠는가?
무조건 비난만 하는데 어떻게 그들의 비난을 받아들인단 말인가?
무상급식을 사이에 두고 펼쳐진 주장들도 썩 생산적이지는 못했다.
복지의 측면에서는 나름 의미가 있었을지 몰라도 교육의 측면에서는
별로 생산적이지 못했다. 무상급식을 둘러싼 진보와 보수의 논쟁은
학교교육의 핵심 문제와는 큰 관련이 없이 진행되었다.
우리는 교육에 대한 담론의 수준을 높여야 한다.
그래야 우리의 주장과 논쟁이 학교교육의 발전에 기여할 수 있다.

제1장

교원평가제를
어떻게 볼 것인가?

1. 교원평가제는 계륵인가?

교원평가제는 국민들이 생각하는 것에 비해 효과가 그리 크지 않을 것이다. 학교를 그다지 유능하게 만들지 못할 것이다. 교원평가제가 국민들의 주목을 받을 때 학교 개혁의 근원적 처방으로 이야기하는 사람들이 많았는데, 일반 국민들이야 그렇게 생각할 수 있다 해도 교육 전문가란 사람들이 언론을 통해 그런 말을 마구 하는 것은 이해하기 어렵다.

대부분의 국민들이 교원평가제를 지지하는 이유는 사실 간단하다. 교사를 평가해서 유능한 교사에게 이익을 주고 무능한 교사에게 불이익을 준다면 학교교육의 질이 크게 좋아지리라는 것이다. 이론적으로는 분명 그렇다. 하지만 실제 현실 속에서는 유능한 교사와 무능한 교사를 쉽게 구별하기 힘들다.

언어와 현실은 다르다. 하늘의 무지개는 빨주노초파남보 7가지 색

깔이라고 한다. 자, 그러면 하늘의 무지개를 사진으로 찍은 후에 빨주노초파남보 7가지 색깔을 각각 가위로 오려보자. 금세 난관에 봉착한다. 도대체 그 분명한 경계가 어디란 말인가? 정확하게 하고자 할수록 더 어려운 일이 된다. 분명한 경계가 없기 때문이다. 봄, 여름, 가을, 겨울의 4계절만 해도 분명한 경계선이란 없다. 이렇게 분명한 경계는 우리의 언어에만 존재하는 경우가 많다.

사물과 계절의 경우도 그러한데 하물며 인간의 능력은 어떻겠는가? 인간의 능력을 나누는 기준이란 더 복잡하고 애매하다. 게다가 교사의 교육활동은 사회의 다른 일보다 애매성이 훨씬 크다. 교육활동의 결과가 돈으로 환산되지 않고 눈으로 확인할 수 있는 어떤 사물의 형태로도 드러나지 않기 때문이다. 도대체 어떻게 해서 유능한 교사와 무능한 교사를 나눌 것인가? 이것을 잡음 없이 정확하게 하려면 너무나 많은 에너지를 쏟아야 한다.

학원에선 그렇게 하고 있는데 왜 학교는 못 하느냐는 반박이 있을 수 있겠다. 여기에는 많은 오해가 있다. 학원의 실상은 많은 사람들이 알고 있는 것과 다르다. 학원에서는 오히려 강사들 간에 임금 차이가 없는 경우가 많다. 강사를 평가해서 임금 차이를 두는 학원은 거의 없다. 우리의 상식과는 다르게 학원의 임금 체계는 능력의 차이에 따라 불평등하기보다는 능력에 관계없이 평등한 경우가 더 많다. 왜 그럴까? 강사들의 능력에 따라 임금을 차별하는 것은 강사들의 경쟁을 촉발하여 능력을 신장시킬 수 있는 장점이 있지만 다른 한편으로는 학원의 안정성을 크게 해치기 때문이다.

학생들의 강사 선택권을 100% 보장하고 학생들의 선택 여부에 따라 강사들의 임금이 크게 차이 나는 곳은 학원 중에서도 단과학원이다. 단과학원은 한 달 단위로 학생들이 강사를 선택하게 하며 강사를 선택한 수강생의 숫자에 따라 강사에게 보수를 지급한다. 학생의 한 달 수강료가 10만 원이면 이 중 강사에게 돌아가는 몫은 대개 50%이다. 만약 어떤 강사의 그달 수강생이 100명이라면 그가 받는 돈은 '5만 원×100명= 500만 원'으로 계산된다. 만약 다음 달에 그 강사의 수강생이 50명으로 줄었다면 강사가 받는 돈은 '5만 원×50명= 250만 원'으로 계산되어 절반으로 줄어든다. 철저하게 학생의 선택을 보장하고 강사에게는 수강생 수에 따라 보수를 지급하는 것이다. 그야말로 강사의 능력에 따라 보수가 천차만별이다.

그러나 이런 식의 단과학원은 학원의 주류가 아니다. 학원의 주류는 흔히 종합학원이라고 하는 학원이다. 종합학원을 선택한 학생들은 학원이 지정해준 반에 들어가 학원이 지정한 강사의 강의를 들어야 한다. 이런 종합학원은 능력에 따른 차이를 두지 않고 강사들에게 임금을 지급한다. 임금의 차이가 생기는 경우는 오직 강사의 수업 시수에 따라서이다. 학교 교사들의 임금은 교직 경력에 따라서 차이가 나는데, 학원에서의 임금은 오직 수업 시수에 의해서만 차이가 나는 것이다. 어느 종합학원의 시간당 임금이 6만 원인데 어떤 강사가 한 달에 100시간의 수업을 했다면 이 강사의 임금은 '6만 원×100시간= 600만 원'이 된다. 학원에 따라 시간당 임금의 차이는 천차만별이지만 한 학원 내에서의 임금은 학교에 비해서도 더 획일적으로 평등하다. 따라서 한 학원 내에서 강사들의 경쟁은 생각보다 치열하지 않다. 제법 안정성 있는 인간관계를 이루고 있으며 학원의 발전을 위해 서로 협력한다. 덕분에 강사들의 직업적 안정성도 웬만큼 유지되고 있으며 학원 전체가 평화로운 분위기를 형성하고 있다.

이러한 보수 체계를 생각하면 단과학원이 종합학원을 압도할 것으로 여겨질 수 있다. 능력에 따라 잔인할 정도로 임금 격차가 벌어지는 단과학원의 강사들이 더 치열하게 노력할 것으로 생각되기 때문이다. 그러나 이름이 알려진 명문 학원들은 대부분 종합학원이다. 강사들의 임금 체계가 학교보다 더 평등한 종합학원 쪽에 이름난 명문 학원이 더 많은 것이다. 대입 재수학원의 경우 명문 학원은 거의 다 종합학원이다. 온라인 강의에서는 메가스터디가 대세이지만 오프라인의 주류는 역시 종합학원이다. 중학생이 다니는 특목고 학원도 이름이 난 명문 학원은 거의 종합학원이다. 이렇게 대부분의 명문 학원들은 일반 사람들이 생각하는 것과는 달리 강사들을 무한 경쟁으로 몰아넣지 않는다. 강사들끼리의 경쟁도 중요하지만 학원의 안정적인 분위기와 강사들의 소속감, 이로 인해 학생들이 학원에서 느끼는 심리적 안정도 중요하기 때문이다.

왜 종합학원은 학교보다 더 평등한 보수 체계를 도입했을까? 아마도 단과학원의 형식을 취하지 않고서는 능력의 차이에 따라 보수의 격차를 두는 것이 현실적으로 불가능했기 때문일 것이다. 학원 강사의 수업에 대한 학생 평가가 존재하는 경우도 많지만 이것이 보수에 영향을 주지는 않는다. 아마 그렇게 하는 종합학원이 있다면 그 학원은 갈등과 대립 속에서 공중분해될 가능성이 적지 않을 것이다.

교원평가가 호랑이 역할을 제대로 하려면 그 평가에 따른 임금 격차가 매우 커야 한다. 그러나 그렇게 되면 교육이 갖는 특성으로 인해 일반 회사보다 훨씬 더 큰 부작용과 혼란이 생길 것이다. 그 부작용과 혼란이 두렵기 때문에 대부분의 명문 종합학원도 시도하지 않는 것을 학교에서 실행하기란 쉽지 않다. 결국 교원평가는 온건하게 시행될 수밖에 없다. 그런데 이는 교원평가의 효력이 약할 수밖에 없다는 것을 뜻한다. 왜 이명박 정부는 교원평가제의 법제화를 아직도 못하고 있는가? 전교조가 반대해서? 소가 웃을 일이다. 이명박 정부가 교원평가제의 법제화에 머뭇거리는 진짜 이유는 다른 데 있다.

그중 하나는 (온건한) 교원평가제를 시행해봤자 국민들의 기대를 충족시킬 수 없다는 데에 있다. 그동안 이명박 정부와 보수언론은 교원평가제에 대한 기대치를 너무 높여 놓았다. 교원평가제가 법으로 만들어지면 교사들도 학원 강사만큼 수업 잘하게 돼서 사교육이 없어질 것처럼 말이다. 처음엔 진짜 그렇게 생각했을 수도 있다. 하지만 시간이 지나면서 그들도 조금씩 교원평가제가 종이호랑이에 불과할 수밖에 없다는 점을 깨달았을 것이다. 또 다른 하나는 교원평가제를 진짜 호랑이로 만들었을 때의 부작용을 감당하기 어려웠을 것이다.

학원이라고 해서 다 강사들을 엄격히 평가해 유능한 강사에겐 보수를 많이 주고 무능한 강사에겐 보수를 적게 주는 건 아니다. 대부분의 종합학원은 시간당 강의료가 동일하다. 돈을 더 벌려면 수업을 많이 해야 한다. 차별로 인한 갈등, 대립, 이직 등의 부작용을 감당하기 어렵기 때문이다. 그렇게 해서는 강사들의 협력을 유도할 수 없고 학원의 안정성을 유지할 수 없기 때문이다. 학원도 그러한데 하물며 학교는 어떻겠는가?

이러한 이유에서 교원평가제는 이명박 정부라 해도 과감하게 도입하기 어려운 제도이다. 교원평가제는 강하게 실행하면 부작용과 혼란이 크고, 약하게 실행하면 파급효과가 떨어지는 딜레마를 가지고 있다. 그래서 교원평가제는 국민들이 기대한 것보다 학교교육에 크게 기여하기 어렵다. 생각보다 먹을 것이 많지 않은 제도이다.

전혀 방법이 없는 건 아니다. 운영의 묘를 잘 살리면 상당한 긍정적 효과를 거둘 수도 있다. 그것은 교원평가를 교장 임용과 강력하게 연계시키는 것이다. 교장 임용에 나설 수 있는 자격을 얻으려면 교원평가에서 높은 점수를 받아야만 하는 규정을 둠으로써 교원평가의 파급력을 높이는 것이다. 이는 교원평가제로 인한 갈등과 혼란을 크게 하지 않으면서 교원평가제의 파급력을 크게 할 수 있는 방법이다. 하지만 이명박 정부는 결코 이러한 교원평가제를 도입할 수 없다. 교원평가제를 원하는 사람들은 이명박 정부에게 강력한 교원평가제의 시행을 기대하고 있는 듯하지만 이런 기대는 조금도 이루어지지 않을 것이다. 왜냐고? 제법 긴 설명이 필요하다.

2. 교원평가제에 대한 진보와 보수의 입장

조금 의아한 이야기일 수 있지만, 교원평가제에 대한 진보좌파와 보수우파의 입장은 생각보다 많이 차이가 나지 않는다. 언뜻 보면 좌파는 교원평가를 반대하고 우파만이 교원평가를 찬성하는 듯하지만 그것은 사실과 다르다. 무엇보다 교원평가제는 우리나라의 이념적 지도에서 흔히 좌파라 일컬어지는 노무현 정부 때 본격 추진되던 정책이었다. 이명박 정부는 노무현 정부의 정책을 이어받아 계속 추진하는 것에 불과하다.

우파는 교원평가제를 찬성하고 좌파는 반대한다는 생각은 좌파 교원단체인 전교조의 행동에서 비롯된 측면이 크다. 전교조의 반대 입장과 반대 행동이 너무 크게 부각되는 바람에 국민들은 좌파만이 교원평가제에 반대한다는 느낌을 받게 된 것이다. 하지만 교원평가제를 반대한 교원단체는 전교조만이 아니었다. 우리나라 최대 교원단체인 우파 성향의 교총 또한 교원평가제를 일관되게 반대했다. 다만 그들은 전교조처럼 드러내놓고 투쟁하지 않았을 뿐이다. 교총이 전국대표자대회를 열어 교원평가 수용을 결정한 것은 2009년 8월로 결코 오래된 일이 아니다. 교총이 교원평가제를 수용하기로 결정했다는 언론 기사를 본 일반 국민들은 아마 상당히 의아했을 것이다. '교총은 교원평가제를 찬성한 것이 아니었나?'

절대로 아니었다. 그들은 교원평가제를 반대했다. 그들이 교원평가제를 찬성한다고 인식되었던 것은 전교조 때문에 발생한 착시 현상에 불과하다. 전교조가 반대하니 교총은 찬성하리라는 생각은 우리나라 이념 지형에서는 상당히 자연스러운 것이다. 하지만 분명히 말하건대 교총은 반대했다. 결국 정부 차원에서 보면 좌파와 우파 정권 모두 교원평가제를 찬성했고, 교원단체의 차원에서 보면 좌파의 최대 교원단체와 우파의 최대 교원단체가 모두 반대했다. 물론 언론의 차원으로 가면 우파 신문들이 교원평가제에 대해서 더 강력한 찬성의 태도를 보인 것은 분명하다. 우파 신문들은 교총의 반대 입장은 완전히 숨겨두고 전교조의 반대 입장만 부각시켰고, 좌파 신문들은 전교조에 얽매여 교원평가제에 애매모호한 태도를 보였다.

국민 대다수가 교원평가제를 찬성하고 있고, 학교의 무능 문제를 해결하기 위해서는 새로운 평가제도가 필요하다는 관점에서 보면 교원평가제 논쟁에서는 우파의 손을 살짝 들어줘도 될 듯하다. 우파의 판정승을 선언해도 되는 것이다. 하지만 이 또한 내막을 자세히 알면 이야기가 달라진다. 교원평가제를 통해 국민들이 이루려 했던 학교 개혁은 철저히 배신당할 것이 분명한데 그 책임의 상당 부분은 우파인 이명박 정부에 있기 때문이다. 이명박 정부와 한나라당이 주도적으로 추진하고 있는 교원평가제가 국민들의 기대를 철저히 배반하리라는 점을 독자들에게 이해시키는 것은 쉽지 않다. 많은 설명이 필요하다.

사실 지금까지 교원평가제라는 말을 써왔지만 이 말은 정확한 제도적 용어가 아니다. 정확한 이름은 '초·중등교육법 일부 개정 법률안'[12] 내의 '교원능력개발평가'이다. 초·중등교원을 평가한다는 항목을 신설하는 것을 우리가 그동안 교원평가제라고 부른 것이다. 이 초·중등교육법 일부 개정 법률안은 2009년 4월에 교육과학기술위원회에서 여야 합의로 통과되었지만 2011년 현재까지 본회의를 통과하

---

12) **초·중등교육법 일부 개정 법률안**

초·중등교육법 일부를 다음과 같이 개정한다.

제9조의 2를 다음과 같이 신설한다.

제9조의 2(교원능력개발평가등)

1. 교육과학기술부장관 및 교육감은 교원의 전문성이 지속적으로 향상될 수 있도록 능력개발을 지원하기 위하여 교원능력개발평가 및 만족도 조사(이하 "교원능력개발평가등"이라 한다)를 실시한다.
2. 교원능력개발평가는 교사의 수업지도 및 학생지도, 교장 및 교감의 학교운영을 대상으로 그 학교 교원의 평가에 의하여 실시하며 만족도 조사는 학생의 수업만족도 조사, 자녀의 학교생활에 대한 학부모의 만족도 조사를 포함한다. 다만 수업을 담당하지 아니하는 교사에 대하여는 수업지도에 대한 평가 및 학생의 수업만족도 조사를 실시하지 아니할 수 있다.
3. 제2조에 따른 학교의 교원에 대하여 특별한 경우를 제외하고 매년 교원능력개발평가등을 실시한다.
4. 교원능력개발평가등에 관한 다음 각 호의 사항을 심의하기 위하여 시·도교육청 및 학교 등에 교원능력개발평가관리위원회(이하 '평가관리위원회'라 한다)를 둔다.
   ①교원능력개발평가등의 시행 계획 수립 및 시행에 관한 사항
   ②교원능력개발평가등의 세부적인 기준 및 방법에 관한 사항
   ③교원능력개발평가등의 결과에 따른 능력개발 지원 계획에 관한 사항
   ④그 밖에 교원능력개발평가등의 관리를 위하여 필요한 사항
5. 평가관리위원회는 교원, 학부모, 외부전문가, 교육청 관계자 등 5인 이상 11인 이내로 구성한다.
6. 교육과학기술부장관과 교육감 및 학교장은 교원능력개발평가등의 결과를 대통령령으로 정하는 바에 따라 교원의 능력개발 지원을 위한 연수 등의 자료로 활용하여야 한다. 이 경우 능력개발을 위한 지원이 필요하다고 판단되는 소속 교원에 대하여 연수 등을 부과할 수 있다.
7. 교원능력개발평가등의 대상, 평가관리위원회의 구성 운영, 평가 내용 및 방법, 결과의 활용 및 지원 등 그 밖에 교원능력개발평가등에 필요한 사항은 대통령령으로 정한다.

지 못하고 있다. 일반 국민이 이 법률안만을 보아서는 왜 교원평가제가 철저히 배신당할 것인지를 알기 어렵다. 이에 대해서는 자세한 설명이 필요하다.

일단 결론부터 말하면 이명박 정부의 교원평가제는 학교교육에 별 영향을 미치지 못한다. 성과급제도가 걸어간 실패의 길을 철저하게 똑같이 걸어갈 것이다. 지금 이명박 정부와 한나라당이 주도해서 만드는 초 · 중등교육법 일부 개정 법률안(교원능력개발평가– 교원평가제)은 종이호랑이에 불과하기 때문이다.

3. 교원평가제에 대한 오해 그리고 잘못 설정된 쟁점

많은 사람이 잘못 생각했던 것과는 달리 교사를 평가한다는 의미에서의 교원평가제도는 벌써부터 존재하고 있었다. 그것도 아주 오랫동안 존재했다. 다만 그것이 '교원평가'라는 이름이 아니라 '근무평정(근무성적평정)'이라는 이름으로 불렸을 따름이다. 오랜 동안 교사에 대한 평가제도가 존재해왔음에도 불구하고 많은 사람이 교사평가제도가 아예 존재조차 하지 않는다고 잘못 생각하게 된 데는 여러 가지 이유가 있지만 근무평정에 더하여 추가로 도입하려는 평가제도를 '교원평가제'라고 부른 것이 가장 큰 원인이었다.

교원평가제라는 이름은 사람들에게 혼동을 줄 수 있는 참 애매하고 막연한 말이다. 교원평가제는 초 · 중등교육법 일부 개정 법률안에 신설되는 제9조의 2(교원능력개발평가등)를 가리키는 이름이다. 하지만 다른 한편으로 이 말은 교사에 대한 평가라는 일반적인 의미를 갖는다. 그래서 교원평가라는 말을 듣는 순간 사람들은 그것을 근무평정이라는 평가제도와 동시에 존재하게 될 또 하나의 교사평가제도로 받아들이기보다는 교사에 대한 평가제도의 전부라고 생각하게 된다. 그동안 우리나라에는 교사에 대한 아무런 평가제도도 없었다고 생각하게 된다. 교사평가제도가 이미 존재한다면 교사를 평가하려는 제도를 또 다시 도입할 리 없을 테니까 말이다. 전교조까지 나서서 교원평가제를 적극적으로 반대하니까 국민들은 더더욱 우리나라에는 교사에 대한 평가가 전혀 존재하지 않았다고 생각할 수밖에 없었던 것이다.

그러나 우리나라에는 근무평정이란 이름으로 교원평가가 엄연히 존재하고 있었고, 이에 덧붙여 또 하나의 평가제도가 도입되려 하고 있는데 그 이름이 '교원평가제' 라 불리는 것이다. 따라서 교원평가라는 이름의 새로운 평가제도가 도입되면 교원평가제는 사실상 2개가 되는 셈이다. 근무평정과 교원평가제. 그런데 이렇게 해서는 교사에 대한 평가라는 일반적 의미의 교원평가와 정부가 새롭게 도입하려는 교원평가제도를 도저히 구별할 수가 없다. 대부분의 국민들은 최근 몇 년 사이에 법제화가 시도되고 있는 교원평가제도를 교사에 대한 평가 일반을 뜻하는 교원평가와 자꾸 헷갈린다. 또 교사평가제도 전반을 설명하고자 하는 사람도 이것 때문에 설명을 제대로 할 수 없는 어려움을 겪는다. 근무평정의 존재를 알고 있는 사람조차도 교원평가라는 말을 사용하다 보면 언어가 가진 어떤 힘에 이끌려 수십 년간 교사평가제도로서 막강한 힘을 휘둘러왔고 앞으로도 그럴 가능성이 큰 근무평정은 왠지 별것 아닌 것처럼 생각하게 되고 이제 막 도입하려는 교원평가제는 아주 대단히 것으로 생각하게 된다.

이래선 참 곤란하다. 이래선 교사에 대한 평가제도 전반을 정확히 이해하기 어렵다. 앞으로 이 글에서 근무평정은 '교원근무평정' 이라 부르겠다. 근무평정은 교사뿐만 아니라 모든 공무원들이 받는 평가이기 때문에 교원근무평정이란 이름이 정확하다곤 할 수 없지만 교사들이 받은 근무평정이라는 의미에서 교원근무평정이라 부르겠다. 그래야 교사에 대한 평가제도라는 느낌을 잘 전달할 수 있다. 그리고 교사에 대한 평가 전반을 뜻하는 말로는 교원평가라는 말을 쓰지 않고 '교사평가'라는 말을 쓰겠다. 앞으로 시행될, 사람들에게 널리 알려진 용어인 '교원평가제'와 구별하기 위해서다. 지금까지 언급한 교사에 대한 평가제도를 수학적 표현을 빌려 간결하게 나타내보자.

교원평가제가 실시되기 전 ⟶ [교사평가제도=교원근무평정]
앞으로 교원평가제가 실시되면 ⟶ [교사평가제도=교원근무평정+교원평가제]

*교원평가제의 특징은 학생과 학부모가 평가의 주체로 참여한다는 점이다. 애초에 교원평가제는 학생과 학부모가 교사의 수업을 직접 평가한다는 취지에서 도입하려 했던 것이다. 그러나 법안의 내용이 계속 변하면서 학생과 학부모의 평가만을 그 내용으로 하는 것이 아니라 학교 관리자들의 평가까지도 포함하는 쪽으로 변화하고 있다.

그런데 문제는 이런 용어상의 오해가 오해로만 그치지 않는다는 데있다. 이것은 교원평가제를 도입할 때 당연히 사회적으로 쟁점이 되었어야 할 것을 쟁점으로 떠오르지 못하게 만들었다. 대신 무의미한 쟁점을 하나 만들었다. 즉, 쟁점에 중대한 변질이 일어나게 만든 것이다. 교원근무평정제도의 존재를 제대로 인식했다면 교원평가제가 도입된다고 할 때 사람들은 다음과 같은 의문을 가졌어야 했다.

"교원근무평정이라는 교사평가제도가 존재함에도 불구하고 왜 굳이 추가로 또 하나의 평가제도를 도입해야 하는가?"

이런 의문이 떠올랐다면 사람들은 '교원근무평정'에 대해 알고자 했을 테고 당연히 교원근무평정제도의 폐해와 문제점을 알게 되었을 것이다. 그래서 다음과 같은 질문을 던졌을 것이다.

"그렇다면 이미 존재해왔던 '교원근무평정'과 여기에 추가되는 '교원평가제'의 관계는 무엇인가?"

"'교원근무평정'을 그대로 둔 채 실시되는 '교원평가제'는 학교교육을 변화시킬 수 있을 것인가?"

그랬다면 쟁점은 이렇게 형성되었을 것이다.

"'교원근무평정'을 그대로 둔 채로 '교원평가제'를 도입할 것인가, 아니면 폐지하고 도입할 것인가."

마땅히 쟁점은 이렇게 형성되었어야 했다. 그러나 '교원평가'라는 이름이 갖는 마술적 효과로 사람들은 이전에는 교사에 대한 평가가 없었다고 생각하게 되었고 쟁점은 이렇게 바뀌어버렸다.

"(교사에 대한 평가제도는 존재하지 않는다.) 교사평가에 대한 평가제도를 도입할 것인가, 말 것인가?"

쟁점이 이렇게 바뀌었으니 더 이상의 논쟁이 일어날 여지도 없게 되었다. 교원평가제를 찬성하는 사람이 던지는 다음과 같은 아주 단순한 질문 하나로 상황은 끝난 것이나 마찬가지였다.

"다른 사람들은 모두 평가를 받고 있는데 교사만 아무런 평가를 받지 않는다는 것이 말이 되는가? 대부분의 학생과 학부모가 학교보다는 학원을 더 신뢰하고 의지하는 상황에서 교사만이 평가를 거부하는 것이 있을 수 있는 일인가?"

실제로 당시 한 인터넷 게시판에는 '북한의 교사들도 평가를 받는데 남한의 교사들만 평가를 받지 않는다는 게 말이 되느냐'는 내용의 글이 올라오기도 했다. 정답은 뻔히 정해져 있었다. '교사도 평가를 받아야 한다. 따라서 교원평가제를 해야 한다.' 그러니 교원평가제와 관련된 다른 논의는 이루어질 수 없었다.

'교원평가제가 어떤 내용을 갖춰야 학교교육을 정상화하는 데 기여할 수 있는가', '교원평가제가 성공하려면 정부는 무엇을 어떻게 해야 하는가', '교원평가제에 맞춰 학교의 제도와 구조는 어떻게 변화해야 하는가' 하는 논의는 사회적 차원에서 깊이 있게 이루어질 수 없었다.

이러한 상황에서 교원평가제의 입법화가 계속 진행되어왔다. 지금까지 진행되고 있는 상황만을 고려한다면 교원평가제는 그 성공의 조건을 제대로 갖추지 못한 채 시행될 가능성이 매우 크다. 이는 교원평가제가 시행되어도 학교교육을 변화시키는 데는 별다른 역할을 하지 못할 것이라는 점을 암시한다.

결국 교원평가제는 아무것도 아닌 제도에 불과한 것으로 남을지 모른다. 겉보기에는 힘이 셀 것 같지만 사실은 아주 약한, 종이호랑이와 같은 제도가 될 것이다. 또는 제구실을 전혀 하지 못하고 그럴듯한 이름으로서만 존재하는, 허수아비와 같은 제도가 될 것이다.

4. 교원근무평정제도의 폐해

교원근무평정이란 평가제도가 학교교육 발전에 있어 제 역할을 잘하고 있다면 굳이 '교원평가제'라는 또 다른 평가제도를 도입할 필요성은 별로 없을 것이다. 그러나 교원근무평정이 아무런 역할도 하지 못하고 있다면 새로운 평가제도를 도입할 필요성은 매우 커진다.

교원근무평정은 학교교육 발전에 아무런 기여도 하지 못하고 있었다. 이것은 너무나 명확한 사실이기 때문에 논쟁의 여지가 없다. 학교사회를 조금이라도 아는 사람이라면 여기에 눈곱만큼의 반론도 제기하지 않을 것이다. 단순히 아무 기여를 못 하는 정도가 아니라 학교교육을 침체시키는 주범이라고 주장할 것이다. 교원근무평정은 학교교육을 망치는 독버섯이라고 단언할 것이다.

무엇보다 교원근무평정에서 높은 평가점수를 받는 교사는 대부분의 경우 국민들이 생각하는 그런 능력 있는 사람이 결코 아니다. 교원근무평정에서 높은 평가점수를 받는 교사들이 능력 있는 사람이 아니라는 나의 말에 독자들은 아마도 이렇게 말하고 싶을 것이다.

'능력이 뛰어나지 않은 사람이 능력이 뛰어난 사람을 제치고 높은 평가를 받거나 출세를 하는 것은 교직 사회에만 있는 현상이 아니다. 그런 일은 사회 어느 분야에나 존재한다. 맹목적 순종심, 아부, 로비, 지연, 학연이 능력보다 더 중요한 역할을 하는 것은 사회 어느 분야에나 있는 부조리이다.'

그러나 내가 교원근무평정제도의 문제점으로 지적하고자 하는 것은 그런 차원이 아니다. 사회 어느 분야에나 존재하는 보편적 부조리를 지적하고자 함이 결코 아니다. 나는 평가나 승진에서 능력이 아닌 다른 요소들, 즉 맹목적 순종심이나 로비, 아부 등이 사회 어느 분야에서나 꽤 중요한 역할을 하고 있다는 것을 잘 알고 있다. 그렇다면 나는 도대체 무엇을 말하려는 것일까. 이쯤에서 독자들은 아마 이런 생각을 할 것이다.

'그렇다면 교직 사회에서는 순종심이나 로비, 아부 등이 사회의 다른 분야보다 월등히 많이 요구된다는 말인가? 교직 사회의 부조리가 사회의 다른 분야의 부조리보다 현저히 크다는 말인가?'

내가 말하고자 하는 것은 이 같은 차원의 것도 아니다. 평가나 출세의 과정에서 나타나는 교직 사회의 부조리가 다른 곳의 부조리에 비해 얼마나 큰지를 살펴보는 일도 나름대로의 의미는 있을 것이다. 하지만 나는 그런 범주의 부조리에는 별로 관심이 없다.

내가 지적하려는 것은 학교 사회만이 가진 독특한 부조리이다. 세계에서 유일무이하다고 생각하는 대한민국 학교만의 독특한 부조리 현상이다. 그것은 바로 교사들에 대한 평가나 교사들의 승진이 아주 깨끗하게 이루어질 때조차도 교사들의 능력은 완전히 배제된다는 사실이다. 믿기지 않겠지만 이는 학교 사회의 냉혹한 현실이다. 대한민국 학교에서는 이것이 보편적인 현실이다.

여기서 말하는 교사의 능력에서 '능력'이라는 단어를 나는 매우 상식적인 의미에서 썼다. 즉, 교사의 능력이란 다른 게 아니라 '학생들을 잘 가르치는 능력'이다. 썰렁한가? '그게 무슨 하나마나한 소리인가? 그럼 교사의 능력이란 것이 학생들 잘 가르치는 능력이지 다른 어떤 게 더 있단 말인가?' 그런데 우리나라 학교에서 일반 국민들이 말하는 교사의 능력이 과연 학생들을 잘 가르치는 능력만을 의미할까?

이 글을 읽는 독자가 학부모라면 아마도 자녀들을 학원에 보내고 있을 것이다. 학원에 자녀들을 보내는 독자들은 분명 자신의 아이들이 능력 있는 학원 강사에게 수업을 받길 원할 것이다. 선택이 가능하다면 어떻게 해서라도 능력 있는 강사의 수업을 받도록 노력할 것이다. 그렇다면 능력 있는 강사란 누구인가? 당연히 학생들 잘 가르치는 강사이다. 너무나 당연하다. 어떤 사람이 능력 있는 강사라고 소문이 났다면 그는 수업 능력이 뛰어난 강사로 널리 인정받고 있는 사람인 것이다. 반면 학교에서는 어떤 교사가 능력 있는 교사라고 했을 때, 그 능력은 학생들 가르치는 능력이 아닐 때가 많다. 항상 그런 것은 아니지만 아닌 경우가 현저히 많다. 여기서 교육에 대한 나름의 철학이 있는 독자들은 이렇게 생각할 수도 있다.

'학교에서 교사의 능력을 말할 때는 수업 잘하는 능력뿐만 아니라 교사의 인품이라든가 학생들에 대한 인성지도 능력 같은 것까지 포함하는구나. 그런데 이건 바람직한 일 아닌가?'

그렇지만 이런 차원의 이야기가 아니다. 나는 학생들 잘 가르치는 능력을 단순히 수업 잘하는 능력만으로 좁게 보는 사람이 아니다. 나는 학생들 잘 가르치는 사람이라는 말을 학생들 인성지도 잘하고 학생들과 친밀하게 지낼 줄 아는 능력까지도 포함하는 넓은 의미로 사용하는 것에 찬성한다. 수업 능력은 조금 뒤질지라도 인성지도 잘하고 학생들과 교육적인 관계를 잘 유지하는 사람이라면 나는 그 사람을 학생들 잘 가르치는 사람이라고 얼마든지 인정할 수 있다. 한데 대한민국 학교에서 교사의 능력을 말할 때 그 능력은 수업 잘하는 능력을 일컫는 것도 아니지만 인성지도를 잘하거나 학생들과 친밀하고 교육적인 관계를 잘 유지하는 능력을 일컫는 것은 더더욱 아니다. 그러면 학교에서 말하는 능력은 어떤 능력일까? 그것은 사무행정업무 능력이다. 대개의 경우 학교에서 능력 있는 교사라고 할 때 그것은 사무행정업무 능력이 있는 교사를 말한다.

내가 앞에서 잠시 독자들을 지루하게 할 수도 있는 조금 이상한 글쓰기 방식을 취한 이유는 교사가 아닌 내 친구들과의 오랜 대화와 논쟁을 염두에 두었기 때문이다. 그 친구들은 교사에 대한 평가나 승진에서 학생들 가르치는 능력은 아무런 필요도 없다는 나의 말을 항상 상급자에 대한 아부나 로비, 순종심 등이 더 중요한 역할을 한다는 의미로 받아들였다. 또 그런 현상은 교사 사회만이 아니라 세상 어디에나 존재한다고 말했다. 친구들은 나를 세상 물정 모르는 순진한 사람으로 대하려 했다. 내가 여러 번 강조했음에도 불구하고 계속해서 그랬다. 그래서 나는 교직 사회의 특수한 현상을 일반 사람들에게 납득시키는 것이 여간 어려운 게 아니라는 생각 끝에 이런 글쓰기 방식을 택한 것이다. 나름대로 독자들을 이해시키기 위해 노력했지만 아직도 안심이 안 되니 이야기를 좀 더 해야겠다.

새로운 학원이 설립된다고 가정해보자. 학원의 설립자(원장)는 어떤 강사를 모으려고 혈안이 될까? 최대한 능력 있는 강사들을 모으려 할 것이다. 즉, 학생들 잘 가르치는 강사들을 고용할 것이다. 수업 능력이 없는 강사들을 채용했다가는 망하기 십상이기 때문이다. 반면 학교가 새로 설립된다고 생각해보자. 학교의 책임자(교장)는 어떤 교사들을 모으려고 노력할까? 대개의 경우 이때 교장이 실질적으로 고려하는 능력이 바로 사무행정능력인 것이다. 학생들 잘 가르치는 능력이 아니다. 맹목적 순종심이니 학연이니 지연이니 하는 것들을 다 제쳐 놓고 오직 능력만을 고려할 때도 그 능력이란 학생들 잘 가르치는 능력이 아니라 사무행정업무 능력인 것이다.

독자들이 학교 교무실이나 술집에서 교사들끼리 하는 이야기를 우연히 듣게 되었을 때, 교사들이 '홍길동 선생은 참 능력 있는 사람이다' 라는 말을 했다고 해서 홍길동 선생이 학생들을 잘 가르치는 사람이라고 생각해서는 안 된다. 홍길동 선생은 사무행정업무에 뛰어난 능력을 가진 교사일 가능성이 더 크기 때문이다. 마찬가지로 '홍길동 선생은 요즘 일이 많아 너무 바빠' 란 말을 들었다고 해서 홍길동 선생이 수업과 연구 때문에 바쁘다고 생각해서는 안 된다. 그런 경우도 적지는 않지만 사무행정업무 따위의 일로 바쁜 경우가 훨씬 더 많기 때문이다. 그러므로 그냥 막연히 교원평가를 통해 교사들을 경쟁하게 만들고 더 열심히 일하게 만들겠다는 생각으로 접근하면 안 된다. 우리나라 학교에서는 그 경쟁이라는 것이 사무행정업무를 중심으로 한 승진 경쟁인 경우가 많고, 그 열심히 하는 일이 사무행정이라는 일인 경우가 많기 때문이다.

학교의 시스템이 그렇게 되어 있다. 지금 존재하는 대부분의 교장, 교감, 장학사가 이런 시스템 속에서 승진을 했다. 그들이 아부나 로비활동 등을 통해서가 아닌 오직 그들의 능력만으로 정의롭게 승진했다고 해도 학생을 잘 가르치는 능력으로써가 아니라 주로 사무행정업무 능력으로 승진한 것이다. 그렇다고 그들이 학생들 잘 가르치는 능력도 뛰어날 수 있다는 점까지 부정하는 것은 아니다. 내가 말하려는 점은 그들이 학생들 잘 가르치는 뛰어난 능력까지도 함께 가지고 있다 해도 승진하는 데 가장 필요했던 능력은 학생들 잘 가르치는 능력이 아니라 사무행정업무 능력이었다는 것이다. 학생들 잘 가르치는 능력은 그가 그냥 우연히 가지고 있었던 능력에 불과하다. 이 같은 능력을 가지고 있으면 나쁠 것은 없겠지만 적어도 승진하는 데에는 큰 도움이 되지 않는다. 이처럼 교사의 능력과 성실을 말할 때 학교에서 받아들이는 의미와 사회에서 받아들이는 의미 사이에 커다란 격차가 생기는 것은 학교만의 불합리한 시스템 때문이다. 그리고 이 독특하고 불합리한 시스템은 상당 부분 교원근무평정에 의해 뒷받침되고 있다.

물론 승진에 영향을 미치는 것은 교원근무평정만이 아니다. 승진

점수를 따는 데에는 다른 많은 과정이 있다. 그러나 이것만은 분명하다. 교사의 수업 능력은 아무런 관련도 없다. 눈곱만치도 없다. 교사가 학생을 아무리 잘 가르쳐도 그 능력 덕분에 승진하는 경우는 전혀 없다. 학생들에게 존경을 받는 것도, 학생들을 사랑하는 마음을 갖는 것도 승진하는 데에는 조금도 필요가 없다.

5. 차라리 아무런 평가제도도 존재하지 않았다면?

'교원평가제'가 도입된다고 했을 때 많은 국민이 적극적인 찬성의 입장을 보인 것은 무엇 때문이었을까? 학부모의 자격으로 교사에 대한 평가에 참여하고 싶었기 때문일까? 학생이 적극적으로 교사를 평가하는 것이 옳다고 생각했기 때문일까? 학생과 학부모가 배제된 학교 관료들만의 평가였던 교원근무평정에 불만을 가졌기 때문일까? 아니다. 그들 대부분은 교사들도 평가를 받아야 마땅하다고 하는 아주 단순한 생각에서 교원평가제를 찬성했다. 결국 교원평가제에 대한 국민들의 높은 지지는 교사를 평가하는 어떠한 제도도 존재하지 않는 현실을 향한 분노의 표현이었다. 교사를 평가하는 제도가 전혀 없다는 국민들의 생각은 전적으로 오해에 불과하지만 말이다.

그런데 국민들이 오해한 것처럼 교사들이 아무런 평가도 받지 않았다면 학교교육은 어떻게 되었을까? 즉, 교원근무평정이란 제도조차 존재하지 않았다면 어땠을까? 차라리 그랬다면 좋았을 것이다. 교원근무평정과 같은 평가제도가 존재할 바에는 차라리 아무런 평가제도도 존재하지 않는 편이 낫다. 교원근무평정제도조차 없었다면 학교교육은 적어도 지금보다는 좋아졌을 것이다. 제대로 된 평가제도가 있는 것에 비해서는 못하겠지만 말이다.

학생을 잘 가르치도록 교사를 유인하는 방법엔 어떤 것이 있는지 생각해보자.

▶ 교사가 가진 학생에 대한 의무감이나 애정에 호소한다.
▶ 잘하는 경우에는 어떤 이익(승진이나 돈)을 주어 보상함으로써 분발하게 한다.

다른 것도 있겠지만 일단 이 두 가지만을 생각해보자. 교사들은 학생에 대한 의무감이나 애정을 가지고 있고, 승진이나 돈을 바라는 이기심도 가지고 있다. 당연하다. 다만 많고 적음의 차이가 매우 클 뿐이다. 교사가 가진 이 두 가지 감정을 모두 활용하면 교사들을 더 분발하게 할 수 있다. 교사들로 하여금 학생을 더 잘 가르치게 할 수 있다. 가급적 이 두 가지 감정을 모두 활용하는 것이 바람직하다. 교사의 의무감에만 기대는 것도 바람직하지 않지만 보상을 바라는 교사의 이기심에만 기대는 것도 최선은 아니다. 그러나 이 두 가지 감정 모두를 활용하는 것이 어렵다면 그중 어느 하나라도 잘 활용해야 한다.

그런데 교원근무평정은 학생들 잘 가르치는 교사에게 아무런 이익을 주지 않을 뿐만 아니라, 학생에 대한 의무감이나 애정에서 비롯되는 에너지를 지속적으로 다른 쪽으로 돌릴 것을 강요하는 제도다. 교원근무평정에서는 교사가 자신의 이기심을 충족시키려 할 때 학생에게 쏟아야 할 에너지를 빼내어 오로지 사무행정업무에 투여하는 것이 가장 손쉽기 때문이다(물론 높은 평가를 받고 교장으로 승진하기 위해선 사무행정업무 말고도 에너지를 투여해야 할 곳은 많다. 하지만 그것들은 모두 학생을 잘 가르치는 일이 아니라는 점에서 공통적이다). 학생들 잘 가르치는 데에 쓰일 에너지를 빼내어 사무행정업무에 쏟는 것이 교사에게 더 큰 이익이라는 말은 결국 학생에 대한 의무감이나 애정을 희생할수록 이익이라는 말과 동일하다. 그것은 결국 잘 가르치는 능력에 벌금을 물리는 일과도 같은 것이다.

A, B, C 세 사람의 교사가 있다고 하자. 이 세 사람이 가진 지능이나 체력, 열정, 또 이들이 활용할 수 있는 시간적 여유 등 모든 조건이 서로 비슷하다고 가정하자. 그리고 이들이 가진 지능과 체력, 열정, 시간적 여유 등의 총합이 이들의 능력을 구성한다고 가정하자. 이들의 능력은 한정되어 있고 이 교사들은 자신들이 가진 능력을 적절히 배분해야 한다. A는 자신의 능력을 가급적 학생들 잘 가르치는 일에 쏟고 있다. B는 자신의 능력을 이 두 가지 일에 균등히 배분하고 있다. C는 자신의 능력을 가급적 사무행정업무에 쏟고 있다.

교원근무평정에서는 C교사가 승진하는 데 가장 유리하고 A교사가 가장 불리하다. 실제 C유형의 교사는 생각보다 아주 많지는 않다. 왜인가? 교사로서의 양심이나 의무감이 막아주기 때문이다. 교사로서의 양심이나 의무감이라는 감정이 없었다면 학교는 C유형의 교사로만 가득 찼을 것이다. 그것이 이익이니까 말이다. 물론 교사로서의 양심이나 의무감에는 한계가 있다. 그것은 교사들이 C유형이 되는 것을 어느 정도 막아주기는 하지만 아주 많이 막아주지는 못한다. 교사도 인간인 이상 이기심이라는 강력한 감정의 영향을 받기 때문이다. 하지만 교원근무평정은 학교의 교사들을 C유형의 방향으로 이동하게 만드는 강력한 힘으로 작용하여 그것이 존재하지 않았을 때 교사가 서 있었을 위치에 비해 C쪽 방향으로 상당 부분 이동하게 만든다. 교사에 따라 그 이동한 거리는 천차만별이겠지만 말이다. 교원근무평정이 아예 존재하지 않았다면 교사들이 가진 양심이나 의무감이라는 감정이 이기심이라는 감정과 모순적인 충돌을 일으키는 일은 없었을 것이다. 따라서 교사들은 자신이 가진 만큼의 양심과 의무감에 충실했을 것이고 학교교육은 지금처럼 망가지지는 않았을 것이다. 적어도 지금보다는 좋아졌을 것이다.

나는 지금 여기서 C유형의 교사들을 교사로서 가져야 할 양심이나 의무감을 저버린 부정적인 사람인 것처럼 이야기했다. 하지만 그들은 세상 어디에나 있는 평범한 사람에 불과하다. 결코 특별히 나쁜 사람들이 아니다. 어쩌면 지극히 합리적인 사람들이다. 사람은 누구나 이익을 좇게 되어 있다. 그들은 법과 제도의 범위 내에서 자신의 이익을 꾀한 것이다. 사무행정업무에 더 많은 이익을 제공하는 평가제도와 승진제도가 있기에 그 제도에서 높은 점수를 받으려고 노력한 것에 불과하다. 만약 학생들 잘 가르치는 것에 이익을 주는 제도가 존재했다면 그들은 얼마든지 A유형의 교사가 되었을 수 있다.

학교의 교장이나 교감, 교육청의 장학사는 대부분 C유형의 교사였던 사람들이다. 이들이 학교를 어떻게 운영하고 어떻게 학교에 영향력을 행사할까? 학생들 가르치는 일을 중심으로? 그런 사람도 있겠지만 극히 드문 예외다. 이들은 대부분 사무행정업무 중심으로 학교를 운영하거나 학교에 영향력을 행사한다. 자신들이 그 과정 속에서 승진해왔기 때문이다. 게다가 학교의 시스템 자체가 교원근무평정에 맞추어 사무행정을 중심으로 짜여 있다. 학교를 학생들 가르치는 일을 중심으로 운영하려면 학교의 시스템에 대한 비판적 문제의식이 필요하다. 그러나 학교의 시스템에 비판적 문제의식을 가진 사람이 승진하는 것은 매우 어렵다. 결국 학교는 시스템도 시스템이지만 그 시스템에서 승진한 사람들의 성향까지 더해져 항상 사무행정업무가 교육활동 위에 서서 군림하게 되어 있다. 교사도 사무행정업무를 중심으로 평가하게 되어 있다.

무엇보다 교사들이 담당하는 학교의 사무행정업무는 교원근무평정의 존재로 인해 필요 이상으로 많아지고 복잡해졌다. 본래 사무행정업무는 교육을 지원하고 보조하는 일로, 가급적 단순하고 간결해야 좋다. 학교에서 사무행정업무는 그 자체가 목적이 아니라 교육이라는 목적을 위해 존재하는 수단이기 때문이다. 그런데 사무행정업무가 승진의 길로 연결되면서 일이 필요 이상으로 많아지고 복잡하고 어려워졌다. 안 해도 될 일을 만들어서 하고, 간단하게 할 일을 복잡하게 하고, 소박하게 할 일을 화려하게 해야 하는 경우가 비일비재해졌다. 그러니 제아무리 훌륭한 교사라 할지라도 자기 마음대로 자신의 능력과 열정을 학생들 가르치는 일에만 집중시킬 수가 없다. 그 어떤 교사도 여기에서 벗어날 수는 없다.

교원근무평정은 단순히 교육의 발전에 아무런 역할도 하지 못한 것이 아니라 교육을 망치는 역할을 해왔다. 교사들로 하여금 자신이 가진 능력을 학생들 잘 가르치는 일에서 빼내어 사무행정업무에 쏟아붓게 만들었으니 말이다. 형식적 차원에서는 교원근무평정에서도 교사의 학생들 잘 가르치는 능력은 중요하다. 훌륭한 인품도 중요하고 무엇보다 수업 능력은 아주 중요하다. 그러나 실질적 차원에서는 교사의 인품은 물론이고 수업 능력조차 아무런 필요도 없다. 교사들에게 물어보라. 교원근무평정에서 좋은 점수를 받으려면 수업을 잘해야 한다고 생각하는지. 교장으로 승진하려면 수업을 잘해서 학생들로부터 능력을 인정받아야 한다고 생각하는지.

교육을 교사들이 힘차게 노 저어 배를 앞으로 나아가게 하는 일이라고 생각하면 교원근무평정은 배가 앞으로 나아가는 것을 막는 역풍의 역할을 하는 제도이다. 학생들 잘 가르치는 교사에게 적절한 이익을 주는 평가제도가 있다면 그것은 배가 앞으로 나아가는 것을 돕는 순풍의 역할을 한다. 이런 제도가 있다면 배는 앞으로 더 빨리 나아갈 것이다. 아무런 평가제도도 없다면 그것은 바람이 불지 않는 것과 같다. 이는 순풍이 부는 것만은 못하지만 역풍이 부는 것보다는 나은 경우이다.

결국 교원근무평정은 국민들이 오해한 대로 차라리 존재하지 않는 것이 좋았을 제도이다. 그러나 불행하게도 국민들의 오해와는 달리 교원근무평정제도는 오랫동안 존재해왔고 또 존재할 것이다.

6. 교원평가제는 교원근무평정의 문제점을 극복할 수 있을 것인가?

교원평가제는 교원근무평정을 폐지하고 도입되는 게 아니다. 기존의 승진제도를, 그리고 기존의 승진제도와 긴밀하게 연결되어 있는 교원근무평정제도를 그대로 둔 상태에서 도입되는 것이다. 그렇다면 교원평가제의 운명은 어찌될 것인가? 교사들의 승진이 여전히 교원근무평정에 의해 좌우된다면 교원평가제는 교사들에게 아무런 영향을 끼치지 못할 것이다. 귀찮은 잡무가 하나 더 늘어난 것에 불과하다. 반면에 교사들의 승진이 교원평가제에 의해 결정된다면 교원근무평정의 위상은 현저히 줄어들고 급기야 유명무실해질 것이다.

이것은 정부에서 교원평가제를 법제화할 때 이 제도에 얼마만큼의 힘을 부여하느냐에 달린 문제이다. 아직 교원평가제의 구체적 내용이 명확하게 정해지지 않은 상황에서 교원평가제에 얼마만큼의 힘이 실릴지를 말하는 것은 섣부를 수 있다. 하지만 나는 교사의 승진에 미치는 교원평가제의 영향력은 거의 없으리라 예상한다. '예상한다'는 완곡한 표현을 썼지만 사실은 확신하고 있다. 누가 내기를 하자고 해도 받아줄 수 있을 만큼의 확신이 있다. 교원평가제는 교사들의 승진에 가장 큰 영향을 주는 교원근무평정제도의 위상을 그대로 둔 채 도입되는 것으로서 교사들의 행위에 별다른 영향을 주지 못할 것이다. 교원근무평정과 교원평가제라는 두 평가제도의 운명은 정해져 있다. 교사들에게 실질적 이익을 보장하는 교원근무평정의 완승으로 말이다. 여전히 교사들의 행동을 지배하는 것은 교원근무평정일 것이다.

물론 교원평가제가 도입되면 학교교육에 긍정적인 측면도 생길 것이다. 교원평가제는 교원근무평정의 단점을 보완해주는 면이 조금은 있으니까 말이다. 교장과는 달리 학생과 학부모의 대부분은 교사의 사무행정업무 따위에는 조금도 관심이 없을 것이다. 그들은 상대적으로 교사의 학생들 가르치는 능력에 가장 많은 관심을 둘 것이 분명하다. 학생과 학부모도 인간이기에 교사를 평가하는 데에 자신들의 개인적 편견을 적지 않게 개입시키겠지만, 그럼에도 불구하고 학생과 학부모는 교사들의 가르치는 능력을 가장 우선시할 것이다. 그들이 교사들에게 원하는 서비스는 학생들을 잘 가르치는 일이니 말이다(그렇다고 그 정도를 과장되게 인식해서는 안 된다. 학생들의 상당수는 수업 시간에 교사가 잘 가르치는 것에 별 관심이 없다. 학생들이 교사들에게 요구하는 것은 그야말로 천차만별이다. 이 점에서 학교와 학원은 크게 다르다).

그러나 교원평가제는 이러한 긍정적 측면을 상쇄할 만큼의 다른 부정적인 면을 초래할 가능성이 크다. 그것은 바로 교원평가제가 권위와 명분을 잃어가는 교원근무평정제도에 권위와 명분을 가져다줄 수 있다는 점이다. 자칫하면 교원평가제가 교원근무평정에 권위와 명분을 부여하는 수단으로 악용될 수도 있다. 거칠게 이야기하면 교원평가제가 교원근무평정의 들러리에 불과하게 될 수 있다. 교사에게 미치는 실질적 영향력은 거의 없는 채로 교원근무평정에 명분을 주기 위해서만 존재하는 꼭두각시가 될 수 있다.

기존의 교원근무평정제도가 갖는 부정성은 교사라면 누구나 잘 알고 있다. 아마 교육 관료들도 잘 알고 있을 것이다. 교원근무평정만 존재하던 시절에는 점수에 신경 쓰는 교사가 아주 많지는 않았다. 교육적 관점에서 볼 때 교원근무평정의 높은 점수는 그리 떳떳한 점수가 아니기 때문이다. 교원근무평정의 점수는 교육에 대한 열정과 능력을 보여주는 점수가 결코 아니고 그 점수가 나쁘다고 교육자로서의 자질이 부족하다고는 그 누구도 생각하지 않기에 교원근무평정은 신경 쓰는 교사만 계속 신경 쓰는 평가제도였다. 그러나 이제는 교원평가제가 평가제도 전반에 어떤 정당성을 부여하여 죽어가는 교원근무평정에 숨결을 불어넣어줄 수 있는 것이다.

7. 이명박 정부와 한나라당의 본원적 한계 - 그들은 절대로 강력한 교원평가제를 만들지 못한다

이명박 정부와 한나라당은 학생과 학부모가 평가의 실질적 주체가 되는 교원평가제를 만들지 못한다. 그것을 교사의 교장 승진과 강하게 연계시키지 못한다. 형식적인 시늉만 할 수 있을 뿐이다. 이명박 정부

와 한나라당이 교원평가제를 교사의 이기심을 가장 크게 자극할 수 있는 교장 승진과 연계시키지 못하는 이유는 이명박 정부와 한나라당이 가진 본원적 한계 때문이다. 그들이 마치 강력한 교원평가제를 만들 수 있을 것처럼 비쳐지고 있는 것은 착시 효과에 불과하다. 그것은 상당 부분 전교조가 강하게 교원평가제를 반대해온 데서 비롯된 착각이다. 이명박 정부와 한나라당이 전교조와는 서로 상극이라 할 수 있을 만큼 사이가 나쁘기 때문에 마치 이명박 정부와 한나라당은 강력한 교원평가제를 만들 수 있을 것처럼 보일 뿐이다. 그렇다면 이명박 정부와 한나라당이 교사의 승진에 큰 영향을 주는 학생과 학부모 중심의 강력한 교원평가제를 만들지 못하는 구체적 이유는 무엇일까?

교원평가제의 도입 취지는 학생과 학부모로 하여금 교사의 수업을 평가하게 하는 데 있다. 학생과 학부모의 평가가 빠지거나 미약해진다면 그것은 교원평가제가 아니다. 또 다른 교원근무평정에 불과하다. 그동안 사람들은 학생과 학부모가 하는 교사평가가 학교 권력구조에 얼마나 대단한 변화를 가져올 수 있는지 제대로 인식하지 못했다. 교원평가제를 막연히 교사에 대한 평가라고 생각했기 때문이다.

학생과 학부모의 평가가 기존의 학교 권력구조에 대해 얼마나 대단한 파괴력을 가질 수 있는지를 알기 위해 교원평가제를 아주 세게 도입한다고 가정해보자. 교원평가제는 오로지 학생과 학부모만의 평가라고 가정해보자. 많은 사람들이 이명박 정부는 노무현 정부에 비해 상당히 강력한 교원평가제를 도입하리라 예상하고 있고 보수언론도 강력한 교원평가제의 도입을 주장하는 것처럼 행동해왔으니 강력한 교원평가제가 도입되었을 경우를 생각해보는 것은 의미가 있을 것이다.

평가는 하나의 권력이다. 학생과 학부모가 평가의 단일 주체가 되는 교원평가제가 실질적 힘을 갖는다는 것은 학생과 학부모에게 상당한 권력을 준다는 의미다. 강력한 교원평가제가 도입되면 학생과 학부모는 학교교육에 영향력을 발휘할 수 있는 강력한 힘을 갖는다. 지금까지는 학교와 결탁하여 자기 자녀만의 이익을 꾀하는 소수의 학부모만이 왜곡된 방향으로 제법 큰 힘을 가졌지만, 앞으로는 전체 학생과 학부모가 제대로 된 방향으로 커다란 힘을 갖게 되는 것이다. 그리고 이것은 자신들이 원하는 교사를 교장으로 만들 수 있는 커다란 힘이기도 하다.

오랜 세월 동안 학생과 학부모에게서 아주 좋은 평가를 받아야만 교장이 될 수 있다는 것은 교장을 임명하는 권한을 사실상 학생과 학부모가 가진다는 것을 의미한다. 그리고 학생과 학부모가 교장 임명에 대한 사실상의 권한을 가지는 것은 학생과 학부모의 투표에 의해서 교장을 선출하는 것과 본질적 차원에서 매우 비슷하다. 둘 다 모두 학생과 학부모로부터 그 능력을 인정받아야 교장이 될 수 있으니 말이다. 어찌 보면 이는 전교조가 주장했던 교장선출제의 도입과 같은 효과를 낼 수 있다. 교장 선출의 권한을 오로지 학생과 학부모만이 갖는 변형된 형태이지만 말이다.

강력한 교원평가제를 도입해서 학생과 학부모가 교사를 평가하고 교장을 선출하는 실질적 힘을 갖게 되면 가장 큰 손해를 보는 것은 이명박 정부와 한나라당의 지지 세력이다. 지금의 교원근무평정제도에서 교장이 되는 교사들은 진보좌파 성향의 교사보다는 보수우파 성향의 교사가 월등히 많다. 교원근무평정에 토대를 둔 승진제도에서 승진의 줄을 타는 것 자체가 보수우파 성향의 교사들에게 훨씬 유리하다.

흔히 좌파 집단이라고 일컬어지는 전교조 교사들이 교육청과 교육부의 교육 관료가 되는 것은 매우 어렵다. 교육청의 장학사만 하더라도 전교조 출신은 매우 적다. 장학사가 되려면 전교조를 탈퇴해야 한다는 것쯤은 교사라면 모두 암묵적으로 인정하고 있는 상식이었다. 내가 지금 근무하는 학교에서도 장학사가 되려 한 사람들은 모두 전교조를 탈퇴했다. 그래야 장학사가 될 수 있으므로(진보 교육감의 탄생으로 상황이 조금씩 달라지고는 있다).

지금의 제도 속에서는 보수우파적인 성향의 교사들이 교육청의 장학사나 교장과 교감이 되는 데에 훨씬 유리하다. 그들은 일반 교사들에 비해 상대적으로 우파 정권과 우파 정당의 굳건한 지지층이다. 강력한 교원평가제가 실시되면 이러한 구도는 깨지게 되어 있다. 학생과 학부모의 높은 평가를 받는 교사들 중에는 진보 성향의 교사들도 많을 것이기 때문이다. 지금의 제도에서는 진보좌파 성향의 교사들이 교장의 눈에 들어 승진의 길을 가는 것이 어렵지만, 학생과 학부모의 높은 평가를 받아 교장이 되는 것이라면 진보 성향의 교사들이 손해를 볼 이유가 하나도 없다. 사실 어떤 면에서는 진보 성향의 교사들이 더 유리할 수도 있다. 지금까지는 주위에서 진보 성향의 교장이나 교감을 보는 것이 매우 어려운 일이었으나 이제 강력한 교원평가제가 실시되면 주위에서 얼마든지 볼 수 있는 흔한 일이 될 것이다.

이는 강력한 교원평가제를 도입하는 것이 이명박 정부와 한나라당의 이익과 배치된다는 점을 보여준다. 이것을 이명박 정부와 한나라당이 받아들일 수 있을까? 공립학교에 도입하는 것도 어렵겠지만 사립학교는 더더욱 도입하지 못한다. 말했다시피 학생과 학부모에게 강력한 평가 권한을 주는 것은 교장을 임명하는 권한을 그들에게 넘기는 일이다. 사립학교의 경우는 교장을 임명하는 권한을 사립재단으로부터 빼앗아 학생과 학부모에게 넘기는 일이다. 노무현 정부 때 노무현 정부가 사립재단의 권력을 제한하는 방향으로 사립학교법을 개정하려했을 때 한나라당이 얼마나 결사적으로 반대했던가를 떠올려보라. 한나라당은 자신들의 모든 역량을 투여하여 결국은 사립학교법 개정안을 좌절시켰다.

사립학교법의 핵심 내용 중 하나는 개방형 이사제이다. 사학재단의 이사진 가운데 일정 비율(25%)을 교사와 학부모 등으로 구성된 학교운영위(초·중·고)나 대·학평의원회(대학)에서 추천해 선임하는 제도다. 즉, 사학법인의 이사회에 학부모를 비롯한 학교 구성원의 추천을 받은 개방이사가 일부 참여하게 함으로써 학교의 공공성을 강화하려는 것이다. 한나라당은 이조차 사생결단하듯 반대하여 좌절시켰다. 전체 이사 수의 반의반에 불과한 이사의 임명권조차 학부모와 교사에게 넘기길 거부했다. 25%쯤이야 학부모 등에 넘겨도 여전히 실질적인 권력은 사립재단에 있음에도 불구하고 이조차 결사적으로 반대한 것이다. 이 정도로 사학재단의 이익을 위해서 분투했던 한나라당이 사립학교 교장의 임명권을 학생과 학부모에게 넘기는 효과를 초래할 수 있는 강력한 교원평가제를 도입하는 것은 불가능하다. 이미 조짐은 오래전부터 나타나고 있었다. 오래전의 언론 보도를 보자.

23~24일 새로 발의한 법안 중에는 '내용 완화'를 선택한 것들이 상당수 포함됐다. 교원평가제 법안은 당초 나경원 의원이 대표 발의한 법안이 '중점처리 법안'으로 선정돼 추진됐지만, 24일 급히 조전혁 의원 대표 발의 법안으로 대체됐다. 조 의원 안에 따르면 교사에 대한 평가

결과는 인사자료로 쓸 수도 있고 그렇지 않을 수도 있다. 학생과 학부모가 교사에 대한 '만족도'를 평가토록 했던 조항도 빠졌다. 때문에 한나라당 의원 일부는 "개혁 후퇴"라며 반발, 새 법안에 서명을 거부하기도 했다.(《조선일보》 2008년 12월 26일자)

교원근무평정에 비하면 나경원 의원이 발의하려 했던 교원평가제는 교사들에게 별다른 영향을 주지 못하는 종이호랑이에 불과한 것이다. 조전혁 의원이 발의하려던 교원평가제는 종이호랑이도 못 되는 허수아비에 불과하다. 어쩌면 그들은 법안을 만드는 과정에서 학생과 학부모가 교사에 대한 평가 권한을 갖는 것의 진정한 의미를 눈치챘을지 모른다. 교원근무평정제도에서 승진하는 사람들, 사학재단의 임명을 받아 교장이 되는 사람들의 절대 다수가 자신들의 지지층이라는 사실을 깨달았을 것이다. 교원평가제를 강력하게 할수록 자신들이 가진 정치적 지지층을 배신하게 되리라는 점을 알게 되었을 것이다. 결국 이명박 정부와 한나라당이 교원평가제의 본질을 알면 알수록 교원평가제는 껍데기만 남는다. 이는 이미 정해진 운명이다.

교장의 임명 권한을 학생과 학부모가 갖는 것은 우리나라의 학교 상황에서는 대단한 진보일 수 있다. 적지 않은 부작용이 있을 수 있지만 우리나라 학교에서는 그 부작용을 겪어보는 것이 필요한 측면도 있다. 교육 관료와 사학재단의 왕국에 불과한 학교를 학교 구성원 모두의 학교로 혁신하기 위해 그 부작용을 감수할 필요가 있을 수 있다. 그러나 이명박 정부와 한나라당이 이러한 진보적 교원평가제 법안을 만들지는 않을 것이다. 그들은 교원평가제를 교장 승진과 연계시키지 않거나 아주 약하게 연계시킬 것이다. 아니면 학생과 학부모의 평가를 약화시킬 것이다. 결국 교원평가제는 종이호랑이 또는 허수아비에 불과한 평가제도가 될 것이다. 결국 한나라당이 추진하고 있는 교원평가제는 교원근무평정의 폐해를 극복하기는커녕 교원근무평정의 시녀가 되어 교원근무평정의 폐해를 감추는 역할만 할 가능성이 크다.

8. 강력한 교원평가제를 추진하는 세력은 존재하지 않는다

전교조는 진보적 제도가 될 수 있는 교원평가제를 반대했다. 약해 빠진 교원평가제가 아닌 강력한 교원평가제를 주장하는 것이 오히려 전교조다움에도 불구하고 그들은 반대했다. 왜일까? 교사가 아닌 학생과 학부모가 교장의 실질적 임명 권한을 갖는 것에 대한 불만이었을까? 그렇지는 않은 것 같다.

전교조가 교원평가제를 반대한 가장 큰 원인은 무지인 듯하다. 전교조의 지도부들은 교원평가제가 가진 파급적 효과를 이해할 수 있는 상상력을 갖지 못했다. 그들은 기껏해야 정부의 정책을 도식적으로 신자유주의와 연결시키는 기계적 사고를 하고 있을 뿐이었다. 정부가 하는 모든 것을 신자유주의와 연결시키다 보니 교원평가제가 가진 진보성을 이해하는 것이 불가능했다.

당시의 전교조 지도부는 이미 진정한 의미의 진보주의자가 아니었다. 그들은 학교교육의 대규모적인 변화를 원하는 진보주의자들이 아니었다. 오히려 현상 유지를 원하고 있었는지 모른다. 어쩌면 그들은 수구이다. 좌파이되 수구인 것이다. 전교조 지도부가 진정한 진보주의자였다면 노무현 정부에 강력한 교원평가제를 요구했어야 했다. 교원근무평정을 완전 무력화시킬 정도의 강력한 교원평가제를 요구했어야 한다. 그랬다면 한나라당과 보수언론 그리고 교육 관료들은 강력한 교원평가제를 반대하고 전교조는 찬성하는 새로운 대립 전선이 만들어질 수도 있었을 것이다.

교원평가제의 도입에 이명박 정부와 한나라당, 보수언론은 적극적인 것처럼 보였다. 왜 그랬을까? 왜 그들은 자칫하면 자신들의 이해를 심각하게 침해할 수도 있는 교원평가제를 노무현 정부보다 더 강력하게 추진할 것처럼 행동했을까?

우선 착시 현상이 있다. 전교조가 교원평가제를 강하게 반대했기 때문에 이명박 정부와 한나라당이 교원평가제를 강력하게 추진할 것처럼 보이게 된 착시 현상 말이다. 그러나 가장 큰 이유는 역시 이명박 정부와 한나라당의 무지에 있다고 보는 게 타당할 것이다. 나는 그들도 교원평가제가 함축하고 있는 엄청난 진보적 가치를 몰랐으리라 생각한다. 강력한 교원평가제는 학생과 학부모에게 사실상의 교장 임명 권한을 주게 된다는 점을 미처 생각하지 못했기 때문에 한동안 겁도 없이 강력한 교원평가제를 추진할 것처럼 행동했다고 생각한다. 교사들을 경쟁시켜야 한다는 막연한 생각에다가 자신들의 적인 전교조가 강력하게 반대하니까 자기들은 강력하게 찬성해야 한다는 생각이 더해져 잠시 강력한 교원평가제를 추진할 것처럼 보였을 뿐이다.

보수언론이 강력한 교원평가제의 도입을 주장한 것도 마찬가지라고 본다. 그들도 강력한 교원평가제가 갖는 진보적 가치를 잘 몰랐기에 교원평가제를 교사의 승진과 연계시켜야 한다는 주장을 겁도 없이 했다. 그러나 그들도 시간이 지날수록 교원평가제의 진실을 눈치챘을 것이다. 그러니 그들은 이명박 정부와 한나라당이 종이호랑이에 불과한 교원평가제를 만들 때 결코 심한 비판을 하지 않을 것이다. 기껏해야 약간 시늉만 내는 선에서 멈출 것이다.

그렇다면 진보적 학부모단체는 어떤가? 그들은 교원평가제가 갖는 진보적 가치와 그 부작용 사이에서 엉거주춤하고 있다. 아래의 표는 '인간교육실현학부모연대' 와 '참교육학부모회' 가 진보적 색채의 교사단체인 '좋은교사운동' 과 공동으로 작성한 것이다. 조전혁 의원이 발의한 교원평가법안은 매우 부실한 것으로, 이의 졸속 처리를 반대하며 자신들의 안을 내놓을 때 정리했다. 자신들의 법안과 한나라당이 제시한 법안을 잘 비교해 놓았다.

비교 항목	나경원 의원 법안	조전혁 의원 법안	학부모연대 참교육학부모회 좋은교사운동 공동제안 법안
학생·학부모 참여	동료 교사는 평가자로, 학생과 학부모는 만족도 조사로 명시	포괄적 명시, 상급자 평가 추가	학생과 학부모 및 동료 교사의 참여를 동급으로 명시
교원평가관리 위원회의 민주적 구성	구체적 명시 (시도교육청 및 학교 단위)	없음	구체적 명시
인사 연계 여부	인사(승진 및 연수) 연계 의무화	시행령에 규정	동료 평가 결과 인사(승진) 연계 반대
매년 실시 여부	매년 실시	언급 없음	매년 실시

그러나 인간교육실현학부모연대, 참교육학부모회, 좋은교사운동의 제안조차도 결코 교원근무평정제도와 승진제도의 폐해를 극복하지 못한다. 교장 임용과의 더욱더 철저한 연계를 주장해야 함에도 불구하고 그들의 제안은 오히려 그 연계를 반대하고 있다. 그들도 한편으로는 한나라당이 제안한 법안의 프레임에, 다른 한편으로는 전교조의 프

레임에 갇혀 있을 뿐이다. 그들도 교원근무평정의 폐해를 극복하려는, 학교의 권력 구조를 획기적으로 변혁하려는 모습을 보이지 못하고 있는 것이다.

보수 교원단체인 교총은 어떨까? 말을 말자. 그들은 교원근무평정의 철저한 옹호자이다. 무엇보다도 그들은 교원근무평정의 가장 큰 수혜집단이다. 그들이 언뜻 교원평가제를 반대하지 않을 듯한 발언을 하기도 하는 것은 국민들의 비난을 피하기 위한 립서비스에 불과하다.

이렇게 해서 결국 대한민국에 강력한 교원평가제를 주장하는 힘센 집단은 없는 꼴이 되었다. 보수우파 정당과 언론이 강력한 교원평가를 주장했던 것은 무지에서 비롯된 잠시의 해프닝에 불과하다.

조전혁 의원의 법안에 따르면 학생과 학부모의 평가는 약화되는 대신 관리자 평가가 들어가게 되어 있다. 이것은 정확히 교원근무평정제도와 중복된다. 교원근무평정제도를 가지고는 학교를 변화시킬 수 없으니 교원평가제를 만드는 것인데 교원근무평정과 비슷한 제도를 또 하나 만들겠다는 이야기이다. 이런 평가제도 따위는 수십, 수백 개를 만든다 해도 학교교육을 바꾸는 데 조금도 도움이 안 된다. 이대로 가면 교원평가제는 하나의 사기극으로 전락할 것이다. 교원평가제에서 학생과 학부모의 평가가 종이호랑이에 불과해진다면 교원평가제의 법제화 과정은 하나의 사기극이 아니고 무엇이겠는가.

결국 이명박 정부와 한나라당이 교원평가제의 진실을 알게 된 것 같지만 나는 그들이 끝까지 몰랐으면 얼마나 좋았을까 생각해본다. 교원평가제를 보수우파적인 정책이라고 오해하고 강력한 교원평가제가 전교조에 심각한 피해를 준다고 생각하여 최강의 교원평가제를 밀어붙였으면 얼마나 좋았을까. 못할 것이 무엇인가? 이명박 정부의 다른 정책과는 달리 교원평가제는 국민들로부터 사상 유례가 없을 정도의 높은 지지를 받고 있는 정책인데? 그랬다면 사실상 학생과 학부모가 교장을 임명하는 세계적으로도 보기 드문 진보적 정책이 대한민국 학교에서 시행되었을 것이다. 그러나 이명박 정부는 강력한 교원평가제가 자신들의 지지계층에게 커다란 손해를 줄 것이라는 점을 모를 만큼 바보는 아닌 것 같다.

그런데 우리나라 정부가 완전 바보는 아니라는 사실을 다행이라고 생각해야 하나, 아니면 완전 바보는 아니라서 교원평가제가 종이호랑이가 되어버릴지 모른다는 사실을 안타까워해야 하나?

9. 진보와 보수, 모두가 문제다

이렇게 보면 교원평가제도에 관한 한 좌파와 우파는 모두 실망스럽기만 하다. 좌파와 우파의 거대 교원단체는 모두 국민들의 뜻과는 달리 교원평가제를 반대했다. 좌파의 전교조가 더 강력하게 반대했지만 그렇다고 교총의 태도가 합리화되는 것은 아니다. 전교조에 얽매어 애매한 태도를 보인 좌파언론에 비해 우파언론은 교원평가제에 강력하게 찬성했으며, 우파 정부인 이명박 정부는 노무현 정부에 비해 상당히 강력한 교원평가제를 실시할 듯 보인 것도 사실이었다. 그리고 그것은 마음만 먹으면 충분히 가능한 일이었다. 그들은 충분히 학생과 학부모가 단일 주체가 되는 강력한 평가, 그 평가가 교사의 승진을 결정하여 교원근무평정제도를 무력화하는 강력한 교원평가제를 만들 수 있었다. 우파언론의 지원을 받으며 충분히 할 수 있었다.

하지만 그들은 그렇게 하지 않았다. 그들은 할 수 있었으나 하지 않왔다. 교원평가제가 시행되어도 여전히 교장 승진에서 가장 중요한 것은 교원근무평정일 것이다. 결국 지금까지와 달라지는 것은 아무것도 없을 것이다. 여전히 가르치는 능력은 아무것도 아닐 것이다. 조금은 더 중요해질 수도 있겠지만 대세를 조금이라도 바꾸지는 못할 것이다. 학생의 존경과 사랑을 받는 것도 마찬가지다. 이도 조금은 더 중요해질 수 있겠지만 조금이라도 대세를 바꾸지는 못할 것이다. 결국 교사의 무능이라는 문제를 해결하기 위해 도입하려 했던 교원평가제는 아무것도 아닌 종이호랑이에 불과한 평가제로 전락하게 되었다. 좌파의 잘못도 있지만 우파의 잘못은 더욱 크다. 지금 권력은 우파에게 있기 때문이다.

좌파건 우파건 교원평가제를 학교 사회를 변혁하는 강력한 무기로 만들려 했다면 교원평가제는 오로지 학생과 학부모에 의한 평가가 되었어야 한다. 더불어 그것을 교장 임용과 강력하게 연계시켰어야 한다. 물론 그 폐해가 없지는 않겠지만 대한민국 학교를 변혁시키려면 이것은 해볼 만한 일이었다. 그러나 좌파도 우파도 강력한 교원평가제를 주장하지 못했다. 좌파도 그랬지만 권력을 잡은 우파도 결국은 교원평가제를 종이호랑이로 만들려 하고 있다.

좌파가 학생 중심의 교원평가, 승진과 연계되는 강력한 교원평가를 주장하지 못하는 이유는 무엇일까? 경쟁에 대한 부담이다. 경쟁에 대한 부정적 마인드 때문이다. 그런데 우파가 종이호랑이 교원평가를 만드는 이유는 무엇인가? 기존의 교원근무평정과 승진제도의 기득권 세력을 보호하려 하기 때문이다. 그들 기득권 세력이 대부분이 우파이기 때문이다. 학교를 획기적으로 변화시킬 강력한 교원평가를 도입하는 것은 교육 기득권 세력, 특히 교총의 이익을 침해하기 때문이다. 이런 점에서 좌파는 답답하고 우파는 사악하다.

10. 국민들은 진정 강력한 교원평가제의 시행을 원하는가?

진정한 의미의 강력한 교원평가제가 실시되는 것은 의미가 있다. 혼란과 부작용을 무릅쓰고 종이호랑이가 아닌 실제 호랑이처럼 무서운 교원평가제를 시행하자고 주장한다면 나는 수긍할 수 있다. 하지만 강력한 교원평가제의 시행을 원하는 국민들은 알아야 한다.

첫째, 혼란과 부작용이다. 단과학원의 시스템을 도입하지 않는 이상 교원평가를 통해서 누구에겐 당근을 주고 누구에겐 채찍을 주는 일은 너무 어렵다. 그래서 종합학원들은 모든 강사의 시간당 강의료를 동일하게 지급하는 보수 체계를 도입했다. 둘째, 혼란과 부작용을 적게 하려면 교원평가제를 약하게 도입해야 하는데 그러면 그 파급력이 약하다. 종이호랑이일 수밖에 없는 것이다. 셋째, 교원평가제를 교장 임용과 강력하게 연계시키는 방안이 있는데 이를 위해서는 보수 세력의 강력한 저항을 극복해야 한다. 그렇다고 교원평가제를 시행하지 말자는 것은 아니다. 지혜롭게 시행해서 학교교육에 긍정적 효과를 내게 해야 한다. 다만 교원평가제에 너무 많은 기대를 해서는 안 된다.

내가 제시한 BIG 6 정책은 교원평가제에 비해 훨씬 더 파급력이 클수 있는 정책이다. 추가로 제시한 5개의 정책도 파급력이 적지 않다. 물론 교원평가제가 지혜롭게 제대로 시행된다면 이 정책도 BIG 6에 못지않은 좋은 정책이 될 수 있다. 하지만 나는 지혜롭게 시행되는 그자체가 매우 어려울 것이라 본다. 그리고 교원평가제는 그 효과가 과장되어 있다. 실질적 효과를 냉엄하게 판단하지 않고 교원평가가 만능

해결사인 것처럼 이야기하는 사람이 너무 많다. 이것이 내가 교원평가제를 11개의 대선 교육 정책에 넣지 않고 따로 고찰하는 이유다.

제2장

전교조는 우리에게 어떤 존재인가?

1. 전교조에 대한 진보와 보수의 편향된 태도

우리나라는 교육에 관한 논쟁의 큰 흐름이 '전교조 대 반反전교조'의 구도로 짜여 있었다. 그런 의미에서 우리나라 교육 문제에 대해 전교조가 져야 할 책임은 작지 않다. 한동안 전교조는 많은 사람들의 존경과 믿음을 받았다. 촌지거부운동으로 상징되는 전교조의 도덕성은 전교조를 미워하는 우파조차도 인정하지 않을 수 없는 것이었다. 그러나 이제 전교조는 국민들에게 받던 그 존경과 믿음을 완전히 상실했다. 우리나라 교육의 희망이라고까지 인정받았던 전교조가 이제는 진보 성향의 사람들에게까지 매우 큰 실망을 주고 있다.

전교조의 추락은 아주 급격하게 일어난 사건이지만 하루아침에 이루어진 일은 아니었다. 그렇다면 전교조가 국민들에게 신뢰를 잃어가는 동안 진보와 보수가 전교조에 보인 태도는 어떤 것이었을까. 진보와 보수 전체를 언급하는 것은 너무 광범위하므로 진보 성향의 신문과 보수 성향의 신문이 보인 반응을 중심으로 살펴보자.

결론부터 말하자면 전교조에 관한 한 진보와 보수 모두 균형을 잃었다. 진보 신문은 전교조를 비판하지 않는 쪽으로 치우쳐 균형을 잃었고 보수 신문은 맹목적인 증오와 분노만을 쏟아붓는 쪽으로 치우쳐 균형을 잃었다. 여기서 더 심하게 균형 감각을 잃은 것은 보수 신문이었다. 앞에서도 말했듯이 교원평가제를 반대한 것은 전교조만이 아니었다. 우파 교원단체이자 우리나라 최대의 교원단체인 교총도 마찬가지로 교원평가제를 반대했다. 하지만 보수 신문은 오로지 전교조만을 비판했다. 마치 공교육 파탄의 원인을 모두 전교조에게 전가하는 태도까지 보였다.

물론 그렇다고 진보 신문이 보인 전교조에 대한 편향된 태도가 무조건 합리화될 수는 없다. 전교조의 잘못된 노선이 지속되게 만들었기 때문이다. 이 점에서 강준만 교수의 〈전교조를 위하여〉라는 글은 몇 번이고 곱씹어볼 만하다.

하지만 어찌 전교조 탓만 할 수 있으랴. 같은 편이라고 생각되면 쓴소리는 술자리에서나 소비하면서 공식적으론 '외부의 적'을 향해서만 모든 관심과 에너지를 집중시키는 우리의 '이념 패거리주의'가 사회적 문제의 해결을 어렵게 만드는 주범이라고 보는 게 옳으리라.
그간 보수신문들은 전교조에 대해 비난을 퍼부어왔다. 반면 진보신문들의 지면에선 전교조에 대한 비판을 찾아볼 수 없다. 양쪽 신문 지면만을 놓고 본다면 전교조는 악이거나 선이다. 그 중간은 없다. 그런데 과연 이게 진실일까?
그게 진실이 아니라는 목소리는 전교조 내부에서도 나온 바 있다. 지난 2006년 전교조 일선 초등학교 분회장이 전교조의 거친 투쟁방식에 대해 자성을 촉구한 글을 발표한 바 있다. 2007년엔 전교조 집행부 출신 현직 교사가 "전교조는 정치적·관료적으로 변질됐다"며 자성을 촉구하고 나섰다. 그러나 진보신문들은 아무런 말이 없다.

이 지독한 편 가르기 문화에 염증을 느끼는 사람들이 있다면, 그분들께 두 권의 책을 추천하고 싶다. 서울 창동고등학교 이기정 교사가 쓴 《학교개조론》과 《내신을 바꿔야 학교가 산다》이다. 이 책들은 기존 교육 논쟁의 중간 노선을 강력한 논조로 제시하고 있다.

전교조는 진보세력인가? 이념과 조직을 앞세우느라 대중과 상식으로부터 멀어진 세력을 진보로 볼 수 있는가? 이기정은 그런 의문을 제기한다. 그는 "합법화 이후 전교조가 정성을 기울인 투쟁 어디에도 학교 개혁을 위한 투쟁은 없었다"며 다음과 같이 말한다.

"7차 교육과정 반대 투쟁, 중등교사 자격증 소지자의 초등학교 교사 임용 반대 투쟁, NEIS 반대 투쟁, 교원평가제 반대 투쟁 등 합법화 이후 대부분의 투쟁에서 나는 돈키호테를 떠올렸다."

개혁·진보 진영엔 이상한 질병이 창궐하고 있다. 보수신문들이 비난하는 대상이라면 무조건 껴안고 옹호해야 한다는 질병이다. 이제 그런 방식으론 안 된다. 오히려 비판을 선점해야 한다. 전교조의 문제는 《한겨레》 지면에서 더 왕성하게 지적되어야 한다. 아니, 적어도 논쟁의 대상으로 삼아야 한다. 보수신문들을 단지 저주의 대상으로 삼다간 부메랑을 맞아 이쪽이 먼저 쓰러진다.[13]

---

13) 강준만, 〈강준만 칼럼〉, 《한겨레신문》 2009년 3월 30일자.

진보신문은 전교조에 대해 느끼는 이념적 동지의식을 떠나 전교조의 오류를 비판해야 했다. '전교조를 위하여' 전교조를 비판했어야 했다. 보수신문은 전교조를 비판하되 잘못한 만큼만 비판했어야 했다. 보수신문이 보인 편파성은 언론의 정도를 벗어나도 한참이나 벗어난 것이었다. 그것은 언론의 행동이라기보단 우파 돌격부대의 행동이었다. 아무리 전교조의 이념이 미워도 증오에 바탕을 둔 편파적인 비판은 자제했어야 했다. '전교조를 위하여'가 아니라 우리나라의 '교육을 위하여' 그렇게 했어야 했다.

나는 전교조에 관한 한 보수신문의 잘못이 진보신문의 잘못보다 더 크다고 생각한다. 보수신문 중 특히 조선과 동아의 전교조 기사를 읽다 보면 이들 신문이 우리나라 공교육 파탄의 실제 책임 세력을 보호하기 위해 전교조를 방패막이로 이용하는 것 아닌가 하는 생각이 들 때도 있다. 물론 그들이 실제 그런 생각을 갖고 전교조를 비판하진 않았다는 것쯤은 잘 안다. 하지만 나는 보수신문의 전교조에 대한 보도 태도가 우리 교육에 진짜 책임이 있는 세력에게 면죄부를 주는 효과를 적지 않게 발생시켰다고 생각한다. 책임을 져야 할 세력이 책임을 지지 않고 기득권을 그대로 유지한다면 개혁은 이루어지지 않는다. 아마도 우리나라 공교육의 개혁은 제대로 이루어지지 않을 것이다. 이에 대한 책임의 상당 부분은 보수언론에 있다.

2. 학교 붕괴의 책임, 전교조에 돌을 던지지 마라

냉정하게 보면 전교조는 학교교육 실패에 대한 책임이 가장 작은 집단이다. 오히려 학교교육의 모순을 바로잡기 위해 가장 치열하게 고민하고 노력했던 집단이다. 누구보다도 학생들의 입장에 서서 그들의 아픔을 함께하려 했던 집단이다. 무엇보다 전교조가 내세운 참교육은 대다수 국민 모두에게 감동을 주었던 교육 정신이다. 전교조의 참교육을 위한 헌신적인 행동은 전교조에게 적대적인 보수언론조차 인정하는 것이다.

전교조는 패배주의에 젖어 학교별 전교조 소속 교사 숫자 공개에 겁부터 내기보다 이번 일을 통해 학부모 지지를 받는 단체로 거듭나야 한다. 전교조가 촌지거부운동을 벌여 학부모의 박수를 받던 '참교육운동'의 초심으로 돌아간다면 어려운 일이 아니다.(《조선일보》 2008년 9월 16일자)

조선일보는 신문사의 공식 입장이라 할 수 있는 사설에서 전교조의 초심이 참교육운동이었고 그로 인해 학부모의 박수를 받았던 사실을 분명히 인정하고 있다. 전교조에게는 대다수 국민으로부터 지지를 받던 시절이 있었다. 그리고 조선일보의 말대로 참교육운동의 초심으로 돌아간다면 전교조는 다시 학부모의 지지를 받게 될 것이다. 그러나 전교조가 초심으로 돌아가지 못했다고 해서 흉악한 집단인 것은 아니다. 초심으로 돌아가면 훌륭하겠지만 돌아가지 못하면 그냥 그저 그런 평범한 집단이 되지 나쁜 집단이 되는 것은 아니다.

아마도 전교조는 영원히 스스로 초창기의 마음으로 돌아가진 못할 것이다. 참된 교육을 위해 자신의 모든 것을 희생한 초창기의 모습들은 이제 과거의 전설로만 남을 것이다. 다시 그 세계로 돌아가기란 불가능하다. 그것은 전교조 교사들이 특별히 나쁜 사람이어서도 아니고 그간 심하게 타락했기 때문도 아니다. 초창기에는 전교조 교사들이 수천이었지만 지금은 수만으로 그 수가 늘어난 것이 약간의 이유가 될 수 있겠으나 본질적으로는 그것 때문도 아니다. 가장 큰 이유는 사람이 평생 동안 그토록 헌신적인 삶을 살기란 매우 어렵다는 데 있다. 한 조직의 구성원 전체가 그런 어려운 일을 오랫동안 하는 것은 불가능하다. 애초부터 전교조의 초심과 초기 행동은 대중적 차원에서 오랫동안 지속되기에는 너무 어려웠던 것이다.

전교조가 초심을 많이 잃어버린 것은 분명한 사실이지만 그것은 인간세상에선 얼마든지 있을 수 있는 일이다. 따지고 보면 그렇게 욕먹을 만한 일도 아니다. 전교조 교사들은 한때 자신을 희생하여 교육을 살리려 했던 존재이지만 합법화 이후 그 행위를 그만두었을 뿐이다. 그냥 보통의 인간, 평범한 교사로 돌아왔을 뿐이다. 합법화 이후 전교조에 가입한 교사들은 전교조의 참교육 이념에 동의했고 초창기 전교조 교사들이 보였던 헌신적 행동을 존중했기 때문에 가입했겠지만, 그들 또한 그냥 평범한 교사로서 생활하고 있을 뿐이다. 분명 전교조가 초심을 상당 부분 잃어버린 것은 자랑스러운 일이 아니다. 부끄러운 일이다. 그렇다고 심하게 욕을 먹을 만큼 나쁜 짓은 아니다.

도대체 우리들 주위의 누가 초창기 전교조 교사들이 살았던 그 어렵고 힘든 삶을 평생 동안 살고 있단 말인가? 누가 감히 수만의 전교조 교사에게 그런 희생적 삶을 요구할 수 있단 말인가? 전교조 초창기의 생각과 행동을 기준 삼아 돌을 던진다면 대한민국 사람 99.9%는 돌을 맞아야 할 것이고, 전교조를 탄압하는 이명박 정권과 전교조를 비난하는 보수언론은 벌써 돌무덤 속에 파묻혔어야 했을 것이다.

물론 전교조 교사들의 참교육에 대한 희생과 헌신을 기억하는 사람들이 계속해서 전교조 교사들에게 희생과 헌신을 요구하는 것은 크게 이상한 일이 아니다. 그것은 인간이 가진 자연스러운 감정일 수 있다. 사람들은 잘했던 사람에겐 계속 잘할 것을 기대하는 경향이 있다. 항상 친절하던 사람이 한 번 섭섭하게 대하면 비난하고, 항상 쌀쌀맞던 사람이 어쩌다 친절하면 감격하는 게 사람들의 자연스러운 마음이다. 그러나 희생과 헌신을 하다가 그것을 중지했다고 그 사람이 나쁜 사람이 된 것은 아니다. 특히 희생과 헌신을 옛날에도 하지 않았고 지금도 하지 않는 사람들보다 더 나쁜 사람들이라고는 볼 수 없는 것이다.

과거에 전교조 교사들은 참된 교육을 위해 희생하고 헌신했다. 교원근무평정에서 점수를 받는 데 조금도 도움이 되지 않음에도 아이들을 위한 일에 열정을 보였다. 승진에는 조금도 도움이 되지 않음에도 교육적으로 바람직한 일을 많이 했다. 그 대표적인 사례가 교사들이 서슴없이 촌지를 받아 챙겼던 학교의 치부를 스스로 드러내고 이를 근절하기 위한 운동을 펼친 것이었다.

합법화 이후 10년 동안에는 이런 일들을 과거에 비해 많이 하지 못했다. 사람이 늘고 합법화가 되어 힘이 세졌으니까 더 많이 해야 할 것 같은데 오히려 그렇지 못했다. 기대가 컸던 집단이니까 실망이 클 수는 있다. 하지만 비판은 잘못한 만큼만 해야 한다. 전교조 혼자서 모든 욕을 다 먹어서는 안 된다. 학교교육에 대한 국민들의 분노와 원망을 전교조가 다 짊어지고 욕을 먹어서는 안 된다. 이는 단순히 전교조의 억울함과 관련된 문제로만 그칠 것이 아니다. 전교조를 향한 과도한 비난은 자칫하면 학교교육 파탄의 주범에게 면죄부를 줄 수 있기 때문이다.

전교조는 분명 잘못했지만 그것은 전교조의 초창기 정신에 비춰 볼 때 당연히 할 것으로 기대되었던 일들을 하지 못한 잘못이지 학교교육을 망치고 파탄 낸 잘못이 아니다. 전교조의 잘못은 합법화 이후 방향을 잘못 잡아 국민의 기대를 저버린 데 있지 학교교육을 망가뜨린 데에 있지 않다. 합법화 이후 전교조는 참 바보 같은 투쟁도 많이 했다. 합법화 이후에 7차 교육과정을 반대한 것이라든지 NEIS(교육행정정보시스템)라고 하는 전산시스템을 반대한 것은 참으로 어처구니없는 일이었다. 그것은 그냥 두어도 될 사안들이었다. 괜히 아무것도 아닌 일에 지나치게 의미를 부여해서 싸운 것이었다. 그렇다고 학교교육이 전교조의 엉뚱한 투쟁 때문에 망가졌다고 할 수는 없다. 전교조가 7차 교육과정과 NEIS를 반대하는 투쟁을 했기 때문에 학교교육이 실패한 것이 아니다. 전교조가 성과급과 교원평가를 반대했기에 학교교육이 실패한 것도 아니다. 그것과 관계없이 이미 학교교육은 파탄 나 있었고 파탄 나는 중이었다.

전교조의 반대로 정부의 어떤 정책이 좌절된 것도 없었다. 전교조가 반대했던 7차 교육과정이나 NEIS는 엄연히 학교에서 시행 중이다. 교원 성과급도 벌써 10년째 시행 중이다. 교원평가제만 해도 그렇다. 전교조가 교원평가제를 무조건 반대하는 것은 분명히 잘못이지만 전교조 때문에 교원평가제가 시행되지 못했던 것은 아니다. 특별히 전교조 때문에 시행이 늦춰졌던 것도 아니다. 전교조의 힘은 어떻게 보면 사실 별것 아니다. 정부가 시행할 의지만 있으면 전교조가 아무리 반대해도 얼마든지 시행할 수 있다. 교원평가제 반대에 전교조가 실질적으로 투여한 힘도 얼마 되지 않는다. 7차 교육과정 반대 투쟁이나 NEIS 반대 투쟁의 절반도 되지 못한다. 정부가 교원평가를 실천할 의지가 있었다면 그것은 벌써 시행될 수 있었다.

전교조의 잘못은 국민의 기대에 부합하지 못한 데에 있지 교육을 망쳐온 데에 있지 않다. 전교조의 잘못은 국민들이 기대했던 역할을 제대로 수행하지 못한 데에 있지 학교교육을 망친 데에 있지 않다. 실망은 얼마든지 할 수 있지만 과도한 비난은 옳지 못하다. 그럼에도 불구하고 보수언론의 전교조 비판은 마녀사냥을 방불케 한다. 합리적 차원에서 잘못한 것을 잘못한 만큼만 비판하는 것이 아니라 과도하게 왜곡해서 비판한다. 국민들의 마음속에 증오심과 적개심을 불러일으키려 한다.

상당수 국민들은 여기에 속아 학교교육에 대한 불만을 전교조 비난으로 해소하려 한다. 분풀이할 희생양을 찾는 것이야 인간으로서 자연스러운 일이지만 이런 식의 분노 표출은 보수언론의 마녀사냥 놀음에 놀아나는 것밖에는 되지 않는다. 전교조를 욕하는 사람들은 알아야 한다. 학교에서 아이들을 조금이라도 더 많이 사랑하고 아끼는 교사들 중에는 그래도 전교조 교사들이 많다는 사실을.

3. 진보여, 전교조에 돌을 던져라

보수우파의 전교조 비판은 비합리적이고 맹목적이다. 사실 그들이 과연 전교조를 비판할 자격이 있는지도 의심스럽다. 전교조 비판은 오히려 진보좌파의 입장에서 가혹하게 이루어져야 한다. 전교조의 정책은 상상을 초월할 정도로 어리석어서 진보좌파를 해롭게 하고 보수우파를 이롭게 만든 면이 너무 크기 때문이다.

교원평가제를 반대하는 것만 해도 그렇다. 국민들이 교사들은 아무런 평가도 받지 않아왔다고 생각하는 순간 게임은 끝난 것이었다. 국민들이 이례적이라 할 만큼 높은 비율로 찬성하는 정책을 전교조 정도의 조직이 반대한다고 도입하지 않을 멍청한 정부는 없다. 전교조는 패배가 뻔히 정해져 있는 것임에도 불구하고 어쭙잖게 나서서 반대하는 바람에 국민들의 욕만 죽도록 먹고 진보라는 이름에 먹칠을 했다. 나아가서는 교육을 망쳐온 세력들을 교육 개혁 세력으로 보이게 만들어주었다.

사실 전교조의 지도부가 교원평가제의 시행과 그로 인한 학교의 변화를 원하지 않았다면 그냥 가만히 있었으면 될 일이었다. 굳이 반대할 필요도 없이 그냥 내버려두어도 교원평가제는 종이호랑이가 될 것이 분명했다. 그러니 교원평가제로 인한 학교의 변화를 원하지 않으면 그냥 가만히 있었으면 됐다. 그럴 것을 괜히 나서서 반대하는 바람에 자신들은 학교의 변화를 원하지 않는 수구적 집단으로 인식되고, 학교 교육에 가장 큰 책임이 있는 교육 관료를 비롯한 교육 기득권 세력을 개혁적인 집단으로 보이게 했다. 그래서 상당수 국민들의 지지가 보수 우파 세력에게 가도록 만들었다.

교원평가제에서 학교 개혁의 희망을 본 국민들이 교원평가제를 적극적으로 추진할 듯 보이는 보수우파에게 호감을 갖는 것은 당연한 일이었다. 보수언론이 전교조를 그렇게 가혹하게 비판할 수 있었던 것도 교원평가제에 관한 한 국민들이 자기 편이라 확신했기 때문이다. 이것은 교육감 선거에도 영향을 미쳐 서울에서 공정택 후보가 교육감이 되는 데 일조했다. 공정택 후보가 '전교조에 휘둘리면 교육은 무너집니다'라는 슬로건으로 선거에 승부수를 띄워 적잖은 효과를 보게 만들었다.

전교조가 진정한 진보 세력이었다면 노무현 정부가 교원평가제를 추진할 때 선수를 쳐서 더 강력한 교원평가제를 주장했어야 한다. 교원근무평정이 낳는 폐해를 충분히 극복할 수 있을 만큼의 강력한 교원평가제를 주장했어야 한다. 학교교육을 획기적으로 바꿀 강력한 교원평가제, 교육 기득권 세력의 존재 토대를 붕괴시켜버릴 수 있을 만큼의 강력한 교원평가제를 위해 투쟁했어야 한다.

노무현 정부는 그것을 실천할 만한 충분한 용기와 의지가 부족했으니까 진보좌파인 전교조가 요구하고 투쟁했어야 했다. 그랬다면 상황은 달라졌다. 만약 노무현 정부가 전교조의 압력에 굴복하여 강력한 교원평가제를 도입하려 했다면 이제 들고 일어나는 쪽은 교육 기득권 세력이었을 것이다. 교원근무평정의 옹호자인 교총이 들고 일어날 것이고, 사학재단과 한나라당이 들고 일어났을 것이다. 전교조는 바보도 보통 바보가 아니었다. 그런 의미에서 우리는 전교조를 비판해야 한다.

물론 학교교육의 비참한 현실을 전교조에 뒤집어씌우는 비판은 옳지 못하다. 학교 붕괴의 책임을 전교조에게 전가하는 것은 야비하다. 야비한 정도를 넘어 사악하다. 그것은 부당하게도 교육 기득권 세력들의 잘못을 전교조에게 전가하는 일이다. 그러나 이에 대한 반작용으로 진보좌파가 전교조를 감싸고도는 것은 어리석은 짓이다. 오히려 진보좌파는 전교조에 더 날카로운 돌을 던져야 한다. 전교조의 멍텅구리 정책 노선은 진보좌파에게 무거운 짐이며, 전교조의 정책은 진보의 가치를 떨어뜨린다.

진보 진영에서 노무현 정부를 비판할 때 흔히들 하는 표현이 '좌 깜박이 켜고 우회전했다'는 말이다. 이념적으로 좌파인 듯이 보였지만 사실은 우파적 정책을 펼쳤기에 노무현 정부가 실패했다는 말이다. 멋있는 표현이기는 하지만 글쎄, 난 잘 모르겠다. 너무 단순한 평가인 듯하다. 그런데 만약 그 말을 전교조에게 한다면 어떨까? 이건 아주 정곡을 찌르는 비판이 된다. 전교조는 진보좌파의 이념을 내걸었지만 합법화 이후에 한 일은 전부 우파적 행동이었다. 좌측 깜박이 켜고 우회전한 전교조의 행동을 몇 개만 살펴보자.

7차 교육과정 반대 투쟁

김대중 정부 때 전교조가 '7차 교육과정'을 반대한 것은 그것이 신자유주의적 교육과정이란 이유에서였다. 그런데 당시 전교조가 7차 교육과정의 가장 핵심적 문제로 지적한 것은 고등학교 2~3학년의 교과선택제이다. 전교조는 학생들에게 교과 선택의 폭을 넓혀주는 것을 신자유주의적 정책이라 낙인을 찍고 반대한 것이다. 그러나 우리나라 학교에서 학생들에게 교과 선택의 자유를 주는 일은 진보적인 것이다. 우리나라 학교에서 학생들은 단 한 번도 자신의 취향과 능력에 맞는 교과 선택의 자유를 누려본 적이 없다. 그것은 7차 교육과정이 실시되기 이전에도 그랬고, 7차 교육과정이 시행 중인 지금도 마찬가지이다. 오히려 우리나라 학교는 앞으로도 학생들에게 더 넓은 선택의 자유를 주어야 한다.

그런데 전교조는 학생들에게 더 많은 선택의 자유를 주라고 요구하기는커녕 선택의 자유를 주려 한 교육과정을 반대했다. 7차 교육과정에서 학생들에게 보장한 선택권도 실질적으로는 아주 보잘것없었음에도 불구하고 말이다. 이것은 명백히 보수적 태도였다.

중등교사 자격증 소유자의 초등교사 임용 반대 투쟁

당시 김대중 정부는 학교의 교육 여건을 획기적으로 개선하고자 학급의 학생 수를 빠른 속도로 줄이는 아주 바람직한 정책을 폈다. 그래서 갑자기 학교에는 더 많은 수의 교사가 필요하게 되었다. 그 바람에 초등교사 자격증 소지자의 부족 현상이 초래되었고 그들만으로는 필요한 초등교사를 충원할 수가 없는 현상이 발생했다. 당시 교육부는 이 문제를 중등교사 자격증 소유자를 초등교사로 임용함으로써 해결하려 했다. 그런데 전교조는 이를 결사적으로 반대했다. 그것이 학급의 학생 수를 줄이는 바람직한 정책으로 인해 나타난 현상이었음에도 말이다.

학교의 학급당 학생 수 감축은 교사의 근무 환경을 개선함은 물론 실업자 상태에 있는 교사 자격증 소지자들에게 일자리를 제공하는 효과가 있었다. 그런 면에서 학급당 학생 수의 감축이 주는 효과는 제조업에서의 근로 시간 감축이 주는 효과와 매우 비슷한 것이다. 근로 시간 감축도 근로자의 근무 환경을 좋게 하는 것이고, 더 많은 고용을 낳아 실업을 줄이는 효과를 가져오니 말이다. 따라서 학급당 학생 수의 감축은 매우 진보적인 정책이라 할 수 있었다. 약간의 부작용이 있다고 해서 전교조가 반대할 일은 절대로 아니었다. 당시 전교조의 모습은 수구보수 그 자체였다.

교원평가제 반대 투쟁

오래전부터 존재해온 교원근무평정이란 제도는 교사의 교육 능력을 완전히 무시하는 평가제도이다. 가르치는 능력이 뛰어난 교사들이 좋은 점수를 받는 평가제도가 아니다. 교원근무평정은 교육자라기보다 교육 관료에 더 가까운 교장이 주체가 되는 평가제도로서, 로비와 줄서기가 제일 중요하고 기껏해야 사무행정업무가 중요시되는 평가제도였을 뿐이다.

우리나라에서는 학생과 학부모를 평가의 주체로 끌어들이는 것 자체가 매우 바람직하다. 학생과 학부모는 어느 누구보다도 교사의 진정한 능력인 가르치는 능력을 가장 중요하게 생각하는 집단이기 때문이다. 따라서 교원평가제는 매우 진보적인 정책인 것이다.

전교조가 진정한 진보라면 오히려 제대로 된 교원평가제를 주장했어야 했다. 하지만 전교조는 무조건 교원평가제를 반대했다. 교장에 대한 아부와 순종만으로도 높은 점수를 받을 수 있는 교원근무평정의 모순이 수십 년 동안 학교를 짓밟아온 상황에서 학생과 학부모의 평가를 받지 않겠다는 것은 결코 진보적인 태도가 아니었다.

전교조의 잘못은 다른 데 있지 않다. 좌측 깜박이를 켜고 항상 우회전을 한 데 있다. 진보의 가치를 배신한 데 있다. 우리는 진보좌파의 품격을 회복하기 위해서라도 전교조를 혹독하게 비판해야 한다. 보수 언론이 이명박 정부를 맹목적으로 지지하듯 진보좌파가 전교조를 맹목적으로 지지한다면 진보좌파의 앞날도 뻔한 것이다.

4. 교육 기득권 세력의 책임을 물어라

전교조에게 향하는 과도한 비난은 단순히 전교조의 억울함 정도로 그치는 문제가 아니다. 그것은 학교교육의 실패에 진짜 책임을 져야 할 자들이 전교조라는 방패 뒤에 숨어서 그 책임을 회피하는 결과를 낳을 수 있다. 그래서 그들이 자신의 기득권을 계속 유지하게 만들 수 있다.

학교교육 실패의 책임은 제도적 측면에서 보면 잘못된 학교제도에 있지만 사람으로 보면 그 제도 속에서 이익을 얻는 기득권 세력에게 있다. 대한민국의 학교가 이렇게 엉망이 된 중요한 원인 중 하나는, 잘 못된 교육제도 속에서 이익을 얻어온 세력들이 잘못된 교육제도를 계 속 유지하려는 데 있다.

학교교육을 망가뜨린 잘못된 제도는 한둘이 아니지만 교원평가제 와 관련한 것만을 말하자면 교원근무평정제도와 이와 연계된 교원승 진제도를 빼놓을 수 없다. 지금 대한민국의 학교는 공립이건 사립이건 학생과 학부모로부터 그 능력과 인품을 인정받는 교사들이 승진하여 학교를 운영하는 곳이 아니다. 교육부와 교육청의 관료들, 학교의 관 료인 교장(교감)들 모두 학생들 가르치는 능력과는 철저히 유리된 시 스템 속에서 승진했다. 그리고 이들은 학생들 가르치는 능력은 철저히 배제한 채 자신들의 편협한 가치관과 이익을 기준으로 하여 교사를 평 가하고 승진시켰다. 사학재단도 마찬가지다. 사학재단은 학생들의 존 경과 인정을 받아온 사람보다는 재단의 이익을 보장하는 능력이 뛰어 난 사람을 교장에 임명했다.

학교교육 실패의 가장 큰 원인 중 하나는 가르치는 능력과 철저히 유리된 교사승진시스템에 있다. 정치인이 국민들로부터 그 능력을 인 정받으면 그 정치인은 권력과 명예, 그리고 부를 얻는다. 연예인이 대 중들에게 인정을 받으면 그 연예인은 부와 권력을 얻는다(여기서의 권 력은 정치 권력만을 말하지 않는다. 문화적 권력까지 포함하는 넓은 개념이 다). 학원 강사가 학생들로부터 능력을 인정받아도 그 학원 강사는 부 와 권력을 얻는다. 정치인이 권력을 얻으려면 아무튼 국민들에게 인정 받으려고 노력해야 한다. 권력을 잡은 다음에 배신을 하는 한이 있더 라도 국민들의 인정을 받으려고 노력한다. 연예인은 부와 권력을 얻기 위해 아무튼 대중들에게 더 좋은 연기를 보여주고 더 좋은 노래를 들려주려고 노력한다. 학원 강사는 더 많은 돈을 벌기 위해 더 좋은 수업으로 학생들에게 인정받으려 노력한다.

교사들은 교장이 되고 관료가 되기 위해 학생들에게 능력을 인정…… 아차, 실수. 교사들은 교장이 되고 관료가 되기 위해 사무행정을 열심히 하거나 교육청 프로젝트를 실행하기 위해 노력한다. 그래서 안 해도 될 사무업무를 만들고 간단한 업무는 길고 복잡하게 만들어 다른 교사들의 시간까지 소모하게 만든다. 학생교육과 완전히 유리된 전시용 프로젝트를 끌고 와서 엉뚱한 교사들까지 고생시킨다. 이렇게 해서 교장이 되고 관료가 되면 학생들에게 도움이 안 되는 쓸데없는 일들로 교사들의 진을 뺀다. 내가 교사가 되어 여러 명의 교장과 교감을 보며 마음속에서 외친 말이 있다. 제발 가만히 있으면서 월급이나 타 먹어라. 제발 뭘 열심히 하려고 하지 말고 좀 가만히 있어라. 그들이 하려는 뭔가는 도대체가 한결같이 학생들 교육에는 아무런 도움이 되지 않는 쓸데없는 것들이었다. 특별히 그들이 못난 사람이어서만은 아니었다. 인품이 훌륭하여 충분히 여러 사람의 존경을 받을 만한 교장도 뭔가를 했다 하면 오히려 교육에 방해가 되는 일을 하는 것이었다. 사립학교 교사들이라고 해서 이러한 모순에서 자유롭지는 않다. 공립학교 교사들에 비해 이런 면이 좀 적지만 대신 그들은 교장이 되려면 철저히 재단의 눈에 들려는 노력을 해야 한다. 학생과 학부모의 인정과 존경이 아닌 재단의 인정만이 필요한 것이다.

교육 기득권 세력에게서 학교 권력을 빼앗아 학생과 학부모에게 주어야 한다. 국민은 얼마든지 교육 권력의 일부를 학생과 학부모에게 넘기라고 요구할 권리가 있다. 우리나라 학교는 사립학교조차도 그 운영자금의 대부분이 국민의 세금으로부터 나오니 말이다. 그 가장 좋은 방법은 학생과 학부모를 교원평가제의 단일 주체가 되게 하고 그들의 평가 결과를 교원의 인사(승진)와 강하게 연계시키는 것이다. 즉, 강력한 교원평가제를 도입하는 것이다. 그러나 앞에서도 말했듯이 강력한 교원평가제가 만들어지는 일은 일어나지 않을 것이다. 만들어지는 것은 종이호랑이 교원평가제일 뿐이다. 이마저도 교육 관료들의 무능과 비열함으로 숱한 왜곡 과정을 겪을 것이다. 한때 학생에 의한 교사평가를 열렬히 지지했던 어느 교사의 다음과 같은 푸념처럼 말이다.

"3년 전 샘과 교사평가 이야기를 했던 것을 요즘 많이 후회합니다. 경솔했었다고……. 요즘 우리 학교가 교사평가 시범학교를 하는데 이렇게 왜곡되게 할 수도 있구나, 새삼 두렵답니다. 어떤 순수한 제안도, 그 나름 바람직한 정책도 누가 입안하고 집행하는가에 따라 얼마나 독한 칼날이 될 수 있는지 뼈아프게 느꼈습니다. 날카로워서가 아니라 너무 무뎌서, 잘못 힘으로 내리치다 사람만 다치게 만드는 칼날이어서……."[14]

5. "교총, 전교조보다 더 나쁜 놈들이야."

"교총 도대체 뭐하는 집단이야? 전교조보다 더 나쁜 놈들이야!"

교육과학기술부의 최고위급 관료가 한 말이다. 되새겨볼 말이다. 어쩌면 이 말은 교과부의 정책에 반대하는 교총에게 화가 나서 내뱉은 일순간의 감정을 담은 말에 불과할 수도 있다. 하지만 나는 이 말에 진

---

14) 선생님의 이름은 밝히지 않는다. 내게 개인적으로 보낸 메일에서 하신 말씀이다.

실이 있다고 생각한다.

당신은 전교조를 나쁜 집단이라고 생각하는가? 부정하지 않겠다. 다만 그렇다면 교총은 더 나쁜 집단이란 것을 알아 달라. 당신은 교총을 좋은 집단이라고 생각하는가? 역시 부정하지 않겠다. 다만 이것만은 알아 달라. 그렇다면 전교조는 더 좋은 집단이라는 것을.

지금 나는 좋은 집단이니, 나쁜 집단이니 하는 말을 사용했지만 썩 좋은 용어는 아니다. 그들이 무슨 범죄 집단이라도 된단 말인가? 그들은 그냥 교원들의 이해와 요구를 대변하는 집단일 뿐이다. 변호사협회가 변호사들의 이해를 대변하고, 의사협회가 의사들의 이해와 요구를 대변하듯이 말이다. 의사협회의 주장이 환자들에게 꼭 이로운 것이 아니고 변호사협회의 주장이 꼭 사회 정의에 이롭기만 한 것이 아니듯이 교총이나 전교조의 주장도 그런 것이다. 대부분의 인간 집단들이 다 그렇듯이 말이다.

제3장

평준화의 폐해를
어떻게 바라볼 것인가?

1. 평준화의 폐해에 대한 진보와 보수의 입장

우리나라에는 고등학교는 물론 중학교에도 입학시험이 있었던 시절이 있다. 중학교가 먼저 평준화되었고 뒤이어 대도시 지역의 고등학교가 평준화됨으로써 중·고등학교의 입학시험이 사라지게 되었다.

중·고등학교의 평준화는 올바른 정책이다. 중학교의 평준화는 말할 나위도 없지만 고등학교의 평준화도 올바른 정책이다. 그러나 평준화 정책을 지지하는 것과 평준화로 인한 폐해를 인정하는 것은 별개의 문제이다. 평준화는 올바른 정책이지만 평준화로 인한 폐해는 존재한다. 그리고 우리 사회가 발전하고 다양화될수록 그 폐해는 점점 더 커지고 있다.

평준화의 폐해는 진보(좌파)라고 해서 모르는 것은 아니지만 보수(우파)가 훨씬 더 잘 인식하고 있는 것으로 보인다. 그래서 좌파는 지금의 평준화제도를 그대로 유지하려는 태도를 보이고 있고 우파는 좌파에 비해 상대적으로 평준화제도를 허물려는 태도를 보이고 있다.

좌파와 우파의 이러한 태도는 특목고와 자사고 등에 대한 입장을 통해 잘 드러난다. 특목고 등은 김대중 정부와 노무현 정부 때도 설립되었다. 하지만 그 정도는 이명박 정부가 추진하려는 것에 비하면 상대가 안 된다. 김대중·노무현 정부는 평준화의 기본 틀을 유지하면서 그 문제점을 보완하려는 정도였지만 이명박 정부는 평준화의 기본 틀을 흔들 정도로 많은 자립형사립고와 자율형사립고를 설립하려 한다.

물론 예외적 현상은 있다. 얼마 전 이명박 정부가 사교육비 대책의 일환으로 외고 폐지 등을 언급한 것은 사실이다. 그러나 시간이 갈수록 외고 폐지 주장은 흐지부지되었고 결국 없던 일로 되어버렸다. 이런 예외적 현상을 예외로 한다면 우파는 평준화의 틀을 허무는 태도를 지속적으로 보이고 있다. 평준화의 폐해에 대한 우파의 대안은 평준화의 폐지인 것 같다. 평준화 폐지라는 말을 분명하게 사용하지는 않지만 그들의 정책은 실질적으로는 평준화 폐지를 지향하는 듯하다. 평준화의 문제점을 분명하게 인식하고 있는 것은 우파의 장점이다. 그러나 평준화의 폐해를 줄이기 위해 우파가 강력하게 추진하는 평준화 허물기 정책이 올바른 것은 아니다.

2. 진보는 안일하고 보수는 무모하다

우파의 대안은 평준화의 폐해보다 더 심각한 문제를 발생시킨다. 그 대표적인 것이 고교 입시라는 괴물을 다시 불러들이는 것이다. 특목고 진학을 위한 입시 경쟁은 이미 과도하다. 지금 존재하고 있는 특목고의 입시 경쟁만으로도 아이들은 살인적 고통을 겪고 있다. 실제로 특목고 진학을 위한 학원교육은 늦어도 초등학교 5~6학년, 좀 빠르면 3~4학년 단계에서 시작되고 있다. 특목고 전문 학원의 입시 수업이 이미 그때부터 시작된다. 학원의 수업이 일주일에 30시간을 훌쩍 넘는다. 초등학생마저도 특목고 진학을 위해 거의 매일같이 학원에서 밤늦게까지, 때로는 자정이 넘는 시간까지 생활해야 하는 살인적인 입시 경쟁이 이미 지금도 벌어지고 있다. 이것은 고등학생이 대학에 진학하기 위해 벌이는 경쟁과는 차원이 다른 문제다. 고등학생은 그래도 웬만큼 몸과 마음이 큰 아이들이다. 하지만 초등학생은 그야말로 아직 철이 덜 든 아이들이다. 감수성에 미치는 영향이 비교가 안 되는 것이다.

우파가 주도하는 평준화 폐지 정책은 이러한 폐해를 훨씬 더 심각하게 만들 것이다. 특목고 입시를 걱정할 때 사람들은 흔히 사교육비 문제만 떠올리는 경향이 있다. 하지만 그것은 우리가 직시해야 할 진짜 문제에 비하면 새 발의 피일 수 있다. 특목고 입시로 인한 진짜 중요한 문제는 너무도 어린 나이에 시작하는 입시 경쟁으로 인해 학생들의 인성이 심각하게 왜곡될 수 있다는 것이다. 물론 이에 대한 분명한 증거를 대기는 어렵다. 당장 그 폐해가 사회적으로 나타나는 것도 아니다. 그러나 분명한 것은 우리나라의 엘리트 그룹을 형성할 학생들의 인성이 초등학교 때부터 시작된 과도한 입시교육으로 인해 크게 왜곡되고 있다는 사실이다. 웬만한 교사라면 뼛속 깊이 느끼고 있다. 엘리트 그룹을 형성할 아이들의 인성 왜곡은 언젠가 우리 사회에 커다란 사회적 비용을 지불하게 만들 것이다. 지금 우리 아이들에게 나타나고 있는 사회적 책임의식의 약화, 따뜻한 마음씨의 쇠락, 천진난만한 마음의 상실 등은 여러 가지 형태로 미래 우리 사회에 엄청난 사회적 비용을 요구할 것이다. 그런데 이 많은 비용을 지불하면서 그 대가로 우리 사회가 얻는 것은 무엇일까? 그 치열한 경쟁을 통해 학생들이 습득한 지식과 능력이 우리 사회에 얼마나 큰 가치가 있는 것일까?

시장에서 경쟁은 대개의 경우 사람들에게 이익을 가져다준다. 기업들 간의 치열한 경쟁이 있기에 더 좋고 싼 물건이 끊임없이 쏟아져 나올 수 있는 것이다. 그러나 모든 분야에서 이러한 일이 벌어지는 것은 아니다. 꽃게 철에 서해바다에서 어민들이 경쟁적으로 꽃게를 잡는다면 어떤 일이 벌어질까? 당장은 소비자들에게 이익이 될 것이다. 맛있는 꽃게를 아주 싼 값으로 무진장 먹을 수 있게 될 테니 말이다. 하지만 그것은 아주 짧은 기간 동안만 가능한 것이다. 몇 년이 지나지 않아 꽃게는 씨가 마를 것이고 소비자들은 아주 비싼 값에도 꽃게를 먹을 수 없게 될 것이다. 이른바 경제학에서 말하는 공유지의 비극이다. 이러한 공유지의 비극은 교육에서도 나타날 수 있다. 어린 나이임에도 불구하고 졸음을 참아가며 하는 학생들의 성실한 공부가 오히려 사회 전체에는 부정적인 결과를 가져오는 현상이 나타날 수 있는 것이다.

공유지의 비극을 막기 위해서는 국가의 개입이 필요할 수 있다. 어부 개개인의 입장에서는 무조건 물고기를 많이 잡는 것이 이익이지만 모든 어부들이 무조건 물고기를 많이 잡으면 고기의 씨가 말라 결국 모두가 피해를 볼 수 있다. 그러나 어부들의 자발적인 협의로 적절한 양의 고기만을 잡는 것은 어렵다. 모든 사람이 협의를 지킬 때 협의를 깨는 사람이 가장 큰 이익을 얻기 때문이다. 한 사람이 협의를 깨는 순간 모든 사람이 협의를 깨게 되어 있다. 그 결과는 모두의 공멸이지만 사람들은 이 공멸에서 벗어나기 어렵다. 이때는 국가가 개입하는 것이 최선이다. 물고기의 번식 기간에는 어로 작업을 제한하는 법과 규칙을 만들어서 말이다. 이러한 국가의 적절한 개입은 공유지의 비극을 막을 수 있는 최선의 방안이다.

　지나친 입시 경쟁은 오히려 사회 전체에 폐해를 가져온다. 입시 실력이 진짜 실력이 아니기 때문이다. 그런데도 입시에 성공하는 것이 너무나 큰 이익이기에 개개인으로서는 이 경쟁에서 물러날 수가 없다. 국가만이 여기에서 벗어날 수 있다. 국가적 차원에서는 학생들이 입시 공부에 모든 것을 바치든 그렇지 않든 입시에서의 성과는 항상 동일하기 때문이다. 즉, 학생들이 입시에 100을 투자하든 10을 투자하든 국가적 차원에서 입시 결과는 항상 동일하기 때문이다.[15]

　고교평준화는 초·중학생의 경쟁을 완화한다. 고교평준화는 초·중학생에게 나타날 수 있는 공유지의 비극을 예방해준다. 고교평준화는 초·중학생에게 나타날 공유지의 비극을 예방하기 위해 국가가 취할 수 있는 최소한의 법적·제도적 장치인 것이다. 평준화의 틀은 허물어서는 안 된다. 평준화의 폐해는 평준화의 틀을 유지하면서 극복해 나가야 한다. 이는 얼마든지 가능하다. 물론 평준화의 문제점은 심각하다. 좌파가 이 점을 제대로 인식하지 못하는 것은 잘못이다. 평준화라는 가치를 보호하기 위해서 일부러 알면서도 못 본 척하는 면이 있다는 것을 모르는 바 아니다. 평준화의 폐해를 인정하는 것이 자칫 평준화의 폐지로 연결되지 않을까 하는 염려는 충분히 가능하다. 우파가 평준화 폐지 성향의 정책을 과격하게 시행하고 있는 상황에서는 더더욱 그렇게 생각할 수 있다. 그러나 좌파는 평준화를 지키기 위해 평준화의 문제점에 대해선 눈을 감아버리는 무능한 모습을 보여주고 있다. 그래서 오히려 평준화 폐지론자들에게 힘을 실어주고 있다. 지금의 평

---

15) 이기정, 《내신을 바꿔야 학교가 산다》(미래인, 2008), 147~150쪽.

준화 교실에서 제대로 된 수업을 하는 것은 사실 불가능하다. 아무리 능력과 열의가 넘치는 교사라 할지라도 다음과 같은 아이들이 많은 상황에서는 어쩔 수가 없다. 앞에 인용했던 교사와 학생의 대화를 되새겨보자.

교사 : 왜 수업 시간에 선생님 설명을 듣지 않고 자꾸 딴짓을 하지?
학생 : (교사는 거듭해서 학생에게 수업 시간에 공부하지 않고 떠드는 이유를 묻지만 학생은 고개를 숙인 채 계속 침묵한다.)
학생 : (풀이 죽은 목소리로) 전혀 못 알아듣겠어요.
교사 : (당혹스러워하며) 조금도 몰라?
학생 : 예, 모르겠어요.
교사 : 전혀 모르겠니?
학생 : 예, 하나도 모르겠어요.[16]

이런 학생이 절반 가까이 되는 교실에서 정상적인 수업이 가능하다고 보는가? 학생 모두가 참여하는 정상적인 수업은 불가능하다. 좌파는 현실을 직시해야 한다. 그리고 실천적 대안을 내놓아야 한다.

대안은 진정한 의미의 수준별 수업이다. 학생들의 수준과 능력을 철저히 고려한 진정한 의미의 수준별 수업이다. 학생들의 수준에 따라 교재가 달라지고 시험도 달라지는 진정한 의미의 수준별 수업이다. 무학년학점제에 의한 완전한 수준별 수업을 도입하는 것이다. 이것은 이미 핀란드와 같은 교육선진국에서 널리 시행하고 있다. 좌파와 우파가

16) 이기정, 《학교개조론》 (미래인, 2008), 165쪽.

모두 핀란드 교육을 예찬하고 있으니 두 파가 힘을 합하면 얼마든지 시행할 수 있는 것이다. 하지만 핀란드 교육을 똑같이 예찬하면서도 좌파와 우파는 이러한 교육제도를 도입하려는 실천적 태도를 보이지 않고 있다.

좌파는 현재의 내신제도를 강화하려는 마음이 너무 강한 나머지 현재의 학교제도를 타파하려는 어떠한 모습도 보이지 않고, 우파는 평준화의 폐지를 통해서 평준화의 문제점을 해결하려 하고 있다. 좌파는 평준화를 지키기 위하여 현 제도를 무조건 지키려는 수구적 태도를 보이고, 우파는 평준화의 폐해라는 악마를 쫓아내기 위하여 고교 입시의 부활이라는 더 큰 악마를 불러들이려는 잘못을 범하고 있다.

좌파는 안일하고 우파는 무모하다.

제4장

교육에서의 경쟁은
바람직한 것인가?

1. 경쟁의 강화? 경쟁의 약화? 둘 다 맞고 둘 다 틀리다

경쟁은 이롭다. 대략 우파적 생각이다.

경쟁은 해롭다. 대략 좌파적 생각이다.

양비론만큼 비겁한 것도 없지만 나는 여기서 양비론에 서야겠다. 나의 관점에서는 교육 영역에서 진행되는 이러한 논쟁은, 어떤 병든 사람을 사이에 두고 어떤 자들은 몸무게가 적게 나가니 살을 찌워야 한다고 이야기하고 또 다른 어떤 자들은 몸이 너무 무거우니 살을 빼야 한다고 논쟁하는 것처럼 느껴질 때가 많다. 살이야 좀 더 찌면 어떻고 좀 더 빠지면 어떻다는 말인가? 살이 찌되 쪄야 할 살이 쪄서 가슴과 근육이 나오면 좋은 것이고, 빠져야 할 살이 빠져서 배가 들어가고 비곗살이 줄어든다면 좋은 것 아니겠는가. 몸무게가 늘어도 제대로 늘어나는 것이라면 괜찮은 것이고, 몸무게가 줄어도 제대로 줄어든 것이라면 좋은 것 아니겠는가.

중요한 점은 나와야 할 부분이 나오고 들어갈 부분이 들어가게 몸을 만드는 것이다. 우리나라 교육 정책에서 필요한 것도 이것이다. 그러나 나의 눈에는 좌·우파의 교육 논쟁 중 많은 것이 단순히 살을 찌워야 할 것인가 빼야 할 것인가만 이야기하는 의미 없는 논쟁으로 보인다. 좌·우파의 교육 정책에 대한 비판이 이 책의 일부 내용으로 자리 잡은 것은 이러한 문제의식 때문이었다. 학교교육이 살기 위해선 더 많은 경쟁이 도입되어야 할 부분도 있고 오히려 경쟁이 줄어야 할 부분도 있다. 이렇게 말하면 너무 당연해서 우리 사회의 모든 영역에 해당하는 이야기가 될 수 있다. 물론 그렇다. 하지만 나는 교육의 경우엔 특히 더 그렇다고 주장하는 것이다. 왜냐고? 아이들을 대하는 것이기 때문이다. 학교교육에 경쟁을 도입해야 하는 것은 맞지만 잘못하면 우리의 아이들이 죽어나갈 수 있기 때문이다.

2. 이명박 정부의 엉터리 경쟁 강화책

이명박 정부의 공교육 개혁 정책의 핵심은 경쟁이다. 자율과 경쟁을 함께 말하지만 자율은 경쟁을 심화하기 위한 방편이고 핵심은 경쟁이다. 이것은 그동안 학교와 학교가 서로 경쟁하지 않아 공교육이 사교육에 대해 경쟁력을 상실했다는 문제의식에서 추진되고 있다.

타당한 측면이 없진 않지만 너무나 위험한 생각이다. 자율의 권한을 교장에게만 주어 경쟁을 촉진하는 이명박 정부의 정책은 우리 교육의 병폐를 심화시킬 뿐이다. 특히 학생들의 고통을 가중시킬 뿐이다. 학교를 구성하는 중요한 세 주체를 떠올려보자.

①교장

②교사

③학생

학교를 구성하는 중요한 구성원 중엔 일반 행정직원이나 학교 시설을 관리하는 직원들도 있다. 하지만 그분들은 논의를 명쾌하게 하기 위해 배제하자. 교감도 중요한 관리자이나 잠시 제쳐 놓자. 아니, 이 글에서 교장은 교장과 교감을 함께 아우르는 말로 이해하면 되겠다.

이렇게 학교를 구성하는 세 주체를 놓고 보면 학교와 학교 사이에 경쟁이 없다는 인식은 허무맹랑할 뿐이라는 사실을 바로 알 수 있다. 경쟁하지 않는 것은 교장과 교사일 뿐이다. 결코 학생이 경쟁하지 않는 것이 아니다. 학생들은 자기 학교 학생끼리도 치열하게 내신성적을 두고 경쟁하지만 다른 학교의 학생들과도 대학입시에서 승리하기 위해 끊임없이 경쟁하고 있다.

우리나라에서 학생끼리의 경쟁이 부족해서 문제가 되는 경우는 조금도 없다. 오히려 지나치게 치열해서 문제다. 입시 경쟁이 지나치게 치열해서 학생들이 하루하루 고통스러운 삶을 살고 있다는 것은 누구나가 인정하고 있는 사실이다. 학교 간의 경쟁에서 부추겨야 하는 것은 이 학교의 교장과 다른 학교의 교장, 이 학교의 교사와 다른 학교의 교사 사이의 경쟁이지 이 학교의 학생과 다른 학교의 학생 간 경쟁이 아니다. 이를 무시하고 학교 간의 경쟁을 논의하면 정작 생겨야 할 경쟁은 생기지 않고 줄여야 할 경쟁은 더 커질 수 있다.

학교 간의 경쟁을 논의할 때 사람들이 염두에 두는 것은 입시 경쟁이다. 정부의 정책도 정확히 입시 경쟁을 염두에 두고 있다. 사교육에 비해 현저히 뒤진 공교육의 입시 경쟁력을 회복하기 위해 학교 간의 입시 경쟁을 부추기는 것이다. 그런데 결국 입시 경쟁에서 승패를 좌우하는 것은 학생의 성적이다. 학교 간의 승패를 좌우하는 것도 학생의 성적이다. 이 성적은 학생이 획득해야 하는 것이다. 교장이나 교사가 아무리 학생을 사랑해도 성적은 자신들을 희생해서 얻을 수 없는 것이다. 이 점을 염두에 두고 정부가 학교 간의 경쟁을 유도했을 때 현실의 학교에서 일어날 수 있는 모든 일의 가능성을 생각해보자. 일단 입시에 영향을 미치는 것들을 살펴보자.

▶ 학교 수업의 질/양
▶ 학생 스스로 하는 공부의 질/양
▶ 사교육 수업의 질/양

여기서 우리는 교장과 교사가 취할 수 있는 행동을 다음과 같이 생각해볼 수 있다.

①교장은 교사들로 하여금 수업의 질을 높일 수 있도록 노력한다.
②교사들은 자신이 하는 수업의 질을 높일 수 있도록 노력한다.
③교장은 수업의 양을 늘리려 한다.
④교장은 학생들의 공부 시간을 늘리려고 한다.
⑤교사는 수업의 양을 늘리려 한다.
⑥교사는 학생들의 공부 시간을 늘리려고 한다.

이명박 정부가 학교 간의 경쟁을 말할 때 염두에 둔 것은 어떤 것일까? 그들은 ①과 ②를 생각했을지도 모른다. 어쩌면 ①~④ 모두를 생각했을지 모른다. 그러나 우리나라의 학교에서 실제로 일어날 가능성이 제일 큰 것은 ③~⑥이다.

③과 ④의 경우 교장은 수업의 양을 늘리고 공부 시간을 많게 한다. 이때 교장이 할 일은 단순하다. 교사들에게 강제보충수업과 강제자습 시간을 늘리도록 압력을 가하면 된다. 여기서 교장이 해야 할 일은 거의 없다. 그냥 교사들에게 지시를 내리거나 압력을 가하면 된다. 학생들의 강제보충수업이 아무리 많아져도 교장이 더 머리를 써야 할 일은 별로 없다. 어떤 특별한 능력이 필요하지도 않다. 그냥 강제보충수업과 강제자습 시간을 늘리도록 교사들에게 지시하면 된다.

⑤의 경우 교사들은 강제보충수업을 통해 수업의 양을 늘린다. 수업을 해야 하는 교사들로선 보충수업이라는 방식으로 수업의 양을 늘리면 힘들어지는 면이 많다. 자신들이 해야 하는 수업의 시간이 늘어나기 때문이다. 하지만 이는 보충수업비라는 대가를 생각하면 손해나는 일이 아닐 수 있다. 이익이 되는 일일 수도 있다. 실제로 보충수업비에 대한 유혹은 강제보충수업의 커다란 원동력이었다.

이렇게 되면 결국 경쟁으로 인해 학생들만 죽어난다. 모든 학생이 강제보충수업과 강제자습을 싫어하는 것은 아니다. 그것을 통해 입시 경쟁에서 승리하는 기회를 얻을 수도 있기 때문이다. 하지만 아무런 효과도 얻지 못하면서 여기에 참여하는 학생들의 입장에서 보면 강제보충수업과 강제자습은 해롭기만 한 것이다.

입시 성적이라는 측면에서 보았을 때 우리나라 학생들이 얻는 것은 없다. 학생 전체의 입장에서 보면 입시 경쟁은 항상 제로섬게임이기 때문이다. 누구의 성적이 오르면 다른 사람의 성적은 내려가는 잔인한 제로섬게임. 따라서 학생들이 얻는 이익은 없다. 모두 다 강제로 학교 수업을 더 듣고 강제로 잡혀서 자습을 해야 하는 괴로움만 늘었을 뿐이다.

학교 간의 경쟁이 벌어졌을 때 우리나라 전체 교장·교사·학생이 얻는 대차대조표는 다음과 같다.

▶ 교장: 특별히 나빠질 것 없다.

▶ 교사: 조금 나빠진다.

▶ 학생: 아주 나빠진다.

결국 학교 간 경쟁의 최대 피해자는 학생이다. 학교 간 경쟁으로 학생들은 이익을 본 것이 전혀 없다. 학생이 이익을 보게 하려면 어떻게 해야 할까? ③④⑤⑥번이 아닌 ①②번의 형태로 경쟁이 진행되도록 해야 한다.

3. 기업체 간의 경쟁과 학교 간의 경쟁은 다르다

삼성과 LG가 서로 경쟁한다고 하자. 문제의 핵심만을 짚기 위해 단순화시키면 다음과 같은 표로 그릴 수 있다.

삼성전자	경쟁관계	LG전자
경영자	⟷	경영자
근로자	⟷	근로자
설비	⟷	설비
↓		
고객에게 이익		

삼성의 경영자와 LG의 경영자는 치열하게 경쟁한다. 경쟁이 치열하면 치열할수록 경영자들은 골치가 아프다. 더 큰 능력이 요구된다. 삼성의 근로자들과 LG의 근로자들은 치열하게 경쟁한다. 경쟁이 치열하면 치열할수록 근로자들도 더 치열하게 노력해야 한다. 설비와 설비가 경쟁한다는 것이 우습지만 아무튼 설비와 설비도 근로자의 육체와 정신을 통해 서로 경쟁한다.

삼성과 LG의 고객들은 이 두 회사의 경쟁으로 더 좋은 품질의 제품과 양질의 서비스를 받게 된다. 삼성과 LG의 경쟁으로 인해 두 회사의 구성원들과 설비들은 고생을 하지만 고객은 서로 경쟁하지 않기 때문에 이익만을 취할 수 있다.

서비스 업체인 호텔 간의 경쟁을 생각해보자. 경쟁이 치열해지면 치열해질수록 경영자들과 근로자들은 더 많이 생각하고, 더 지혜롭게 행동해야 하고, 더 노력해야 한다. 대신 고객들은 더 좋은 서비스를 받게 된다. 고객들은 서로 경쟁자가 아니기 때문에 호텔의 경쟁 때문에 어려워지기는커녕 더 행복해진다.

플라자호텔	경쟁관계	신라호텔
경영자	←→	경영자
근로자	←→	근로자
고객	경쟁관계가 아님	고객

하지만 학교의 경쟁은 다르다. 교장과 교사 간의 경쟁이 고객인 학생의 이익으로 연결되지 않고 오히려 고통으로 이어질 수 있다. 왜 그런가? 학생은 고객이 아니라 경쟁의 당사자이다. 가장 치열한 경쟁을 벌여야 하는 당사자이다. 그리고 학생은 교장·교사와 대등한 관계를

갖는 존재가 아니라 그들의 지시와 통제를 받는 존재이다. 학생은 교육 서비스의 고객이기도 하지만 한편으론 경쟁의 실질적 당사자인 것이다. 학교 간 경쟁, 교장 간 경쟁, 교사 간 경쟁의 승패는 학생의 시험 성적에서 나타난다. 경쟁 승패의 열쇠를 학생이 쥐고 있는 것이다. 그래서 교장들 간의 경쟁, 교사들 간의 경쟁은 학생들을 들볶고 쥐어짜는 형태로 나타날 가능성이 크다.

그래도 학원과 학원의 경쟁은 좀 낫다. 학원 간의 경쟁은 고객인 학생에게 유리하게 작용할 가능성이 크다. 학원의 경우는 학생이 얼마든지 그만둘 수 있기 때문이다. 하지만 마음대로 그만두거나 옮길 수 없는 학교는 상황이 달라도 너무 다르다.

이 학교	경쟁관계	저 학교
교장	⟷	교장
교사	⟷	교사
학생	⟷	학생

4. 어떤 경쟁이어야 하는가?

강화해야 할 경쟁이 있다.

첫째는 교장과 교장 사이의 치열한 전략 경쟁, 지도력 경쟁이다. 어떻게 하면 학생들의 수업 부담을 가중시키지 않고 지식과 지혜를 향상시킬 것인가에 대해 교장은 치열하게 고민하고 그것을 실현해야 한다. 둘째는 교사와 교사 사이의 잘 가르치기 위한 경쟁이다. 주어진 정규 수업 시간에 학생들을 더 잘 가르치기 위한 경쟁이다.

약화되어야 할 경쟁이 있다.

첫째는 학생과 학생의 경쟁이다. 이미 이것은 너무나 치열해서 문제이다. 둘째는 동일 학교 내에서의 교사들 간의 경쟁이다. 앞에서 교사들 간의 잘 가르치기 위한 경쟁은 더 강화되어야 한다고 했는데 여기서는 그 경쟁을 약화시켜야 한다고 했다. 당연하다. 교사들 간의 잘 가르치기 위한 경쟁은 있어야 한다. 특히 다른 학교 교사보다 더 잘 가르치기 위한 경쟁은 격화되어야 한다. 그러나 한편으로 한 학교 안에서 교사들 간의 협력과 협조는 아주 중요한 것이다. 교사들이 서로 돕거나 협력하지 않고 매일 경쟁만 하는 학교의 교육이 제대로 되기는 어렵다. 종합학원의 보수가 왜 학교보다도 더 평등한지 생각해보면 이 점을 쉽게 이해할 수 있을 것이다.

경쟁의 핵심은 교장과 교사들이 학교 정규 수업의 질을 높이기 위해 백방으로 노력하게 만드는 것이다. 그래야 학교 간 경쟁의 수혜자가 학생일 수 있다. 학생들에게 부담을 지우는 방식으로 경쟁에서 승리하려는 유혹을 막기 위해 정부는 학생들이 강제보충수업이나 강제자습을 하지 않을 수 있는 완벽한 견제 장치를 마련해야 한다. 단순히 규제조항을 만들어 놓는 것만으로는 안 된다. 범죄의 차원에서 접근해서 강제보충수업과 강제자습을 근절해야 한다. 강제보충을 시행하는 교장과 교사를 형사 처벌해서 완전히 근절해야 한다.

학교 간 경쟁은 이후에 이루어져야 한다. 이렇게 해야 정규 수업의 질을 향상시키는 쪽으로 경쟁하게 된다. 교장들이 어떻게 학교 수업의 질을 향상시킬지 머리 싸매고 연구하게 된다. 어떻게 하면 교사들의 가슴에 열정을 불러일으킬 수 있는지, 어떻게 하면 교사들의 능력을 최대한 발현케 할 수 있는지 생각하고 실천하게 된다. 또 교사들은 어떻게 하면 주어진 시간에 최대한 수업을 잘하여 학생들의 학력을 신장시킬 수 있는지 생각하고 실천하게 된다.

이것은 교장에게 매우 어려운 일이다. 그야말로 지금까지 교장에게 요구되던 능력과는 차원이 다른 진정한 학교 경영자로서의 능력이 요구되는 것이다. 물론 교사들에게도 어려운 일이다. 수업의 질을 높이기 위해서 더 많이 연구하고 노력해야 한다. 이렇게 되면 학생들에겐 이익이다. 수업의 질이 향상됨으로써 학생들은 한 시간 한 시간의 수업 시간을 더 유익하게 활용하기 때문이다.

물론 그렇다고 입시의 측면에서 모든 학생들에게 이익이 생기는 것은 아니다. 입시 경쟁은 학생들 간의 철저한 제로섬게임이기 때문이다. 하지만 다른 측면에서는 이익일 수 있다. 학교 수업 시간이 알차지면 사교육에 의지할 필요성이 상당 부분 감소된다. 그리고 학생들의 학교생활과 인생이 더 풍요로워진다.

제**5**장

무상급식 논쟁을
진단한다

1. 무상급식, 과연 교육의 핵심 과제가 될 수 있는가?

무상급식은 우리 교육의 가장 절실한 문제는 아니다. 무능한 학교를 유능하게 만들기 위해 꼭 필요한 것도 아니다. 무상급식 했다고 학교가 조금이라도 더 유능해지지는 않는다. 무상급식을 해도 학교교육은 여전히 무능한 상태 그대로일 것이다. 이런 의미에서 '무상급식'이 우리 교육의 최대 화두로 떠오른 것은 바람직하지 않은 것이다.

2. 무상급식에 대한 보수 진영의 반대는 타당한가?

시급하진 않지만 못할 것도 없는 정책

무상급식은 학교교육의 무능을 치료하는 데 절실히 요구되는 정책은 아니지만 누군가 하자고 하면 굳이 못할 것도 없는 정책이다. 진보 진영이 먼저 주장하여 선거에서 큰 재미를 보았지만 보수 진영이 먼저 주장하여 큰 재미를 볼 수도 있었던 것이다.

무상급식은 언뜻 생각하면 진보좌파적 가치를 담은 공약인 것 같지만 얼마든지 보수우파도 내걸 수 있는 공약이다. 사실 무상급식이 진보의 파괴력 있는 무기가 된 것은 보수의 상당수가 무상급식을 반대했기 때문이다. 무상급식을 교육의 가장 중요한 공약으로 부각시킨 진보의 문제의식도 썩 좋진 않지만 무상급식을 반대하고 나선 보수의 문제의식은 더더욱 좋지 않은 것이다. 그리고 무상급식을 반대한 보수의 논리는 그야말로 수준 이하이다. 반대 논리에 보수의 철학과 가치를 조금도 담지 못했다. 아니, 오히려 자신들의 철학과 가치를 배신하기까지 했다.

무상급식은 효용감소와 낭비를 초래하지 않는다

시장경제주의자들이 복지국가를 비판할 때 내세우는 중요한 논거 중 하나는 복지가 낭비를 초래하고 효용을 떨어뜨린다는 것이다. 밀턴 프리드먼이 복지국가를 비판할 때 사용한 중요한 논거 중의 하나다. 이것은 어떤 정부든 복지 확대 정책을 펼 때 주의해야 할 내용이다.

사람이 돈을 쓸 때 가장 큰 효용을 얻을 수 있는 경우는 자신의 돈을 자신을 위해 쓸 때이다. 이때 사람들은 함부로 낭비하지 않으며 효용을 극대화하는 방향으로 돈을 쓰려 한다. 남의 돈을 자신을 위해 쓰거나 자신의 돈을 남을 위해 쓰게 되면 낭비가 생기고 효용이 줄어든다. 최악의 경우는 남의 돈을 남을 위해 쓸 때이다. 남의 돈을 남을 위해 쓸 때 사람들은 돈을 함부로 쓰게 되고, 혜택을 받는 사람은 진정 자신이 원하는 것을 받지 못하게 된다. 복지 예산이 바로 이 최악의 경우에 속할 수 있다. 즉, 복지 예산을 사용하는 관료들은 남(국민)의 돈(세금)

을 남(국민)을 위해 사용한다. 당연히 낭비가 초래될 수 있다. 그리고 수혜자의 취향과 절심함이 무시되고 관료들의 자의적 판단이 중요하게 작용할 수 있다. 이렇게 복지에는 어느 정도의 비효율이 발생할 수밖에 없는 면이 존재한다.

그런데 다른 복지 예산에 비해 무상급식은 이러한 비효율의 문제를 거의 발생시키지 않는다. 오히려 효용을 증가시킨다. 시장경제의 입장에서 볼 때 학교급식의 효용을 극대화하는 가장 좋은 방법은 학생들이 자신의 점심을 자유롭게 구입해 먹는 것이다. 그러나 학교 식당에서 다양한 가격대의 음식을 다양하게 구비하기란 불가능하다. 만약에 그렇게 한다면 비용이 급격하게 상승할 것이다. 이는 수천수만 명이 이용하는 대학에서나 가능하다. 1,000여 명이 이용하는 학교 식당에서 다양한 가격대의 다양한 음식을 준비하는 것은 비효율적이다.

학교 식당이 마음에 들지 않으면 학교 밖의 식당을 자유롭게 이용할 수 있도록 하는 방법도 있다. 하지만 이것도 대학생의 경우에만 타당하다. 그 어떤 학부모도 어린 학생들이 점심 시간에 학교 밖의 식당을 이용하는 데 찬성하지는 않을 것이다. 초등학생은 물론이고 중·고등학생의 학부모도 그럴 것이다. 다른 무엇보다도 학생들의 건강을 위해서이다. 부모들은 마음대로 음식을 사 먹는 것보다 학교의 급식을 먹는 것이 자녀들의 건강에 더 이롭다고 생각한다. 이 점에 대해선 보수와 진보를 떠나 누구나 인정할 것이다.

따라서 점심에서 얻는 학생들의 효용을 극대화하려면 학생들이 점심 도시락을 싸올 수밖에 없다. 학생의 가정 경제력에 따라 자신이 먹고 싶은 음식을 싸온다면 효용은 극대화될 것이다. 하지만 이것은 매일 도시락을 싸야 하는 학부모에게 커다란 불편과 고통을 주는 일이다. 도시락을 들고 다녀야 하는 학생들의 불편도 크다. 그래서 대부분의 학부모와 학생들은 학교에서의 급식을 원한다. 이때 학생들은 학교가 제공하는 단 하나의 메뉴를 먹을 수밖에 없다. 학교급식에서 학생들에겐 음식 선택의 자유가 없을 수밖에 없는 것이다. 그렇다면 이 경우엔 국가를 통한 급식의 일괄 구매가 더 효율적일 수 있다. 이미 국민들은 세금의 형태로 학비의 대부분을 국가에 지급했다. 국가는 세금의 형태로 받은 학비를 가지고 교사들에게 임금을 지급하고 학생들이 사용하는 시설을 설치한다.

그동안 국가(학교)는 세금의 형태로 학비를 징수할 때 점심 값은 빼고 징수했다. 학부모들은 점심 값을 따로 지불해야 했다. 그러나 이제는 학부모들이 점심 값에 해당하는 액수의 세금을 추가로 내고 자녀들로 하여금 점심을 무료로 먹게 하는 것이 효율적일 수 있다. 추가 비용은 들지 않는다. 세금을 걷는 김에 급식비까지 걷는 것이다. 이때 특별한 비효율은 발생하지 않는다. 어차피 학생들은 점심 선택의 자유가 없었다. 또 학부모들은 자녀의 건강을 위해 선택의 자유를 주는 것을 원하지도 않는다.

또한 무상급식이라고 해서 낭비가 초래되지 않는다. 공짜라고 해서 한 그릇 먹을 것을 두 그릇 먹거나 하는 일은 발생하지 않는다. 아니, 이미 학생들은 지금까지도 양에 구애받지 않고 마음껏 먹을 수 있었다. 이런 점에서 무상급식은 모럴해저드로 인한 낭비가 전혀 없다. 무상의료 등의 복지 정책과는 다르다. 무상의료가 실시되면 조금만 아파도 병원에 가는 사람들이 증가할 것이고 국가가 부담해야 할 의료비도 상당히 증가할 것이다. 그러나 무상급식에는 이러한 낭비가 초래되지 않는다. 지금과 조금도 달라지지 않는다.

무상급식은 학습준비물의 무상지급과 같은 것이다

학습준비물을 무상지급하는 것과 점심을 무상으로 지급하는 것은 본질적으로 완전히 같다. 무상급식이 학습자료 무상지급에 비해 많은 예산을 필요로 한다는 점이 다를 뿐이다. 학습준비물 비용을 뺀 나머지 교육비를 세금으로 걷고 학습준비물은 학생 개인이 준비하게 할 것이냐, 학습준비물 비용을 포함시킨 교육비를 걸어서 학습준비물을 무상으로 지급할 것이냐는 선택의 문제이다.

학부모의 입장에서는 학습준비물 비용까지 포함된 교육비를 한꺼번에 세금으로 내고 학습준비물을 무상으로 받는 쪽이 훨씬 편리하다. 시시때때로 학습준비물을 준비하는 것이 학부모에게는 상당히 귀찮은 일이기 때문이다. 밤 10시에 꽃씨를 구하려 헤매본 학부모라면 그 일이 얼마나 귀찮은 일인지 안다. 우유갑을 구하기 위해 우유를 사서 (우유를 마시지 않기에) 쏟아 버려보고, 콜라 페트병을 구하기 위해 (먹지 않는) 콜라를 사서 쏟아 버려본 학부모라면 그 일이 얼마나 심한 낭비를 초래하는 일인지도 안다.

정부가 세금을 걷는 김에 조금 더 걷어서 학습준비물을 무상으로

급식	학습준비물
학생·학부모가 도시락을 통해 각자 해결	학생들이 각자 학습준비물 준비
↓	
학교에서 급식비를 징수하고 학교에서 점심 제공	↓
↓	
국가에서 세금의 형태로 급식비를 징수하여 점심(무상) 제공	국가에서 세금의 형태로 학습준비물 비용을 징수하여 학습준비물(무상) 제공

지급하는 것은 학부모에게 매우 이익이 되는 정책이다. 학습준비물의 경우도 국가가 서비스를 대행해도, 즉 무상지급을 해도 이로 인한 낭비는 초래되지 않는다. 우유갑을 구하기 위해 먹지 않는 우유를 사야 하는 등의 낭비가 방지될 수도 있다. 이런 좋은 제도가 최근에야 시행된 것은 그동안 국가와 학교가 무능하고 불친절했다는 증거이다.

무상급식이 부자급식이라고?

보수는 부자들에게도 공짜로 점심을 제공하는 것이 부당하다고 말한다. 무상급식에 대해서 아예 부자급식이라는 딱지를 붙이기도 했다. 그러나 무상급식은 부자들에게 부당하게 어떤 이익을 주는 정책이 아니다. 오히려 부자들로 하여금 세금을 통해 더 많은 점심 값을 내게 하는 정책이다.

무상급식을 부자급식이라고 비판하는 것은 포퓰리즘적 선동이다. 무상급식을 포퓰리즘이라 비판하는 사람들이 포퓰리즘에 기대어 무상급식을 반대하고 있는 것이다. 이런 사람들이 보수 진영의 대통령 후보감으로 들먹여지는 현실이 참혹할 뿐이다.

3. 보수 진영은 무상급식을 이렇게 비판해야 했다

보수의 가치와 철학을 내세웠어야 했다

우리나라의 현실에서 복지의 확대는 당연한 것이다. 그러나 그렇다고 해서 복지를 확대할 때 생길 수 있는 부작용에 눈을 감아선 안 된다. 그중의 하나는 자신의 삶에 대한 개개인의 책임의식 약화이다.

자신의 삶에 대해 개인적 책임의식을 강조하는 보수의 철학은 가치

가 있다. 개인의 고단한 삶에 대해 사회가 나서서 함께 짐을 져주는 것
도 가치 있지만 자신의 삶을 자신이 책임지려 하는 자세를 갖는 것도
가치 있는 일이다. 너의 삶은 너 스스로 책임져라. 보수의 이런 철학은
개인의 고통에 대해 무자비하지만 바람직한 면도 있다. 사실 개인의
삶에 대한 국가의 책임을 강조하는 진보의 철학은 따뜻하고 인정이 넘
치지만 너무 무른 면이 있다.

보수는 무상급식을 반대할 때 이러한 가치를 내세웠어야 한다.

"부모들이여, 자녀의 밥만은 스스로 책임지자."

그러나 이런 주장을 하는 보수의 거물은 없었다. 내세우는 논거는
참으로 한심한 것이었다. 부자들에게 왜 공짜 밥을 주느냐는 수준 낮
은 논거.

보수는 대안을 가지고 무상급식을 반대했어야 했다

보수는 무상급식할 돈으로 다른 일을 하는 편이 옳다고 주장했다.
하지만 구체적인 것을 제시하지는 못했다. 수십억, 수백억이 필요한
자잘한 것이 아닌, 무상급식 정도의 무게감이 느껴지는 그 어떠한 정
책도 대안으로 제시하지 못했다. 그러니 보수의 주장은 무상급식을 하
지 않으려는 핑계에 불과했다. 적어도 다음과 같은 대안은 내놓았어야
그들의 반대 논리가 진정성과 설득력을 가졌을 것이다.

· 고등학교의 학급당 학생 수를 20명으로 감축

무상급식에 필요한 예산이면 고등학교의 학급당 학생 수를 20명으
로 감축할 수 있다. 이것은 고등학교의 교육을 획기적으로 발전시킬
뿐만 아니라 3만 개 정도의 일자리를 만들 수 있는 정책으로, 무상급식

이상의 비중을 가질 수 있는 정책이다.

· 사무행정전담직원 4만 명 채용을 통한 학교 개혁

무상급식에 필요한 예산이면 교사의 잡무 문제를 100% 해결할 수 있다. 학교제도를 교육 위주로 뒤바꿀 수 있다. 4~5만 명의 일자리 창출은 덤이다.

· 청소 노동자 10만 명을 고용하여 학교 청결 문제 해결

학생들은 청소 노동에서 벗어나고 학교는 깨끗해진다. 청소 노동자의 임금은 적은 편이라 무상급식할 돈이면 10만 개 정도의 일자리를 만들 수 있다.

그러나 보수는 이런 대안을 내세우지 않았다. 그래서 나는 무상급식을 찬성할 수밖에 없는 것이다.

제6장

교육에서의
포풀리즘이란 무엇인가?

1. 포풀리즘이란?

보수우파는 무상급식을 포풀리즘이라 비판했다. 그러나 내가 볼 때 진짜 포풀리즘 정책은 따로 있다. 포풀리즘이란 말을 인터넷에서 찾아보니 다음과 같은 설명이 보인다.

"포풀리즘의 근본 요소는 개혁을 내세우는 정치 지도자들의 정치적 편의주의便宜主義나 기회주의機會主義이다. 예를 들면 선거를 치를 때 유권자들에게 경제 논리에 어긋나는 선심 정책을 남발하는 일이 전형적이다."

그렇다면 교육에서의 포풀리즘은 어떤 것일까? '경제 논리에 어긋나는 선심 정책'이란 표현을 적용해보면 다음과 같이 말할 수 있을 것이다.

"교육이나 입시의 논리에 어긋나는 선심 정책."

언뜻 보면 학생을 위하는 듯 보이지만 실제로는 교육적이지도 않고 입시의 논리에도 어긋나 오히려 학생들에게 고통을 안겨주는 정책을 우리는 교육에서의 포퓰리즘이라 할 수 있을 것이다.

그렇다면 이 포퓰리즘 정책의 대표적인 것에는 무엇이 있을까? 그것은 바로 EBS(교육방송) 교재에서 수능시험 문제를 70% 출제하겠다는 이명박 정부의 정책이다.

2. 이명박 정부의 교육 포퓰리즘

이명박 정부는 2011학년도 대학수학능력시험부터 EBS 수능 강의를 70% 반영한다고 했다. 국민들은 철석같이 믿었겠지만 나는 눈곱만큼도 믿지 않았다. 이명박 대통령이 서슬 퍼렇게 지시해도 나는 이루어지지 않을 거라 생각했다. 왜?

첫째, 교육과정평가원이 아무리 한심해도 교육 전문가 집단으로서의 자존심이 있다. 수능시험의 출제진들도 교육 전문가로서의 자존심이 있다. 수능시험의 EBS 출제는 입시 논리를 완전히 어기는 것이라서 학생들에게 오히려 고통만을 줄 것이고, 교육적으로도 바람직하지 못한 정책인데 명색이 교육 전문가라는 사람들이 함부로 그런 짓을 저지르진 않을 거라는 생각이 들었다.

둘째, 대통령의 지시는 막연해서 사실 빠져나갈 구멍이 너무 크다. 그래서 나는 교육과정평가원과 출제위원들이 정부의 지시를 쉽게 빠져나갈 것이라고 생각했다. 이명박 대통령이 뭐라 하건 빠져나가는 방법은 사실 너무나 간단하다. 실제로 EBS에서 출제하지 않고서는 출제했다고 주장하면 된다. 출제 안 했다고 뭐라고 하면? 그래도 출제했다고 계속 우기면 된다. 증거 있나?

사실 EBS 강의(교재)에서 수능시험 문제를 출제하겠다는 것은 참 애매한 말이다. 보는 관점에 따라 무수히 많은 문제가 출제된 것처럼 보일 수도 있고 전혀 출제되지 않은 것처럼 보일 수도 있다. 이는 다른 참고서 회사의 문제집에도 그대로 해당되는 것이다. 관점에 따라 무수히 많은 문제가 출제되었다고 볼 수도 있고 한 문제도 출제되지 않았다고 볼 수도 있다. 실제로 그동안 참고서 회사들은 자신의 문제집에서 수능시험 문제가 많이 출제되었다고 주장해왔다. 적중률이 90%를 넘는 것은 일도 아니었다.

　인간의 언어는 출제를 '한다'와 '안 한다' 두 가지에 불과하지만 현실에서는 수많은 층위가 존재한다. 했다고도 볼 수 있고 안 했다고도 볼 수 있는 수많은 층위가 존재하는 것이다. 현실의 세계는 목욕탕의 세계가 아니다. 목욕탕에는 냉탕과 온탕뿐이지만 현실에는 수없이 많은 층위의 물이 존재한다. 그러니 교육과정평가원은 대통령이 EBS에서 출제하라고 아무리 닦달하더라도 빠져나갈 구멍이 있는 것이다. 실제로는 출제하지 않고서 출제했다고 우기기만 하면 되는 것이다.

　교육과정평가원은 감히 꿈에도 대통령을 설득해야겠다는 생각은 하지 못했을 것이다. EBS에서 수능시험 문제를 출제하는 것은 입시의 논리에도 어긋나고, 실제로는 학생들을 더 고통스럽게 만들 수 있고, 학교교육을 왜곡할 수 있고……. 아무리 옳은 소리라 할지라도 어떻게 이런 말을 감히 대통령에게 할 수 있겠는가? 그러니 교육과정평가원은 교묘하게 처신하는 수밖에는 다른 수가 없었을 것이다. EBS에서 출제 안 하고 (또는 조금만 하고) 70% 출제했다고 우기는 것.

　나는 이것이 2011학년도(2010년 11월 시행) 수능시험에서 나타난 현상의 실체라고 생각한다. 결국 수능시험은 EBS에서 거의 출제되지 않았다. 그러나 교육과정평가원은 개념과 원리의 측면에서 볼 때 수능시험은 EBS에서 출제되었다고 주장했다. 브라보! 훌륭하다.

나는 지금까지 상상력을 발휘해 2011학년도 수능시험이 EBS에서 출제되지 않은 현상을 분석했다. 교육과정평가원이 교묘하게 대통령의 바보 같은 명령을 빠져나갔다는 식으로 말이다. 실제 사실은 내가 생각하는 것과 다를지도 모른다. 그러나 분명한 점은 현실은 냉탕과 온탕만 존재하는 목욕탕이 아니라는 것이다. EBS에서 출제 '한다' 와 '안 한다' 두 가지 층위만 존재하는 게 아니라는 것이다.

언론 보도를 보니 이명박 대통령도 이 사실을 깨달은 것 같다. 2011학년도 수능시험 결과를 교훈 삼아서 2012학년도(2011년 11월 시행) 수능시험은 진짜로 확실하게 EBS에서 출제하려고 마음먹은 것 같다. 이제는 교육과정평가원도 빠져나갈 도리가 없겠다. 이미 한 번 수험생을 속인 꼴이 되어서 또다시 애매한 정도로 넘어갈 수는 없게 되었다. 2012학년도 수능시험 문제는 EBS 강의와 교재에서 완전히 똑같은 정도로 출제될 수밖에 없게 되었다. 그러면 어떤 현상이 발생할까? 이 부분은 정책을 제시하는 내용이 아니라 이명박 정부의 바보 같은 포퓰리즘 정책을 비판하는 내용이니 계속 비아냥거리는 문제로 글을 쓰겠다. 문제를 분명히 드러내기 위해 상황을 좀 크게 과장해보자.

EBS에서 수능시험 문제가 70% 그대로 출제된다고 하자. 평균 정도의 지능을 가진 학생이 EBS 수능 방송을 보고 나서 문제를 풀면 그 70% 문제를 모두 풀 수 있다고 가정해보자. 학생들은 어떻게 해서든지 EBS 방송을 시청하고 EBS 문제집을 풀어보려고 할 것이다. 어쩌면 학교에서도 수업 시간에 EBS 방송 강의를 틀어줄 것이다. 학생들도 이명박 정부의 의도대로 학원을 그만두고 집에서 EBS 방송을 시청하려

할지 모른다.

이렇게 되면 사교육비 문제가 해결될 것처럼 보인다. 그러나 너무 기뻐해선 안 된다. 여기까지가 끝이다. 처음에만 좀 그렇게 보일 뿐이다. 대한민국의 모든 학생이 EBS 수능 방송 강의를 시청하고 EBS 수능 방송 문제집을 풀어서 기본적으로 수능시험의 70%를 맞추게 되면, 즉 100점 만점 중 70점을 기본적으로 획득하게 되면 그 즉시 EBS의 효과가 사라진다. 모든 학생이 EBS 방송 강의와 교재를 공부하면 기본적으로 70점은 받고 들어간다는 말은 모든 학생에게 기본 점수 70점을 주는 것과 다를 바가 하나도 없다. 그냥 쉽게 학생들에게 70점을 주면 될 것을 EBS 방송 강의를 공부하게 하는 귀찮은 과정을 거쳐서 주는 것에 불과하다.

이제 학생들의 실력은 나머지 30%의 문제들로 가려야 한다. 이것은 학생들이 보는 수능시험 문제의 70%를 없애고 나머지 30%의 문제만 가지고 실력을 가리는 것과 같다. 이제 수능시험은 10개의 문제로 변별력을 가졌던 것이 3개의 문제로 변별력을 가져야 하는 상황에 처한 것이다. 수능시험 문제는 이제 두 종류로 이원화된다. EBS를 통해 국가가 학생들에게 공짜로 부여하는 70%의 문제와 입시 변별력이 있는 30%의 문제로 나누어지는 것이다.

그런데 입시라는 제로섬게임에서 모든 학생에게 70점을 주었다는 것은 그 누구에게도 주지 않았다는 이야기와 같다. EBS로 인해 이익을 본 학생은 아무도 없다. 아니, 모든 학생이 손해를 보았다. 변별력에 아무런 도움도 되지 않는 EBS 공부를 하느라고 힘을 쏟아야 하니까 말이다. 이것은 어느 마음씨 좋은 대통령이 국민들 모두를 기쁘게 한다고 화폐에 0을 하나 더 붙여 100원을 1,000원으로 1,000원을 10,000원으로 만들려고 하는 것과 똑같은 짓이다. 재산이 10배로 불어났으니 하루아침에 국민들은 부자가 되었나? 변한 건 아무것도 없다. 계산만 어려워졌을 뿐 국민들의 부ₐ는 그대로다.

수능시험의 EBS 출제는 화폐가치를 떨어뜨리고 국민들이 부자가 되었다고 주장하는 것과 하등 다를 바 없다. 이것이 포퓰리즘이 아니라면 무엇이 포퓰리즘이겠는가? 이명박 정부는 입시의 기본 논리도 이해하지 못하고 있지 않은가? 이제 학생들은 사실상 대학 진학을 결정하는 30%의 문제를 위해 죽기 살기로 공부해야 한다. 학생들은 여전히 사교육에 의지할 것이고 국민들의 사교육 부담은 줄어들지 않게 되는 것이다. 결국 학생들은 EBS 공부라는 부담 하나만을 더 지게 되었을 뿐이다.

자, 이제 이명박 정부는 학생들을 위해 수능시험 문제의 90%를 EBS 방송 강의에서 출제할 것인가? 그러면 어떻게 될까? 10문제 중 9문제를 없애버린 꼴이 된다. 학생들은 EBS 수능 방송 강의와 EBS 문제집에서 출제되지 않는 나머지 10%의 문제에 결사적으로 매달려야 한다. 대학 진학을 결정하는 건 이 10%의 문제이기 때문이다.

결국 상황은 다시 원점으로 돌아온다. 역시 사교육 문제는 해결되지 않고 그대로 남는다. 어쩔 것인가? 이제 모든 문제를 EBS에서 출제할 것인가? 그러면 모든 학생이 수능시험에서 사실상 100점을 받는다. 국가는 사실상 수능시험을 폐지하게 되는 것이다. 그러면 사교육이 없어지나? 아니다. 이제 대학별고사가 수면으로 웃음을 지으며 떠오른다. 모든 것은 그대로다. 학생들에게 더 큰 고통만을 준 채로.

입시는 잔혹한 제로섬게임이 벌어지는 곳이다. 가슴 아프지만 인정해야 하는 사실이다. 입시라는 제로섬게임의 영역에서 학생들에게 베

푸는 값싼 시혜는 학생들을 오히려 고통스럽게 할 뿐이다. 이명박 정부의 포퓰리즘 정책은 결국 그렇게 귀결될 것이다.

3. 두발자유화– 학생인권 보장인가, 학생에 대한 아부(포퓰리즘)인가?

두발자유화는 그동안 학생인권 보장의 측면에서 주장되어왔다. 하지만 두발자유화를 반대하는 사람들은 전형적인 인기영합주의 정책이라고 비판할 수 있다. 포퓰리즘은 달콤한 독약이다. 과연 두발자유화는 학교교육에 마이너스가 될까? 두발자유화는 포퓰리즘적 정책일까?

관점을 바꾸면 바꿔야 할 것들이 보인다

학교의 무능 문제를 해결하겠다는 관점을 굳건히 하면 수많은 개혁 방안들을 볼 수 있다. 부작용도 비용도 들지 않는 손쉬운 방안들이 널려 있다. '두발자유화' 정책도 그중 하나이다. 두발자유화는 포퓰리즘적 정책이 아니라 오히려 학교교육의 경쟁력 향상에 기여하는 정책이다. 그동안 두발자유화는 주로 학생인권 차원에서 접근되어왔다. 물론 두발규제는 학생의 인권에 대한 중대한 침해일 수 있다. 하지만 우리는 이제 두발자유화도 학교의 무능을 극복하기 위한 방안으로 새롭게 접근할 필요가 있다.

우리나라 학교가 다른 나라 학교와 경쟁한다고 해보자. 핀란드라도 좋고 미국이라도 좋다. 아무튼 다른 나라 학교의 교장과 교사들이 그들의 시간과 에너지를 오로지 수업에 바치고 있을 때 우리나라의 교장과 교사들이 두발규제와 같은 일에 시간과 에너지를 낭비하고 있다면 결과는 뻔하다. 우리나라 학교 수업의 질이 다른 나라 학교 수업의 질을 넘어설 수는 없는 것이다. 학교의 경쟁 상대를 학원이라고 생각해 보자. 결과는 마찬가지다. 학원 강사들이 자신들의 시간과 에너지를 온전히 수업에 쏟고 있을 때 학교 교사들이 자신들의 시간과 에너지를 두발규제에 쏟고 있다면 학교 수업은 학원 수업을 결코 이길 수 없는 것이다.

그렇다고 두발규제가 어떤 의미와 가치를 갖지도 않는다. 학생들에게 민주시민으로서의 품성을 길러주기 위해 교사들이 시간과 에너지를 소비하는 것이라면 그것은 의미와 가치가 있다. 학교는 이러한 교육을 위해 수업을 희생할 수 있어야 한다. 이런 점에서 학교는 학원과 분명 달라야 한다. 하지만 학생들 머리카락 길이를 규제하는 것은 그러한 의미와 가치를 조금도 갖지 못한다. 머리카락 길이가 학업과 어떤 관계가 있는 것도 아니다. 만약 그렇다면 스님들은 무조건 목사나 신부보다 공부를 훨씬 더 잘해야 한다. 머리카락 길이는 학생들이 공부 잘하고 못하는 것과 아무런 관련도 없다. 머리카락이 길고 짧음은 학생들 학업에 완전히 중립적이다.

이렇게 볼 때 두발규제는 너무나 무의미한 일에 교사의 시간과 에너지를 낭비케 하는 행위다. 우리나라 학교는 그런 일에 시간과 에너지를 낭비할 여유가 있을 만큼 유능하지 않다. 두발규제는 그냥 공짜로 이루어지는 것이 아니다. 세상에 공짜 점심은 없는 법이다. 인간이 어떤 행동을 할 때는 기회비용을 지불해야 한다. 두발규제는 그것을 규칙으로 제정해 놓았다고 해서 저절로 이루어지는 게 아니다. 그것은 매일매일 투여되는 교사들의 어떤 행동에 의해서 이루어질 수밖에 없다. 교사들의 시간과 에너지라는 비용을 지불해야만 이루어질 수 있는 일이다.

그런데 그 비용이 적지 않다. 상당한 시간과 에너지가 들어간다. 머리단속은 결코 쉬운 일이 아니다. 우선 많은 학생이 학교 규칙에서 정해 놓은 길이를 넘어서는 머리를 하고 싶어 한다. 교사들의 단속을 피해 조금이라도 더 머리를 기르려 한다. 게다가 머리카락은 매일매일 조금씩 저절로 자란다. 가난한 학생들의 머리카락도 매일 자라난다. 시간이 흐르면 머리카락 길이는 자연적으로 길어져 어느덧 학교 규정을 벗어나게 된다. 또 두발규제는 그 자체가 큰 애매성을 가지고 있어 끊임없이 학생들의 불만을 유발할 수밖에 없다. 머리카락 길이를 몇 센티미터로 정해봤자 일일이 자로 재는 것도 어렵지만, 자로 쟀다고 문제가 해결되는 것도 아니다. 머리 길이는 그날그날의 습도에 따라서도 얼마든지 달라질 수 있고 학생의 외모나 청결함 등에 의해서도 얼마든지 다르게 보일 수 있다. 그래서 대한민국 중·고등학교의 교문 안에서는 머리카락 길이 때문에 매일같이 실랑이가 벌어진다. 이렇게 해서 교사들의 적지 않은 시간과 에너지가 두발단속에 투여된다. 고차원적 교육활동에 투여되어야 할 교사의 시간과 에너지가 저차원적 머리단속에 투여된다.

두발규제의 폐해는 단순히 교사들의 시간과 에너지 낭비에만 국한되지 않는다. 머리단속은 유능한 교사의 기준을 왜곡한다. 우리나라 학교에서는 수업 잘하는 교사보다 머리단속 잘하는 교사가 능력 있는 교사이다. 수업 잘하는 교사가 수업 잘한다고 부장이 될 수는 없지만 머리단속 잘하는 교사는 머리단속 잘한다는 이유로 부장이 될 수 있다. 이는 수업 잘한다고 교장이 될 순 없지만 머리단속 잘하면 교장이 될 수 있다는 사실을 말해주는 것이다.

우리나라 학교에서는 사무행정업무가 가장 중요하고, 학생들 규율 잡는 것이 그다음으로 중요하고, 정규수업은 마지막이다. 교장들의 행동을 보면 그렇게 생각하지 않을 수 없다. 이것은 나 혼자만의 생각이 아니다. 많은 교사들이 그렇게 생각하고 있다. 2009년 하반기에 교사 10여 명과 교과부 간부들이 참여하는 '학교선진화포럼'이라는 연구 모임에서 한 교사가 이러한 내용의 발제를 했을 때 교사들은 물론 교과부 간부들조차 그러한 발제 내용에 대해 조금의 이의도 제기하지 않았다.

학교가 학생들 규율 잡는 일 중에 가장 많은 시간과 에너지를 투여하는 것이 두발규제이다. 대한민국 학교에서는 아무런 가치도 없는 저차원적 일이 정규수업보다 더 중요한 일로 인정받고 있는 것이다. 그 저차원적 일을 잘하는 교사가 수업 잘하는 교사보다 학교에서 더 큰 존재감을 발휘하고 있다. 이런 일에 시간과 에너지를 낭비하는 학교가 유능해질 수는 없다. 두발규제 잘하는 교사가 수업 잘하는 교사보다 더 큰 존재감을 발휘하는 학교, 두발규제 잘하는 교사가 수업 잘하는 교사보다 승진에 유리한 학교, 이러한 학교가 유능할 수 있다면 그것은 참으로 괴이하고 이상한 일이다. 결국 우리나라의 학교는 무능할 수밖에 없다. 이렇게 두발규제는 대한민국 학교교육을 망치는 중요한 요인 중 하나인 것이다.

두발자유화는 단순히 단위 학교에 결정권을 넘겨서는 안 된다. 정부의 강력한 의지로 전국적 차원에서 두발자유화 조치를 시행해야 한다. 아니면 지역 전체에서 시행해야 한다. 언뜻 생각하면 머리카락 길이 정도는 개별 학교의 자율에 맡기는 것이 타당할 듯하다. 하지만 학교 자율에 맡기는 순간 두발자유화는 이루어지기 어렵다. 두발규제로 대한민국 학교교육은 매우 큰 손해를 보고 있는 것이 분명하지만, 개별 학교의 차원에서는 두발규제를 시행하는 학교가 이익을 볼 수 있기 때문이다.

두발 길이는 학생들의 학습 태도와 아무런 상관도 없지만 두발 길이를 규제하는 규정을 만들면 그 규정을 더 많이 어기는 것은 아무래도 모범생보다는 문제아들이다. 그래서 두발규제를 학교의 자율에 맡기면 말썽을 일으켜 강제전학 조치를 당한 학생들이 두발자유화를 시행하고 있는 학교에만 몰려가는 등의 여러 부작용이 발생할 수 있다. 실제로 교사들 중에는 이런 것을 근거로 두발규제를 주장하는 경우가 적지 않다. 그러나 모든 학교에서 두발자유화가 시행되는 순간, 머리카락 길이는 모범생과 문제아를 가르는 기준이 되지 못한다.

지금 대한민국 학교는 서로 의미 없는 경쟁을 하고 있다. 서로 자기 학교만의 작은 이익을 지키기 위해 대한민국 교육의 경쟁력을 갉아먹는 바보 같은 경쟁을 하고 있다. 대한민국 학교는 우물 안 개구리에 불과하다. 어느 학교가 다른 학교보다 학생들의 머리카락을 더 짧게 해서 이익을 조금 보았다고 해보자. 도대체 이런 저급한 경쟁이 우리나라 학교교육의 경쟁력을 얼마나 상승시키겠는가?

매일 수만 명의 교사가 수만 명의 학생(학생부 교사들의 교문 지도를 돕는 학생)을 대동하고 아침마다 교문에서 머리단속을 하고 있다. 이제 그 시간과 에너지는 더 의미 있는 일에 투여되어야 한다. 수업 연구나 공부를 해도 좋지만 그게 아니라면 차라리 아무것도 안 하고 휴식을 취해도 좋다. 공부를 하건 휴식을 취하건 그 어떤 것도 두발규제보다는 의미 있고 가치 있는 일이다. 대한민국 학교는 두발규제라고 하는 저차원적 행동에 너무나 많은 시간과 에너지를 낭비하고 있다. 이제 정부가 나서 학교의 이 바보 같은 행위를 근절시켜야 한다.

지금까지 나는 학생인권의 관점이 아닌 학교의 능력 향상이라는 관점에서 두발자유화의 정당성을 이야기했다. 나는 지금 입시를 무시하고 입시를 초월한 위치에서 두발자유화를 주장하는 게 아닌 것이다. 입시교육을 소홀히 할 수 없는 것은 교사가 발 딛은 현실이다. 그런데 학교가 하는 일을 보면 입시의 관점에서도 너무나 엉터리 같은 것들이 많다. 입시를 핑계로 대지만 입시에도 도움이 되지 않는 일들이 많다. 어떤 특정 개인과 집단의 이익이나 취향에 부합할 뿐인 행위들이 입시를 핑계로 버젓이 행해지고 있다. 그중 하나가 바로 학생들의 머리 길이에 대한 규제와 간섭인 것이다.

오해의 소지를 없애기 위해서 한마디 덧붙여야겠다. 나는 지금 학생에 대한 통제와 규율을 지금보다 완화시켜야 한다고 주장하는 것이 아니다. 나는 개인적으로 통제와 규율을 싫어하는 편이다. 하지만 우리나라의 학교가 학생들에 대해 엄격한 규율을 적용하지 않고 잘 굴러갈 수 있다고 생각할 만큼 어리석지는 않다. 규율은 지금보다 훨씬 더 강화되어도 좋다. 다만 내가 지적하려는 것은 엄격한 규율을 학생들의 머리카락 따위에 적용해서는 안 된다는 점이다.

다음은 버트런드 러셀이 《자서전》에서 자신의 아이들을 위해 직접 작은 학교를 만들어 교육시킨 경험에 대해 한 말이다.

전통적 학교들에서 당연시하는 자유에 대한 무수한 제약이 싫었다. 금욕주의적 교육을 중시하지 않거나 자제력 훈련을 완전히 도외시하는 대부분의 현대 교육가들에게 동조할 수 없었다. 그리하여 우리는 짐과 케이트 또래의 아이들을 스무 명쯤 모아 일반 학교에 다니는 만큼의 기간을 우리가 교육하기로 했다.

…(중략)…

원인이 무엇이든 간에 다수의 아이들이 잔인하고 파괴적인 성향을 보였다. 아이들을 자유롭게 풀어놓자 강자가 약자를 벌벌 떨게 만들며 괴롭히는 테러의 통치가 시작되었다. 학교도 세상과 똑같아서 오직 정부만이 짐승 같은 폭력을 막아줄 수 있다. 그리하여 나는 아이들이 수업 시간을 벗어나서도 잔혹한 짓을 못하도록 끊임없이 감시하지 않을 수 없었다.

…(중략)…

집단생활을 하는 어린아이들은 어느 정도의 질서와 일과가 주어지지 않으면 행복할 수가 없다. 저희들끼리 즐기도록 내버려두면 이내 싫증을 내고 약한 아이를 괴롭히거나 파괴적인 쪽으로 관심을 가지게 된다. 아이들에게 자유 시간을 줄 때는 반드시 어른이 같이하면서 좋아할 만한 게임이나 오락을 제시해주고 어린아이들에게 기대하기 힘든 계기를 제공해줄 필요가 있다.

…(중략)…

보건과 청결 부분에서는 거의 자유가 없었다.

…(중략)…

고학년 아이들에게 양치하라고 말하면 이렇게 투덜대곤 했다.

"이게 무슨 자유학교야!"

전통 학교에 무수히 존재하는 자유에 대한 규제가 싫었던 러셀도 아이들에게 한없는 자유를 보장한 것은 아니었다. 아이들의 본성이 선하기만 하다고 믿은 것은 더더욱 아니었다. 그래서 러셀은 학생들에게 한편으로는 엄격한 규율을 적용했다. 이는 강자가 약자에게 가하는 폭력을 막기 위해서였고, 학생들의 건강을 위해서였다.

내 생각에도 인간의 본성은 태어나서 죽을 때까지 크게 변하지 않는 것 같다. 아이들이 한없이 순수하기만 하다는 생각은 내 경험에 비추어 봐도 지나치게 순진하고 낭만적인 환상일 뿐이다. 그리고 내가 아는 한 규율 자체를 부정하는 교사도 없다. 문제는 어떤 부분에 어느 정도의 규율을 적용하느냐이다. 학교의 규율이 적용되고 있는 학생들의 행위를 몇 부분으로 나누어보자.

①남에게 고통과 피해를 주는 행위
②남에게 피해를 주지는 않지만 학생 자신에게 큰 손해가 되는 행위
③남에게 피해를 주지도 않고 학생 자신에게도 손해가 되지 않는 행위

이제 러셀을 말을 교훈 삼아 우리나라 학교가 각각의 부분에 맞는 적절한 규율을 학생들에게 적용하고 있는지 성찰해보자.

①의 대표적인 것으로는 다른 학생들에게 폭력을 휘두르는 행위를 들 수 있다. 학교의 규율이 가장 엄격하게 적용되어야 할 부분이다.

②의 대표적인 것으로는 학생들의 흡연 행위를 들 수 있다. 학생이 담배를 피우는 것은 그 자체로 남에게 큰 피해를 주는 일은 아니다. 담배꽁초를 아무 데나 버리거나 담배 연기를 실내에 뿜어대지만 않는다면 말이다. 그러나 담배는 학생 자신의 건강에 심각한 손해를 줄 수 있다. 그러므로 건강이라는 학생의 이익을 위해 학교는 학생들이 담배를 피우지 못하도록 강제할 수 있는 것이다. 물론 ①보다 상대적으로 약

한 규율이 적용되어야 함은 당연하다.

③의 대표적인 것으로 머리카락을 들 수 있다. 학생들이 머리카락을 길게 길렀다고 해서 남들이 피해 볼 일은 조금도 없다. 머리카락을 길게 했다고 학생들의 건강이 상하는 것도 아니다. 머리카락을 길러도 학생들에게는 아무런 손해가 없다. 이 부분은 학생들의 자유의지에 가장 많이 맡겨 두어도 되는 부분이다. 그런데 대부분의 학교에서 교사들의 에너지가 가장 많이 투여되고 있는 부분은 ③의 경우이다. 내 생각에 이는 바보 같은 짓이다.

우리나라 학교가 학생들에게 많은 자유를 주어야 하는 것은 아니다. 하지만 ③에 해당하는 부분에서는 더 많은 자유를 주어야 한다고 생각한다. 그 대신 ①에 대해서는 학생들에게 더 엄격한 규율을 요구할 수 있다. 교사들의 시간과 에너지도 이 부분에 더 많이 투여될 수 있다.

그런데 ①이나 ②에 더 많은 규율을 요구하려면 반드시 ③에서 규율을 완화시키는 것이 필요하다. 단순히 교사들의 시간과 힘이 제한적이기 때문만은 아니다. 학생들에게 너무 많은 규율을 요구하는 것은 효과도 떨어지고 교육적으로도 바람직하지 않기 때문이다. 학생들에게는 규율도 필요하지만 자유도 필요하다. 자유 없이 엄격한 규율만 적용된다면 학생들이 반항하고 저항할 것이다. 무엇보다 스스로 알아서 판단하고 행동할 수 있는 자율적 인간으로 커나가지 못할 것이다. 따라서 ①과 ②의 부분에서 더 많은 규율을 적용하려면 ③에서 더 많은 자유를 주는 것은 반드시 필요한 일이다.[17]

---

17) 이기정, 《학교개조론》 (미래인. 2008), 186~191쪽.

학부모 중에는 강력한 두발규제를 요구하는 사람도 있다. 자기 자식의 머리만 짧게 해달라는 게 아니라 학생 전체의 머리를 짧게 해달라는 학부모가 있다. 교장과 교사 중에는 이런 학부모의 요구에 흔들리는 사람이 있다. 철학이 없기 때문이다. 그 학부모는 자기 자식의 머리만 짧게 해달라고 요구할 수도 있는 것을 왜 남의 자식 머리까지 짧게 해달라고 요구한단 말인가? 다른 학생의 머리가 길다고 자기 자식이 피해를 입는 것도 아닌데 말이다. 물론 수업 시간에 떠드는 남의 자식은 엄격하게 다스려 달라고 얼마든지 요구할 수 있다. 그 학생 때문에 자신의 자식이 피해를 볼 수 있으니까. 하지만 다른 아이의 머리카락 길이까지 단속해 달라고 요구할 권리는 없다. 자기 자식 머리 짧게 하고 싶으면 스스로 자식을 설득해야 한다. 왜 그것을 학교의 교사에게 요구한단 말인가? 왜 다른 학생들의 머리카락 길이까지 간섭한단 말인가?

두발자유화와 교복자유화를 항상 하나로 묶어서 생각하는 사람이 많다. 약간의 연관성이 있을 수 있지만 이 둘은 별개의 것이다. 두발자유화를 실행하지만 교복자유화는 실행하지 않는 것이 얼마든지 가능하다. 사실 교복을 입는 것에는 여러 가지 장점이 있다. 두발자유화는 학교를 무능하게 만들지만 교복 착용은 학교를 별로 무능하게 만들지 않는다. 오히려 교복은 학생들의 학습에 도움이 되는 면도 있다. 또 두발자유화는 빈부 간의 위화감을 조장하지 않지만 교복자유화는 빈부 간의 위화감을 조장할 수 있다. 학생이 입는 옷은 머리카락과는 다른 성질의 것이다. 머리카락은 그 길이를 길게 하는 데 부자라고 해서 더 유리할 만한 측면이 전혀 없다. 머리카락을 기르려면 아무리 부자라 하더라도 시간이 필요하다. 가난한 사람이 머리 기르는 데 걸리는 시간보다 더 짧지 않다.

하지만 옷을 잘 입는 데에는 많은 돈이 필요하다. 부자 학생이 가난한 학생보다 훨씬 더 유리하다. 인간은 이성의 관심을 끌고 싶은 본능, 자신을 멋있게 보이고 싶은 본능이 있다. 청소년들도 옷을 통해 자신의 매력을 높이려는 욕망을 가지고 있다. 그래서 서로 옷을 잘 입으려고 경쟁한다. 이런 경쟁은 자칫 옷에 대한 끝없는 투자를 요구할 수 있다. 친구가 오늘 비싸고 멋있는 옷을 입었을 때 내일 그보다 더 비싸고 예쁜 옷을 입고 싶은 마음은 청소년이 아니더라도 인간이라면 얼마든지 가질 수 있는 욕망이다. 학생들은 이러한 소모적인 경쟁에서 벗어나고 싶은 생각을 가지고 있다. 그래서 사복을 입고 싶어 하면서도 다른 한편으론 교복을 더 많이 원한다. 이런 측면을 생각하면 두발자유화는 중앙정부 차원에서 시행하되 교복의 착용 문제는 단위 학교의 자율에 맡기는 것이 바람직하다. 물론 교복 착용의 결정권을 단위 학교에 맡기면 대부분의 학교에서 교복을 착용하게 할 것이다.

두발은 자유화하면서 왜 옷은 강제적으로 교복을 입게 하느냐는 반론도 있을 수 있다. 하지만 머리카락과 옷은 차원이 다른 것이다. 머리카락은 생물학적 측면이 강하고 옷은 문화적 성격이 강하다. 머리카락은 신체의 일부이다. 머리카락의 길이를 얼마 정도로 할 것인가도 물론 문화의 영향을 강하게 받지만 머리카락은 아무튼 신체의 일부이다. 따라서 머리카락 길이의 길고 짧음은 가급적 머리카락 소유자의 의사에 맡겨 두는 것이 더 자연스럽다. 그러나 옷은 머리카락에 비해 문화적 요소가 더 강하다. 문화공동체의 구성원이 스스로 자발적 규제를 할 수 있는 당위성이 머리카락에 비해서 더 큰 것이다. 즉, 자신이 교복을 입는 것을 찬성하는 경우 다른 학생들도 교복을 입게 요구할 수 있는 당위성이 머리카락에 비해 상대적으로 더 큰 것이다. 그래서 설사 머리규제를 원하는 학생이 다수라고 할지라도 소수의 학생에게 머리규제를 요구할 수 있는 당위성은 적은 반면 교복을 원하는 학생이 다수라면 소수의 학생에게 교복을 입어 달라고 요구할 수 있는 당위성은 상대적으로 큰 것이다.

두발자유화는 단호히 시행하고 교복 착용의 여부는 학교 자율에 맡기는 것은 균형감 있는 결정이다. 내가 경기도 학생인권조례를 자세히 읽고 그 균형 감각에 감탄한 것은 바로 두발자유화는 단호히 시행하되 교복 착용의 결정권은 학교 자율에 맡긴다는 내용에서였다.

수능시험의 EBS 출제는 포퓰리즘이고 두발자유화는 포퓰리즘이 아닌 까닭은?

수능시험의 EBS 출제는 학생들에게 장기적으로 아무런 이익도 주지 못하고 오히려 고통만을 주기 때문이다. 반면 두발자유화는 학생들에게 큰 기쁨을 주면서도 학교의 경쟁력을 향상시킬 수 있기 때문이다.

수능시험의 EBS 출제는 입시의 논리와 양립할 수 없는 정책이다. 입시는 필요하긴 하지만 악惡이다. 모두가 그 혜택을 볼 수 있고 모두가 승리자가 될 수 있는 것이 아니다. 입시는 한 사람이 이익을 보면 다른 사람은 반드시 손해를 보아야 하는 제로섬게임이다. 반드시 승자와 패자를 가려야 하는 잔혹한 세계다. 입시를 필요악으로 받아들인 이상 어쩔 수 없이 그 잔혹함도 받아들여야 한다. 어설프게 학생들에게 동정을 품었다가는 오히려 고통을 줄 수 있다. 수능시험의 EBS 출제는 어설픈 동정에 불과하다. 그래서 포퓰리즘에 불과한 정책인 것이다.

한편 두발자유화는 교육의 논리에 합치할 뿐만 아니라 입시의 논리에서 벗어나지도 않는다. 두발규제에 들어가는 에너지를 절약하게 만들어 사교육에 대한 학교교육의 경쟁력을 향상시키는 방안이 될 수 있다. 그래서 두발자유화는 포퓰리즘이 아니다.

제7장

수렁에 빠져 헛되이
힘을 낭비하지 마라

1. 입시의 늪에 빠지지 마라

입시에 대한 냉혹한 체념이 필요하다.

앞에서 나는 우리나라 교육의 핵심 문제를 학교의 무능이라고 지적했다. 하지만 여전히 입시의 부작용은 우리 교육의 중요한 문제이다. 그동안 입시 문제를 해결하려는 수많은 시도가 있었지만 섣부른 시도들은 오히려 문제를 악화시킬 뿐이었다.

입시 문제 해결을 위한 방안은 크게 보아 둘이다. 하나는 입시를 아예 폐지하는 것이고 다른 하나는 입시 경쟁을 지금보다 완화시키는 것이다. 그러나 입시의 폐지는 불가능하다. 그것은 극단의 이상주의자들이나 할 주장이다. 철저히 현실적이어야 할 대통령이 취할 수 있는 방안이 아니다. 입시는 일종의 필요악이다. 사회의 존속과 발전을 위해 없을 수 없기에 그로 인한 부작용을 감수해야만 하는 필요악이다. 결국 현실적으로 대통령은 입시의 폐지가 아닌 입시 경쟁의 완화를 위해 노력할 수밖에 없다. 하지만 그것은 입시제도를 손질해서 해결할 수 있는 것이 아니다. 입시 경쟁의 치열함은 입시제도 그 자체가 아니라 우리나라의 사회구조와 문화에서 비롯되었기 때문이다.

입시 경쟁을 완화하려면 우리나라의 사회구조와 문화를 바꾸어야 하지만 사회구조와 문화는 대통령과 정부라고 해서 마음대로 바꿀 수 있는 것이 아니다. 빠른 시간 안에 한 나라의 사회구조와 문화를 바꾸는 것이 얼마나 어려운지는 대통령 스스로가 더 잘 알고 있을 것이다. 이때 빠지기 쉬운 유혹이 입시제도의 변경이다. 입시제도를 바꿔서 입시 경쟁을 완화하겠다는 발상은 얼핏 생각하면 그럴듯한 것이다. 그러나 입시제도의 변경으로 입시 경쟁을 완화시킬 수는 없다. 그 어떤 입시제도를 도입해도 단지 경쟁의 방식과 규칙만을 변경시킬 수 있을 뿐이다. 경쟁의 치열함은 줄이지 못한다. 학교 성적(내신)을 중요시하면 수능시험이나 대학별고사에서의 경쟁이 줄어드는 대신 학교 시험에서의 경쟁은 증가한다. 수능시험을 중요시하면 학교 시험과 대학별고사에서의 경쟁이 줄어드는 대신 수능시험에서의 경쟁이 늘어난다. 경쟁의 총량은 거의 변함이 없다.

그리고 입시제도의 변경은 하나의 문제를 해결하는 대신 다른 문제를 발생시킨다. 입시 과목의 수를 줄여 학생들의 부담을 줄여주려는 정책은 학생들의 공부를 편협하게 만든다. 지금의 수능시험에서 인문계열 학생들은 과학 시험을 보지 않고 자연계열 학생들은 사회 시험을 보지 않는다. 이렇게 되니 학생들의 지식이 편향된다. 인문계열 학생은 과학에 무지하고 자연계열 학생들은 사회에 무지하다. 지식 융합의 시대에 이는 아주 큰 문제다. 이것은 학생들의 과중한 학업 부담이란 악보다 더 큰 악일 수 있다. 결국 하나의 문제를 완화하기 위해 다른 문제를 발생시킨 것에 불과하다.

수능시험이건 학교 시험이건 대학별고사건 입시에서 시험 성적만 강조하다 보니 우리나라 학생들은 오직 공부에만 매달릴 뿐 공부 이외의 다양한 활동에 소홀하다. 이러한 문제의식을 반영해 대학은 봉사활동 시간 등을 입시에 반영하려는 움직임을 보였다. 한편으로는 아주 바람직한 일이다. 하지만 입시의 이러한 변화는 또 다른 문제를 발생시킨다. 예컨대 봉사활동이 입시에서 중요해지면 거짓이 등장한다. 학생이 아닌 부모의 힘과 노력으로 봉사활동 시간을 획득하는 일이 발생하게 된다. 부모의 도움을 얻을 수 없는 학생은 대학 진학에서 불리해지는 일이 생기는 것이다. 이미 지금도 학생들은 봉사활동의 투명성과 교육적 효과에 대해 크게 불신하고 있다.

이렇게 입시제도의 변경은 하나의 문제를 없애는 대신 다른 문제를 발생시키는 쪽으로 귀결된다. 결국 어떻게 해도 문제의 총량은 거의 달라지지 않는다. 그렇다고 입시제도를 바꾸지 않고 그대로 유지하는 것이 최선이라는 말은 아니다. 시대의 흐름과 사회의 변화에 따라 정부는 입시제도를 계속해서 수정해나가야 한다. 그러나 그것이 입시 경쟁의 완화를 목표로 진행되어서는 안 된다. 오직 시대의 흐름과 사회의 변화에 부응하기 위한 개선이어야 한다. 경쟁의 치열함도 그대로이고 문제의 총량도 그대로지만 새로운 시대 상황에 조응하기 위해 입시제도를 개선해야 하는 것이다.

10년쯤 후에 중국이 세계 초일류 강대국이 되어 중국어의 중요성이 지금에 비해 현저히 커진다고 가정해보자. 그러면 수능시험에서 중국어의 비중을 영어만큼의 비중으로 확대하는 것은 충분히 생각해볼 수 있는 일이다. 바로 시대의 흐름을 반영한 것이다. 하지만 중국어가 영어만큼 큰 비중을 차지한다고 해서 입시 경쟁 그 자체가 완화되거나 심화되는 것은 아니다. 영어에서의 입시 경쟁이 상대적으로 완화되는 대신 중국어에서의 경쟁이 상대적으로 커지는 것뿐이다.

물론 이는 자칫 학생들에게 더 큰 공부 부담을 지울 수 있다. 그래도 정부는 시대 흐름에 따라 입시제도를 변경해나가야 하며 입시 경쟁의 완화를 목표로 해서 입시제도를 변경하는 일은 삼가야 한다. 어떤 입시제도도 우리나라의 교육 문제를 해결할 수 없다. 이제는 입시제도의 변화를 통해서 교육 문제를 해결할 수 있다는 생각 자체를 버려야 한다. 그러한 해결책은 정작 문제는 해결하지 못하면서 학생과 학부모들에게 혼란만 가져다줄 수 있다.

학생과 학부모가 겪는 혼란은 그래도 사소한 것일 수 있다. 더 큰 문제는 입시제도에 대한 과도한 관심이 학교교육의 개혁이라는 더 큰 과제에 사회적 에너지가 집중되는 것을 방해할 수 있다는 점이다. 정부와 사회를 입시의 수렁에 빠뜨려 학교 개혁이라는 우리시대 최고의 과제에 힘을 쏟지 못하게 만들 수 있는 것이다.

가능한 입시제도의 모든 것

입시제도의 변경을 통해 문제를 해결하려는 시도는 한계가 뚜렷하다. 도입 가능한 모든 입시제도를 생각해보자. 편의상 내신은 A, 수능시험은 B, 대학별고사(논술고사)는 C라 하자.

여러 가지 변형을 통해 수없이 많은 제도를 만들 수 있다. 하지만 그 기본 틀은 다음의 예에서 벗어나지 않는다.

1	only A	내신 100% 반영
2	only B	수능 100% 반영
3	only C	대학별고사 100% 반영
4	A + B	내신 50% 수능 50% 반영
5	A + C	내신 50% 대학별고사 50% 반영
6	B + C	수능 50% 대학별고사 50% 반영
7	A + B + C	내신 33% 수능 33% 대학별고사 33% 반영
8	A or B	내신: 정원 1/2 선발 수능: 정원 1/2 선발
9	A or C	내신: 정원 1/2 선발 대학별고사: 정원 1/2 선발
10	B or C	수능: 정원 1/2 선발 대학별고사: 정원 1/2 선발
11	A or B or C	내신: 정원 1/3 수능: 정원 1/3 대학별고사: 정원 1/3
12	입학사정관제	1~12에 입학사정관제 결합

어떤 입시제도가 한국의 교육 문제를 조금이나마 해결할 수 있을까? 안타깝지만 없다. 입시제도를 바꿔서 교육 문제를 해결할 수 있다는 생각은 환상이다. 입시는 한 번 빠지면 벗어날 수 없는 늪과 같은 것이다. 정부가 이 수렁에 빠져 시간과 에너지를 낭비하는 것은 바람직하지 못하다. 입시로 인한 폐해의 상당 부분은 사회의 필요악으로 짊어지고 갈 수밖에 없다는 냉혹한 현실 인식이 필요하다. 정부는 입시라는 수렁에 빠져 힘을 낭비하지 말고 학교의 무능이란 문제를 해결하는 노력에 모든 힘을 쏟아야 한다.

2. 방과 후 수업의 늪에 빠지지 마라

비전 2030의 교육 정책

방과 후 수업은 학교의 개혁 방안일 수 없다. 방과 후 수업이 그렇게 중요한 해결책이라면 교육 문제의 해결은 간단하다. 정규수업 시간을 지금의 방과 후 수업 시간까지 연장하는 것이다.

그리고 정규교육에서 무능력한 학교가 보충수업에서 갑자기 유능해지는 것은 불가능하다. 정규교육에서 무능한 학교는 보충수업에서도 여전히 무능할 수밖에 없다.

나는 이 책의 초고가 거의 완성되었을 무렵에 노무현 정부에서 만든 국가미래전략연구서인 〈비전 2030- 함께 가는 희망한국〉을 읽어보았다. 교육 개혁에 대한 명쾌한 해법이 나와 있으리라는 기대감도 있었지만 한편으론 염려가 되었다. 지금까지 내가 쓴 책의 내용이 거기 다 있으면 어떻게 하지? 그러면 지금까지 내가 한 일은 다 헛것이되는데……. 나도 모르게 이런 생각이 들었다. 하지만 기우였다. 〈비전 2030〉을 읽고는 실망하지 않을 수 없었다. 2030년을 내다보고 제시한 학교교육 정책이란 것이 너무 허접했다. 다른 부분은 몰라도 학교교육에 대한 부분은 그랬다.

무려 11번이나 반복되며 가장 중요하게 제시된 정책이 기껏 방과 후 학교의 활성화였다. 방과 후 보충수업에서 학교교육의 미래를 보았다고 밖에는 생각할 수 없었다. 이명박 정부가 노무현 정부의 정책은 무조건 배척했다고 하는데 아무래도 교육 정책만은 배척하지 않고 추종을 한 것 같다는 생각도 들었다. 이명박 정부 들어와 학교에서 가장 달라진 것이 방과 후 보충수업의 대폭 증가였으니 말이다.

나는 〈비전 2030〉의 교육 정책에 실망한 대신 지금 쓰고 있는 이 책의 가치에 대해 확신을 갖게 되었다. 쟁쟁한 교수와 박사들이 제시한 교육 정책이란 것들은 내가 이 책에서 제시하는 정책에 비해 너무나 허접한 것이었다. 나는 이렇게 생각하지 않을 수 없었다.

'비록 학사 학위밖에 없는 평교사의 저술에 불과하지만 이 책은 반드시 국민들과 대선 후보들에게 알려져야 한다.'

나는 지금 이 책을 대통령 선거에 나설 후보들을 염두에 두고 쓰고 있다. 그중 내가 가장 염두에 두고 있는 사람이 유시민이다. 그런데 유시민은 〈비전 2030〉을 높게 평가하고 있다. 아마 전체적으론 그의 평가가 옳을 것이다. 하지만 다른 것은 몰라도 교육 정책만은 결코 높이 평가할 만한 것이 못 되었다. 걱정스러웠다. 혹시 대선 후보들이 방과 후 보충수업 따위를 가장 중요한 교육 정책으로 삼으면 어떻게 하나, 염려되었다. 그래서 뒤늦게 이 부분을 첨가했다.

이명박 정부가 일으킨 학교교육에서의 문명역주행

이명박 정부가 집권하는 동안 학교는 무엇이 얼마나 달라졌는가? 없다. 사실상 하나도 없다. 학교는 여전히 과거의 무능력한 모습 그대로다. 달라질 조짐조차 보이지 않는다. 물론 이명박 정부는 이것저것 들쑤셔 놓기는 했다. 하지만 핵심을 제대로 짚지 못해 엉뚱한 곳만 들쑤셨다. 그래서 약간의 변화가 있었지만 그것은 오히려 나쁜 쪽으로의 변화에 불과했다.

이명박 정부 들어 학교에서 일어난 가장 큰 변화는 방과 후의 보충수업, 특히 중학교의 보충수업이 대폭 늘었다는 것이다. 고등학교의 보충수업은 예전부터 쭉 있던 거라 증가된 정도가 상대적으로 적었지만 중학교의 보충수업은 대폭 늘어났다. 중학교에서 강제적인 보충수업을 실시한 교장을 영웅으로 만든 이명박 정부였으니 어찌 보면 당연한 일이다.

이명박 대통령은 교육 문제에서도 보수언론과 장단이 잘 맞았다.

당시 조중동으로 표현되는 보수언론들은 밤늦게까지 보충수업을 시행하는 교장과 교사를 영웅화하기 위해 서로 경쟁하는 듯 행동했다. 대한민국 교육의 희망이 밤늦게까지 이루어지는 보충수업에 있는 것처럼 행동했다. 그 대표적인 것이 중학교에서까지 강제성 띄는 보충수업을 실시한 교장을 영웅시한 중앙일보의 보도였다. 보도가 나간 뒤얼마 후 이명박 대통령은 해당 학교를 방문하여 교장을 한껏 추켜세움으로써 영웅화 작업을 완결했다. 그 교장에 대한 영웅화 작업은 보수언론이 먼저 시작했지만 완결은 대통령이 직접 나서 한 것이다.

이것으로 이명박 대통령은 교육에서 정부가 지향하는 바를 명확히 했다. 밤늦게까지 학생들을 학교에 잡아 둬라. 밤늦게까지 보충수업하고 자습시켜라. 이명박 대통령에게 가장 훌륭한 교장과 교사는 밤늦게까지 학생들을 잡아 두는 교장과 교사였다.

유시민은 《후불제 민주주의》에서 잘못된 정책을 마구 밀어붙이는 이명박 정부의 야만적 행태를 '문명역주행'이라 규정했는데, 이것이야말로 학교에서 일어난 문명의 역주행이었다. 강제적 보충수업 잘하는 교장을 이 시대의 가장 훌륭한 교육자로 추켜세우고 밤늦게까지 학교에 잡혀 있는 학생들의 모습에서 학교의 희망을 보는 것. 이것이 문명의 역주행이 아니면 달리 무엇이 문명의 역주행이겠는가?

다행인 점은 이명박 정부가 학교에서 일으킨 문명역주행은 진보 교육감의 탄생으로 약간의 견제를 받았다는 것이다. 이명박 정부 초반에 경기도에서 진보 교육감이 탄생하지 않았다면, 2010년 지방자치 선거를 통해 경기도와 서울 등에서 진보 교육감이 나오지 않았다면 학교에서 일어나는 문명의 역주행은 훨씬 더 심각했을 것이다.

보충수업은 절대로 학교의 희망이 될 수 없다. 자발적 보충수업은 그래도 나름의 장점이 있지만 강제성 있는 보충수업은 교육의 희망이기는커녕 오히려 절망이다. 대한민국 학교교육은 보충수업이 적어서 망가진 게 아니다. 과도한 보충수업은 오히려 망가진 학교교육의 모습을 보여주는 증표에 불과하다.

실제로 중학교의 보충수업은 상당 부분 비정상적으로 이루어졌다. 교사가 닦달하는 것도 모자라 내신성적을 미끼로 하는 방법까지 사용되었다. 특히 내신성적을 내세워 학생들을 모집하는 것은 참으로 후안무치한 방법이다. 생각해보라. 교사가 내신 대비를 내세워 보충수업에 참여할 학생들을 모집하면 어떤 일이 발생할 수 있는지를. 교사는 학교 시험의 출제자이다. 학교 시험에 출제할 문제를 보충수업에서 가르칠 수도 있고 보충수업 시간에 가르친 것을 시험에 출제할 수도 있다. 아무리 엉터리 수업을 해도 시험 성적을 얼마든지 올릴 수 있는 것이다. 이런 식으로 학생들이 방과 후 학교에 남아 보충수업을 받는다고 해서 대한민국의 학교교육이 얼마나 더 좋아질 수 있을까?

3. 사교육의 늪에 빠지지 마라

사교육은 분명 골칫덩어리이다.[18] 하지만 사교육과 직접 대결하는 것은 대부분 실패하게 되어 있다. 단순히 실패만 하는 것이 아니라 공교육마저 심하게 왜곡하게 되어 있다. 이명박 정부에서 왜 방과 후 보충수업이 가장 중요한 교육 정책으로 부각되었는가? 사교육을 단기간에 줄여보고자 하는 욕심 때문이다. 그러나 학교교육의 내적 필요성에 의해서 시도되는 보충수업이 아닌 사교육을 없애고자 하는 목적에서 시도되는 보충수업은 오히려 학교교육을 황폐하게 만들 수 있다.

최근 학교에는 학생생활기록부에 학생의 보충수업 사실까지 기록하는 기현상이 나타나고 있다. 입학사정관제 입시에서 유리한 내용이므로 기록해야 한다는 것이다. 나는 입학사정관들이 보충수업 받은 학생을 더 높이 평가하는 바보 같은 짓을 할 가능성은 크지 않으리라 생각한다. 정규수업이 끝난 후에 학교에서 보충수업(입시과외수업)을 받는 것이 집에서 스스로 혼자 공부하는 것보다, 친구들과 축구를 하는 것보다 더 가치 있는 행위라는 이 상식 밖의 생각을 입학사정관들이 갖지 않았으면 좋겠다. 학교의 입시과외수업은 무조건 선이고 학원의 입시과외수업은 무조건 악이라는 이 말도 안 되는 흑백논리가 입학사정관의 마음속에 자리 잡지 않았으면 좋겠다.

보충수업을 받았다는 사실 자체가 대학입시에 실제로 유리하게 작용하는 상황이 발생하는 순간 전국의 모든 학생은 보충수업을 받지 않을 수 없다. 자신에게 도움이 되건 되지 않건 무조건 보충수업을 받아야만 하는 상황이 되는 것이다. 하지만 모든 학생이 보충수업을 받는 순간 생활기록부의 보충수업 기록은 대학입시에서 아무런 변별력도 갖지 못하는 의미 없는 것이 되고 만다. 결국 남는 건 전국의 모든 학

---

18) 사실 사교육 그 자체가 대단한 악은 아니다. 문제가 되는 것은 공교육과 사교육의 공존이다. 하나만 있어도 될 것을 둘이 존재하는 바람에 학생과 사회가 불필요한 부담을 지고 있는 게 문제이다. 냉철하게 생각하면 굳이 사교육이 비난받아야 할 이유는 없다. 둘 중 하나가 사라져야 한다고 할 때 반드시 사라져야 할 것이 사교육인 것도 아니다. 공교육이 없어지고 사교육이 존재해선 안 될 이유가 도대체 뭐란 말인가?

그렇다고 내가 지금 공교육이 없어지고 사교육이 존재해야 한다고 주장하는 것은 아니다. 나는 공교육이 남고 사교육은 사라져야 한다고 생각한다. 내가 주장하는 것은 사교육을 무조건 악으로 몰고 가는 독단이다. 우리는 끊임없이 질문해야 한다. 사교육이 사라져야 하는 이유는 그것이 사교육이기 때문이고, 공교육이 존재해야 하는 이유는 그것이 공교육이기 때문인가? 아닐 것이다. 그렇다면 무엇인가? 왜 공교육이 없어지면 안 되는가? 역설적인 이야기 같지만 이런 의문을 제기하는 데 게으르지 않아야 오히려 공교육이 살아날 길을 찾을 수 있다.

생이 억지로 보충수업을 들어야 하는 것, 그리고 그 가치 없는 내용을 생활기록부에 남기기 위해서 교사들이 시간을 낭비해야 한다는 것뿐이다.

사교육은 골칫덩어리이긴 하지만 괴물은 아니다. 괴물이라 주장해도 말리진 않겠다. 아무래도 좋다. 하지만 니체의 이 한마디만 기억했으면 좋겠다.

"괴물과 싸우는 자는 자신이 괴물이 되지 않도록 조심해야 한다."